지
식
의

표
정

■ 이 도서의 국립중앙도서관 출판예정도서목록(CIP)은
서지정보유통지원시스템 홈페이지(http://seoji.nl.go.kr)와
국가자료공동목록시스템(http://www.nl.go.kr/kolisnet)에서 이용하실 수 있습니다.
(CIP제어번호: CIP2017027543)

지식의 표정

전병근

마음산책

지 식 의 표 정

1판 1쇄 인쇄 2017년 11월 1일
1판 1쇄 발행 2017년 11월 5일

지은이 | 전병근
펴낸이 | 정은숙
펴낸곳 | 마음산책

편집 | 이승학 · 최해경 · 류기일   디자인 | 이혜진 · 이수연
마케팅 | 권혁준 · 김종민   경영지원 | 박지혜

등록 | 2000년 7월 28일(제13-653호)
주소 | (우 04043) 서울시 마포구 잔다리로 3안길 20
전화 | 대표 362-1452 편집 362-1451   팩스 | 362-1455
홈페이지 | http://www.maumsan.com
블로그 | maumsanchaek.blog.me
트위터 | http://twitter.com/maumsanchaek
페이스북 | http://www.facebook.com/maumsanchaek
전자우편 | maum@maumsan.com

ISBN 978-89-6090-341-8 03300

세상에는 재미있다거나 놀이의 방식만으로는
표현할 수 없는 좋은 것들도 많습니다.
독서도 그중 하나입니다.

― 탕누어

인간의 표정을 담아

어항 속에 금붕어가 살고 있습니다. 어느 날 나이 든 금붕어가 맞은 편에서 오는 금붕어들을 향해 인사를 건넵니다. "이봐 친구들, 오늘 물이 어때?" 젊은 금붕어 두 마리는 어리둥절해합니다. 서로 마주 보며 수군댑니다. "물이라니? 무슨 뚱딴지같은 소리지?"

미국 작가 데이비드 포스터 윌리스가 대학교 졸업 축사에 인용하면서 유명해진 우화입니다. 우리를 둘러싼 세상에 둔감한 사람들을 일깨우는 이야기로 지금도 회자되곤 합니다.

어항 속이 세상의 전부이고 당연한 것인 줄 아는 한 물의 존재를 알기란 어렵습니다. 그 속에서 벗어날 수 있을 때, 그것과는 거리를 두고 상대화할 수 있을 때 비로소 주어진 조건을 자각하게 됩니다. 그러기 위해서는 어항 밖으로 나와야만 합니다. 아니면 깨부수든가. 유리 벽을 깨려면 단단한 무엇이 필요합니다. 일찍이 카프카는 책을 두고 우리의 얼어붙은 마음을 깰 도끼라고 했지요.

인터뷰를 할 때도 그런 도끼를 떠올리곤 합니다. 지금 내가 갇혀 있을지도 모를 무지의 유리 벽에 쩍하고 금을 내줄 도끼. 그런 기대로 인터뷰를 이어간 끝에 한 권의 책으로 묶어 낸 것이 『궁극의 인문학』이었습니다. 벌써 2년이 더 지났군요.

그 사이 제게도 변화가 있었습니다. 몸담고 있던 언론사를 떠나 독립적인 콘텐츠 제작자가 되었습니다. 자그마한 1인 미디어도 겸하고 있습니다. '북클럽 오리진'이라는 이름의 모바일 기반 지식문화 콘텐츠 채널입니다. 굳이 채널이라 부르는 이유는 우리 사회에 지식문화의 지류를 내고 싶다는 뜻에서입니다. 여기서 '지식 큐레이터'라는 이름으로 일을 합니다. 널리 나눌 만한 글과 책을 소개하는 역할입니다. 예전부터 해오던 일이기도 합니다. 바뀐 매체 환경에 맞춰 좀 더 집중해

보자는 뜻에서 나선 걸음입니다.

호흡이 긴 저자 인터뷰는 이곳에서도 이어지고 있습니다. 그동안 모인 분량이 어느새 다시 책 한 권을 낼 정도가 되었습니다. 감사하게도 출간 제의가 있어 이렇게 묶어 냅니다. 여전히 물음표는 안고 있습니다. 또 한 그루의 나무가 희생되어도 좋을 만한가.『궁극의 인문학』을 낼 때처럼 지금도 조심스럽습니다. 출간을 결정한 후 다시 글을 줄이고 다듬는 과정에서 찬찬히 읽어봤습니다. 처음 읽는 분은 물론, 다시 읽어도, 두고 읽어도 좋겠다는 생각이 들었습니다.

2년 전 책을 낼 때 서문에서 감히 묻고 답하는 문화의 부흥을 꿈꾼다고 썼습니다. 상황은 더 절박해진 것 같습니다. 사람들은 이제 점점 더 서로 잘 묻지 않습니다. 그럴 필요마저 없어져가는 듯 보입니다. 쏟아지는 날 선 주장에 환호하거나 분노하거나 고개를 돌리면 그뿐입니다. 눈앞에 보이고 손끝에 제시되는 선택지를 고르고 따르는 데 익숙해져갈 뿐입니다.

그나마 질문이 향하는 곳도 변하고 있습니다. 삶의 의미는 무엇인지, 어떻게 하면 행복해질 수 있는지조차 사람들은 이제 스마트폰 안의 인공지능에 묻는다고 합니다. 조만간 모든 것이 데이터로 입력되고 나면 그 어떤 질문도 음성 비서의 목소리를 통해 인출될 수 있는 시대가 열릴지도 모르겠습니다.

그런 변화를 예감하면서도 '사람의 인터뷰'를 모아 책으로 내는 것은 아직은 포기할 수 없는 믿음 때문입니다. 똑똑한 기계는 주어진 질문에 입력된 정답을 제시하려 들겠지만 인문학의 응답은 묻는 이를 놀라게 합니다. 예기치 않은 곤경에 빠뜨립니다. 그럼으로써 자문하게 합니다. 대만 작가 탕누어는 그것을 '곤혹'이라 불렀습니다. 확답을 통한 종결이 아니라 불확정으로의 진입이자 모험입니다. 우리는 그렇게 성장하고 상승합니다. 그런 뜻에서 이 책은 열두 가지 곤혹의 체험담이라고 하겠습니다.

인터뷰를 묶은 책은 많습니다. 차이가 있다면 인터뷰이 선정부터 질문까지 기획하고 주도한 저의 관심의 반영일 것입니다. 미셸 푸코는 "인간은 바닷가 모래사장에 그려놓은 얼굴처럼 사라질지 모른다"라고 썼습니다. 뉴턴은 자신을 두고 진리의 대양 앞에서 더 매끈한 조약돌과 더 예쁜 조개껍데기를 찾으려 애쓰는 소년에 비유했지요. 저는 바닷가 파도가 끝없이 오가는 모래사장에서 인간의 표정을 찾아보려는 소년의 심정으로 묻고 귀 기울였습니다. 우문에 현답을 들려주신 분들께 누가 되지 않기만 바랄 뿐입니다. 모쪼록 이분들과의 더 깊은 대화로 합류하는 물길이 되었으면 합니다. 이전 책에서 제가 무대 뒤로 사라지고 싶다고 한 것은 그런 뜻에서고, 지금도 같은 마음입니다.

대화에 동참한 분들은 번역가부터 소설가, 칼럼니스트, 독서가, 뇌과학자, 고인류학자, 진화생물학자, 인문학자, 역사가, 정치학자에 이르기까지 국내외에 걸쳐 참 다양합니다. 앞의 책이 그랬던 것처럼, 처음부터 어떤 구상에 따라 기획했던 것은 아닙니다. 하지만 한데 모아놓고 보니 어렴풋이 윤곽이 그려지는 것도 같습니다. 성장하는 인간, 넘어서는 인간, 읽고 쓰는 인간, 몰입하는 인간입니다. 각각 불투명한 시대를 건너는 인간의 모습을 보여줍니다. '지식의 표정'이라 이름 붙여봅니다. 모두 열두 갈래의 길입니다. 이제 여러분의 동행을 청합니다.

2017년 가을

전병근

차 례

읽고 쓰는 인간

몰입하는 인간

기술이 당신에게 봉사하게 해야지
당신이 그것에 봉사하는 식으로 만들지는 마세요.
여기에 주의를 기울이지 않으면
기술이 당신의 목표를 지시하기 시작할 겁니다.
— 유발 하라리

일러두기

1. 외국 인명·지명·작품명 및 독음은 외래어표기법을 따르되 관용적인 표기와 동떨어진 경우 절충하여 실용적 표기를 따랐다.
2. 인터뷰어의 부여은 글죽 삳다에 맠추어 작은 근가료 ㅍ기희기ㄴ 일ㅑ ㅗ필호에 담았다.
3. 국내에 번역된 책은 번역된 제목을 따랐고, 아직 번역되지 않은 책은 원어 제목을 독음대로 적거나 필요한 경우 우리말로 옮기고 원어를 병기했다.
4. 강연명, 잡지와 신문 등의 매체명은 〈 〉로, 장편소설과 책 제목은 『 』로, 단편소설과 논문 제목, 기타 편명은 「 」로 묶었다.

성장하는 인간

탕누어

데이비드 브룩스

최연혁

책 읽기의 곤혹

탕누어 문화비평가

그 전까지 대만은 내 인식의 지도에서 외딴 섬이었다. 같은 한자권이지만 유독 생소하게 느껴졌다. 중국과 수교하면서 외교 관계가 단절된 후 관심권에서 벗어난 탓이 클 것이다. 그래도 마음 한구석에는 늘호기심이 있었다. 중국 근대사를 보면 자금성의 보물 수십만 점과 함께 많은 지식인들이 바다를 건넜다고 나온다. 문화혁명으로 풍비박산이 났던 중국 본토의 지식문화와는 다른 무엇이 있지 않을까 생각했다. 우리와는 딴판이었다는 일제 식민지 경험도 관심을 돋웠다. 그런대만과 첫 대면의 계기가 책이 될 줄은 몰랐다. 『마르케스의 서재에서』. 처음엔 제목에 끌렸다. 하지만 몇 장을 읽다가 늪에 빠진 듯 매료됐다. 저자 탕누어는 대만에서는 이름 높은 작가였다. 이 책에서는 마르케스의 『미로 속의 장군El general en su laberinto』을 앞세우고 책 읽기에 관한 거의 모든 질문에 답을 단다. 그 치밀함은 독서에 관한 현상학적 탐구라 불릴 만하다. 사색의 범위와 깊이가 이런 유의 책들 중에서 단연 돋보인다. 만약 책 읽기의 세계를 관장하는 신이 있다면 자신의 전령으로 이 저자를 내려보낸 게 아닐까 싶을 정도다. 타이베이로찾아가 인터뷰한 후 이메일로 추가 문답을 주고받았다. 그의 책을 번역한 김태성 번역가가 통번역 과정의 수고도 맡아주었다.

탕누어가 필명이라고 들었습니다.

글을 쓰기 시작하면서부터 여러 필명을 썼습니다. 예전에 출판 일을할 때 추리·탐정소설 편집도 많이 했는데 애거사 크리스티의 책에 나오는 탐정 이름을 따서 쓴 적도 있습니다. 여러 필명 중에서도 탕누어는 영어의 '도널드'에 가까운 음인 한자어 '당누어唐諾'를 따서 쓴 것입니다. 도널드는 저와는 전혀 다르게 생긴 데다 웃기면서 성실하지도 않은 캐릭터이긴 합니다만 암튼 거기서 따왔습니다. 예전에 글을 쓸 때는 미국 NBA 프로 농구에 관한 글도 많이 썼습니다. 제 아내나 친구는 저에게 그냥 본명을 쓰지 왜 필명을 쓰느냐고 합니다만, 저는 필명을 쓸 때 나 자신을 잠시 떠나서 나를 더 자세하게 나타내거나 보여줄 수 있다고 생각하기 때문에 그렇게 쓰고 있습니다.

이번에 번역된 『마르케스의 서재에서』는 어떻게 쓰게 되셨지요?

저는 비교적 일찍부터 출판문화 분야에 발을 들여놓은 편입니다. 대학 때부터 책을 쓰고 잡지 편집 일을 시작했습니다. 하지만 그때 제가 했던 일은 제 인생에서 일종의 연습 단계라고 생각했습니다. 그래서 그때를 진짜 출판문화계에 입문한 것이라고 할 수는 없습니다. 제 책을 쓰는 일은 늦게 시작했습니다. 본격적으로 진짜 제 글을 쓰기 시작한 것은 1992년 이후입니다. 첫 책이 『한자의 탄생』원제목은 『문자 이야기文字的故事』이었고 『마르케스의 서재에서』원제목은 『독서 이야기閱讀的故事』가 본격적인 저서로는 두 번째에 해당한다고 생각합니다. 두 책 제목을 모두 '이야기'라고 붙인 데에는 이유가 있습니다. 제가 출판문화계에 처음 발을 들여놓았을 때 '인류 이야기' '종교 이야기' '예수 이야기'처럼 일련의 이야기 시리즈 도서를 기획하려고 했습니다. 그 무렵 세계 출판계에서 그런 무슨무슨 이야기라는 형식이 자리를 잡고 있었습니다. 우리가 흔히 접하는 개념이긴 한데 정확히 파악하고 있지는 못한 것들에 관해서 정리하는 것이었습니다. 어떤 수제에 대해 너무 깊지는 않더라도 넓은 범위의 내용을 포괄하면서 보편적으로 무엇인지 선명하게 알 수 있도록 하는 것이 '이야기'라고 생각했습니다. 헌법이나 국가,

권력 같은 다양한 주제에 대해서 이야기라는 형식으로 풀어가면 좋겠다고 생각을 했습니다. 그래서 제가 잘 알고 지내는 대만 영화감독 허우 샤오시엔侯孝賢이라든가 아내인 소설가 주톈신朱天心, 대만의 유명 입법 위원 등을 각각 만나서 당신은 영화, 당신은 소설, 당신은 국가 등등을 맡아서 쓰자고 했습니다. 처음에 이야기 프로젝트를 제안했을 때는 다들 관심을 가졌는데 각자 일들이 바쁘다 보니 그로부터 3년이 지난 후에 정말 실행에 옮긴 것은 저밖에 없었습니다. 그렇게 해서 『한자의 탄생』과 『마르케스의 서재에서』가 나오게 됐습니다.

『한자의 탄생』은 상대적으로 간단한 책이었습니다. 허우 샤오시엔 감독과 다른 작가와 같이 방송국의 자문 역으로 일할 때였는데, 매주 한 편씩 총 열세 편 방송할 계획으로 제가 글을 썼던 것입니다. 방송용이다 보니 비교적 내용도 간단히 썼습니다.사실은 이 책도 그렇게 간단한 내용은 아니다.

반면에 『마르케스의 서재에서』는 그런 제약이 없었기 때문에 제 생각을 다 담아서 썼습니다. 그러다 보니 내용도 조금 무거워진 감이 있습니다. 이 책은 순전히 독자 입장에서 생각하면서 글을 썼습니다. 이 책을 읽게 되는 분은 글을 쓰고 싶은 사람일 수도 있고 아닐 수도 있지만, 어디까지나 저로서는 독자의 입장에서 제가 겪고 생각한 것을 정리한 책입니다.

각 장마다 가브리엘 마르케스의 소설 『미로 속의 장군』에서 단락을 제시한 후에 주석을 달듯이 이야기를 풀어간 방식이 독특하더군요. 마치 책은 이렇게 읽을 수 있다는 것을 시연한 것 같기도 했습니다. 이런 형식은 어떻게 떠올리게 되셨나요?

글쓰기에서 방법은 중요합니다. 저로서는 최대한 제가 말하고자 하는 것에 가깝게 쓰는 것, 글의 구조와 방법에 대해 고민한 결과입니다. 어떤 사실만 이야기하다가는 그 안에 담긴 온도랄까 느낌, 디테일을 놓치기 쉽기 때문에 제 나름대로 생각해서 취한 형식입니다. 마르케스의 소설 『미로 속의 장군』을 길잡이로 삼은 것은 어떤 시야, '먼 곳'이 필요하다고 생각했기 때문입니다. 이런 시야가 나와 함께하면서 대화를 하는 식으로 내 사유를 이끌어낼 수 있다고 생각했습니다. 소설의 단락과 함께 호응하고 대화하면서 글이 앞으로 나갈 수 있었습니다. 마르케스는 평소 제가 가장 좋아하는 소설가고 아주 겸허한 작가입니다. 하지만 이번 책에서 그의 작품 『미로 속의 장군』을 길잡이로 삼은 것은 순전히 우연이었습니다. 보르헤스나 체호프 같은 작가의 작품으로 바꿔서 써나갈 수도 있었을 거라고 생각합니다.

> 책에 여러 작가와 고전들이 인용되는데 주로 서양 작가들이더군요. 칼비노, 베냐민, 마르케스, 나보코프, 보르헤스, 그레이엄 그린……
> 그리고 가끔 공자나 동양 작가가 나옵니다. 특별한 이유가 있나요? 동서양 작가들의 독서에 차이가 있다고 보시나요?

동서양의 읽기에 차이가 있다고 보지는 않습니다. 작가가 서양이냐 동양이냐, 어느 국적이냐는 전혀 중요하지 않습니다. 저는 예전에 중국 고전인 『좌전左傳』에 대한 책을 쓴 적도 있습니다. 저는 책을 깊이 읽을 경우에는 무정부주의자가 된다고 생각합니다. 그는 책에서 "문자 공화국의 국민"이라는 표현도 썼다.

> 원래 집필 취지가 독서를 권장하면서 덕담만 하기보다 필연적으로 직

흔히 이런 유의 책이 그러기 쉽듯이 책 읽기의 즐거움만 강조하는 데에는 적지 않은 위험이 있습니다. 특히 독서를 막 시작하는 단계에서 책 읽는 목적을 재미에만 두고 기대한다면 더욱 그렇습니다. 사실 책을 읽는 것은 적잖이 힘겹고 때로는 무미건조하기까지 합니다. 어느 정도 강제성을 부여해야 하는 부분도 많습니다. 그런데도 책을 읽는 이유를 재미에서만 찾게 하려 들었다가는 막상 읽어본 후에 실망이 커서 얼마 되지 않아 곧바로 책을 던지게 될 수 있습니다. 그저 재미만 찾자면 책을 읽는 것보다 컴퓨터 오락이나 소파에 누워서 텔레비전을 시청하거나 인터넷에서 채팅을 하거나 다른 사람을 비방하며 노는 것 아니면 노래방에 가는 게 훨씬 더 재미가 있겠지요. 하지만 세상에는 재미있다거나 놀이의 방식만으로는 표현할 수 없는 좋은 것들도 많습니다. 독서도 그중 하나입니다.

독서의 '곤혹스러움'을 누차 이야기한 부분이 인상적이었습니다. "거대한 본질적 곤경을 피할 수 없다"라고도 하셨지요.

기본적으로 독서는 먼 곳을 향합니다. 밀란 쿤데라가 말한 '먼 곳'입니다. 책을 읽는 사람의 자태는 고개를 쳐들고 큰 세계를 바라보는 겁니다. 자신이 아직 모르고 본 적도 없고 생각해본 적도 없는, 갖고 있지도 않은 것을 향하는 거지요. 그 과정에서 겪게 되는 곤혹은 필연적입니다. 이것은 견디기 어려운 일종의 심리 사유의 상태입니다. 하지만 다행히도 통상적으로 그보다 더 나빠지지는 않습니다. 그보다 더한 고통이나 위험을 가져오진 않지요. 때문에 책 읽기의 곤혹과 함께 지내는 것은 견디기 힘들 정도의 어려움은 아닙니다. 오히려 훌륭한 독자는 그런 곤혹이 찾아오는 것을 좋아합니다. 뭔가 해결되지 않아 마음이 편치 않은 상태지만, 그리 멀지 않은 곳에 뭔가 있다는 것을 깨닫게 되는 것이지요. 배가 해수면 위에서 쓰레기가 떠다니는 것을 발견하면 육지가 가깝다는 것을 아는 것과 마찬가지입니다. 그래서 곤혹은 대단히 믿을 만한 어떤 징후이기도 합니다. 이런 곤혹은 독서의 진행에 따라 풀릴 수 있지만 파편처럼 갈수록 더 구체적이고 명확해질 수도 있습니다. 어쩌면 완전히 새로운 사물을 표상하기도 하고요. 적어도 점점 더 올바른 질문에 가까이 다가가고 있다는 것을 느끼게 됩니다. 수많은 위대한 저자가 종종 올바른 질문이 해답을 얻는 것보다 더 중요하다고 말하는 것은 그 때문입니다. 좋은 질문은 사유를 일으키고 사람들로 하여금 세계와 함께 살아 있게 하고, 인간과 세계를 대단히 친밀하고 함께 걸으면서 반추할 수 있는 대화의 관계로 만들어주기 때문입니다. 반면에 빠른 해답은 통상적으로 문제를 소멸시키면서 사유의 문을 닫아버립니다. 진통제로 편히 잠들게 하는 것과 같지요. 독서를 통해 우리는 자신이 한 차원에 도달했다는 것을 알게 됩니다. 이미 훌륭한 저자와 같은 문제를 보고 같은 질문을 하고 있는 것이지요. 대화의 일원이 되는 거지요. 그 과정에서 곤혹은 점차 잦아들고 지극히 정교하고 세밀한 형식으로 분해됩니다. 이전보다 자신이 더 훌륭한 사람이 되었다는 것을 알게 됩니다. 하지만 사유가 문제를 찾는 능력은 해답을 찾는 능력보다 영원히 강하기 때문에, 우리에게 대체로 믿을 만한 해답을 주는 것과 동시에 열 개, 스무 개의 또 다른 문제를 가져다줍니다. 그런 까닭에 독서와 더불어 곤혹은 소멸되지 않습니다. 파도가 밀려오는 것과 같지요. 인간의 뇌가 멈추고 감각기관이 전부 닫히지 않는 한 곤혹은 독서와 함께할 것입니다. 그래서 보르헤스는 자신이 쓸 수 있는 것은 자신의 곤혹뿐이고, 인류의 사유사는 일련의 곤혹의 역사일 뿐이라고 했습니다.

동시에 책이 갖는 '본질적인 결핍감'에 대해서도 이야기했습니다. 그럼에도 불구하고 책 읽기를 권할 수 있다면 어떤 이유에서인가요?

독서는 일종의 선한 생각에서 시작된다고 봅니다. 예컨대 세계와 인간을 이해하고 타자를 동정하고 싶다거나 좀 더 나은 자기가 되고 싶다는 생각 같은 것이겠지요. 저는 누구나 일생에서 (특히 마음이 비교적 넉넉한 젊은 시절에) 일정 시기를 지날 때마다 약간의 책을 읽고 깨달음을 얻으며 어떤 생각들을 알게 된다고 믿습니다. 하지만 이렇게 해서 생긴 선한 생각의 불꽃도 그냥 두면 꺼지기 쉽습니다. 독서의 어려움은 시작에 있는 것이 아니라 지속에 있다고 할 수 있습니다. 독서의 불꽃이 도중에 꺼지는 가장 현실적 이유는 결국 개인의 가치 신념에서 우선순위의 문제라고 할 것입니다. 멋진 몸매를 보여주는 것이 가장 중요하다고 생각하는 사람들은 매일 다이어트를 하면서 달리기며 근육운동도 하겠지요. 심지어 성형까지 합니다. 저로서는 이런 일들이 책 한 권을 끝까지 읽는 것보다 훨씬 더 힘들고 위험하며 돈도 많이 드는 일이라고 생각하지만 그런 것을 우선시하는 사람이 아주 많습니다. 결국 자신이 진정으로 무엇을 하고 싶고 어떤 사람이 되고 싶은가에 달렸습니다. 독서에 분명한 곤혹스러움이 있음에도 불구하고 책을 읽는 이유는 그것을 견딜 만한 즐거움이 있기 때문입니다. 그 즐거움이란 무엇인가. 제 책에서도 썼지만 일본의 한 여성 바둑 기사가 한 말을 인용하고 싶습니다. 바둑 기사 오가와 도모코는 자신이 바둑을 두는 즐거움에 대해 사람들이 묻자 "재미가 있긴 하지만 사람들이 말하는 그런 재미는 아닙니다"라고 대답했습니다. 저도 독서가 즐겁기는 하지만 당신이 생각하는 그런 즐거움은 아니라고 답할 것 같습니다. 책을 읽어서 얻는 행복감은 '무게가 있는' 행복감입니다. 어떤 흥분 상태나 기쁨과는 다릅니다. TV 드라마를 볼 때의 즐거움과는 다른 즐거움입니다. 책은 수십 년에 걸쳐서 작가들이 축적해온 지식을 그 값어치에 비하면 아주 싼 값으로 얻을 수 있는 통로입니다. 그런데도 다른 데는 잘 쓰는 돈을 책을 사는 데는 왜 그토록 인색하게 생각하는지 안타깝습니다. 삶의 방향이나 방식이 다른 누군가를 설득하고 싶은 생각은 없습니다. 단지 저 자신은 제 생명이 실제적이고 실체적으로 대지에 단단히 뿌리내리고 있는 느낌을 느끼면서, 이를 통해 제 삶이 진실한 것처럼 느끼고 생을 낭비하지 않았다고 느끼며 사는 것을 좋아합니다. 저는 저 자신 또는 누군가의 힘으로 이 세상 전체를 바꿔놓을 수 있다고 생각하지 않습니다. 하지만 적어도 개인과 집단 간에 차이가 있거나 아주 다르거나 심지어 역행할 수도 있다는 점이 이 시대가 우리에게 허락한 가장 좋은 점의 하나라고 생각합니다. 따라서 대부분의 개인은 의지만 있다면 언제라도 책을 읽을 수 있을 정도로 친화적인 분위기의 작은 공간은 확보할 수 있을 거라고 봅니다.

책 읽기의 방법을 이야기하면서 꼭 최고의 책이 아니어도 읽을 필요가 있다고 하셨는데요. 책이나 독서에도 등급이 있다고 보시나요?

기본적으로는 평등하다고 봅니다. 토크빌은 『미국의 민주주의』에서 평등의 확장을 막을 수 없다고 했는데 저도 동의합니다. 하지만 동시에 어느 분야에서나 등급이 나뉘는 측면은 확실히 있습니다. 물리학 같은 경우 아인슈타인 한 사람의 의견이 2억 명의 의견보다 옳을 수 있는 것과 마찬가지입니다. 그렇게 보면 독서에도 등급이 있을 수 있을 겁니다. 30년 동안 책을 읽어온 사람과 이제 막 시작한 사람 간에도 당연히 차이가 있겠지요.

일반적으로 책을 읽을 때는 이미 역사적으로 검증받은 '명작'부터 읽는 것이 합리적인 방법이라고 하겠습니다. 하지만 성공하지 않은 책을 읽는 것은 거기서 한발 더 나아간 독서라고 할 수도 있습니다. 좀 더 정교하고 조밀하며 오래된 독서 방법이기도 합니다. 특히 책을 쓰는 사람에게는 이런 독서가 필요합니다.

'실패'는 다양한 상황과 의미를 지니고 있는데, 특히 일류 작가의 실패한 작품, 예컨대 톨스토이의 『부활』이나 고골의 『죽은 혼』, 제임스 조이스의 『피네간의 경야』 같은 작품은 단순히 실패했다고 단정 지을 수는 없습니다. 왜냐하면 때로는 책을 쓴 작가가 일부러 어떤 어려움에 도전한 것일 수도 있고, 거의 도달할 수 없는 목표에 도전해서 실패한 것일 수도 있습니다. 이러한 실패는 오히려 대단히 진귀하고 웅장하며 아름답다고 할 수 있을 뿐 아니라, 충분히 좋은 독자들이라면 그것에서 경이로움을 느낄 수 있습니다. 또 그 작가와 함께 새로운 경험을 할 수도 있고, 사람의 사유와 상상의 최고점에 도달하는 시도를 경험할 수도 있습니다. 또 성공하지 않은 작품을 보면서 독자는 직접 문장을 다듬다가 오히려 부자연스럽게 되는 것을 시도해보며 스스로 새로운 발견을 할 수도 있습니다.

인류는 문자를 쓰고 기록을 시작하면서 책을 쓰는 단계로 갔습니다. 책은 저장과 전달의 수단이었습니다. 이제 디지털 시대로 오면서 그 역할을 위협받고 있습니다. 앞으로 책의 가치는 어디에서 찾아야 할 가령 한국에서도 맛집 열풍이 있을 겁니다. 음식점에 관한 수많은 디지털 정보가 담긴 온라인 백과사전과 어떤 작가가 몇 곳을 골라 설명해준 책을 비교해 보면 그 질문에 대한 답을 얻을 수 있을 것입니다. 책을 읽고 글을 쓰는 것은 기계적인 저장과 기억이 아니라 기억과 망각의 중간 어디에 위치합니다. 그 중간 어디에서 선택을 하는 것이라고 생각합니다. 작품을 읽는다는 것은 하나의 선택을 하는 것이고, 작품 안에는 어떤 해석이 담겨 있다고 생각합니다. 책은 기억과 망각의 중간이면서, 거기서 상호작용이 일어나기도 합니다. 무작정 수많은 지식이 저장돼 있는 창고에 직면했을 때는 오히려 더 혼란스러울 수 있습니다. 영화 〈인디애나 존스〉(〈레이더스—잃어버린 성궤를 찾아서〉)를 보면 십계명을 보관한 성궤를 어디에다 감췄는데 창고 안에 똑같은 성궤가 너무 많으니까 못 찾게 됩니다. 백과사전의 맹점, 디지털 기억 창고의 맹점입니다. 그 점에서 책 읽기나 글쓰기는 다르다고 생각합니다.

요즘 부의 양극화를 우려하는 목소리가 높습니다. 그 못지않게 책 소비와 독서도 양극화 경향을 보이는 것 같습니다.

독서가 민주화한 사회에서는 지식의 평등화가 이뤄지겠지요. 그럼에도 독서의 민주화와는 별개로 사회의 고도화가 이뤄지려면 역시 그 사회의 엘리트가 더욱 더 책을 읽고 지지하고 사회를 그런 방향으로 유도해야 한다고 생각합니다. 가령 토마 피케티의 『21세기 자본』이 전 세계에 500만 부가 팔렸다고 하는데, 설사 500부만 팔렸다고 해도 책이 미친 효과로 보자면 사회의 운영에 대한 논의 방향을 바꿔놓은 점에서 대등한 가치로 볼 수 있다고 생각합니다.

　　책에서 "마흔 이후의 독서는 인생의 반환점을 돈 이후의 독서이기 때문에 특별하다"라고 했습니다. 지금 쓰고 계신 책도 나이에 따른 독서 이야기라고 하셨는데요.

요즘은 어떤 책을 읽을 때 그 책을 쓸 때의 저자 나이가 몇 살인가를 생각하게 됩니다. 그러다 보니 그동안 읽어온 많은 훌륭한 양서의 저자들이 지금 제 나이보다 훨씬 어린 나이에 쓴 것이라는 사실을 알게 됐습니다. 중국 소설가 장아이링張愛玲 같은 경우 훌륭한 작품은 전부 40대 이전에 썼고, 카를 마르크스도 30세에 『공산당 선언』을 썼으며, 그때 엥겔스는 스물여덟이었지요. 베냐민은 마흔 전에 자살했고……. 지금 제 나이에 비하면 다들 훨씬 젊은 나이에 쓴 거지요. 지금 제 나이에 그런 작품들을 읽으면서 이 작가들은 어떻게 해서 그 젊은 나이에 책을 쓰게 됐는가 생각을 하며 책과의 대화를 나누게 됐습니다. 그랬더니 훨씬 더 면밀하게 대화를 나눌 수 있게 됐습니다. 같은 책이라도 반복해서 읽으면 읽을 때마다 '왜 이걸 못 읽었지' 하는 생각이 들 정도로 매번 다른 느낌이 있습니다. 읽는 시기에 따라, 내가 어떤 경험을 했느냐에 따라서도 느낌들이 달라집니다. 마르케스의 『백년의 고독』은 몇 번을 읽었는지 생각조차 나지 않습니다. 아내 주톈신도 그 책을 하도 많이 읽어서 줄줄 외울 정도입니다. 모든 책은 다시 읽을 가치가 있다고 생각합니다. 이미 절판된 책이나 내 책만 다시 읽지 않을 뿐 다른 책은 다시 읽습니다. 한편으로는 100년, 200년 전에 나온 책에서 정리를 다 해놓은 내용인데도 불구하고 지금 와서 현대의 사람들이 똑같은 실수를 반복하는 것을 보면 어떤 좌절감 같은 것도 느끼게 됩니다.

본문 중에 대만 이야기를 하면서 "거대한 허무의 분위 속에서"라고 언급하셨더군요. 관련 표현 중에 "후발주자로서 계속 따라가면서 지금에 집착하는"이라는 표현도 있던데요. 한국도 비슷한 면이 있습니다.

어느 사회나 얼마간 허무 현상이 있다고 봅니다. 인류는 지난 200년 동안 지식에 대해서 회의하면서 보내왔습니다. 『끝盡頭』이라는 제 책이 출간된 다음에 중국 베이징대학교의 초청을 받아서 '믿느냐, 안 믿느냐'를 주제로 강연을 한 적이 있습니다. 그때 제가 얘기한 것은 인류가 너무나 오랫동안 종교, 가정, 사랑 같은 것에 대해 너무나 쉽게 믿어왔다는 내용이었습니다. 200년 동안 인간이 만들고 익숙해진 가치들, 종교나 사랑 이런 것들에 대한 회의가 전 세계적으로 시작됐다는 거지요. 생산력은 고도로 발달했는데 개인의 삶의 질이 그만큼 올라갔느냐는 의문도 제기되고, 지금껏 인류의 성취에 대해 전 세계적으로 회의의 분위기에 빠져 있는 상황인데, 그걸 대만 사회에 대해서도 이야기한 겁니다. 베이징대학교 강연 당시 청중의 반응은 그리 좋지 않았습니다. 그 이유는 당시 중국 체제에서 받아들이기에는 너무 이른 주제가 아니었나 싶습니다. 더구나 중국은 한창 자신감에 차 있는 사회이기 때문에 회의나 허무 같은 주제는 수용되기 어려운지도 모르겠습니다.

한국에서는 개인의 상처를 치유하거나 위로하는 책들이 많이 팔립니다. 이런 책 읽기에 대해서는 어떻게 생각하세요?(질문의 의도는 『아프

니가 청춘이다』에서 보듯 '심리적 상처'를 염두에 뒀는데, 전달되는 과정에서 '육체적 상처'로 이해된 듯했다. 그러나 중반 이후 답변은 결국 포괄적으로 이해가 된다.)

타이완도 그렇습니다. 의료는 당대 최대의 신화지요. 그리고 더 커질 수밖에 없는 산업이기도 합니다. 과거에 우리는 사람은 기본적으로 건강하다고 말했습니다. 지금은 인간에게 가장 부족한 것이 건강인 것처럼 이야기하지요. 과거에 우리는 정상적인 생각과 심리를 가졌었고 정상적으로 희로애락을 나타냈었습니다. 반드시 있게 마련인 의혹과 풀어야 할 수수께끼들이 있었지요. 지금은 질병이 주고받는 이야기의 고정 메뉴가 되었습니다. 병이 있다고 생각하니 당연히 의료가 따라오겠지요. 물론 대부분의 건강 보조 식품이나 양생 식품은(이런 물건을 파는 상점들이 얼마나 많습니까? 갈수록 많아지고 있지요) 기본적으로 '무해'합니다. 그저 옥수수 전분에 비타민 등을 첨가한 것이지요. 그리고 아주 빨리 배출되기 때문에 신체에 남지도 않습니다.

인간은 남에게 관심 대상이 되고 이해되고 싶어 하고, 남들도 자신과 마찬가지로 골칫거리들이 있다는 것을 알아야 마음이 놓이는 경향이 있습니다. 사실 이런 심리적인 것들은 별문제 없는 현상이고 우리가 여기서 말하고 있는 독서와는 아무 관계도 없습니다. 간혹 저는 제가 좋아하는 책들을 약방이나 건강 보조 식품 상점에서 파는 것이 어떨까 하는 생각도 해봅니다. 어쩌면 곧 그렇게 될지도 모르지요. 하지만 진정한 독서가라면 이처럼 자기 연민에만 빠지지는 않을 것입니다. 수시로 거울에 자기 모습만 비춰보는 일도 없을 겁니다. 왜냐하면 세계가 너무 크니까요. 좀 무겁게 말하자면, 진정한 독서가들에게는 남들에 대한 관심이 자신에 대한 관심을 훨씬 능가합니다. 원인은 너무나 간단하지요. 인류의 역사는 영원히 더 큰 슬픔, 더 깊고 무거운 운명을 지니고 있는 데다, 세상에는 정상적일 때도 늘 흐르고 기복하는 작은 애증의 물결보다는 훨씬 더 많은 불의와 불공정이 있기 때문입니다. 이런 세상에 들어와서 어떻게 자신의 이러한 "잊힐 수밖에 없는"(밀란 쿤데라의 말) 작은 일만 가지고 이런저런 얘기를 할 수 있겠습니까?

독서는 개인의 차원을 넘어 민주 시민 육성을 위해 사회적으로도 중요한 활동 아닌가 생각합니다. 요즘 인공지능과 알고리즘이 발달하면서 대중은 점점 수동적이 돼가면서 스스로 생각하고 판단하는 능력마저 넘겨준다는 지적도 있습니다. 독서 인구의 감소는 포퓰리즘의 득세와도 관계가 있어 보이는데요.

토크빌은 이미 200년 전에 이런 일을 예견했습니다. 『미국의 민주주의』라는 신의 업적 같은 그의 책에서 보편적인 평등의 원칙은 막을 수 없는 거대한 흐름이라고 여러 차례 지적한 바 있지요. 인간이 평등해진다는 것은 아주 고귀하고 훌륭한 일입니다. 하지만 필연적으로 거기에는 역사적 대가가 있을 겁니다. 이 역사의 파도는 어떤 것들을 위협하거나 소멸시킬 수도 있지요. 자유나 독창성, 그리고 반드시 수직적인 위계로 세워졌을 때에만 위로 전달될 수 있고 접촉할 수 있는 정교하고 깊이 있는 것들을 잃게 될 수도 있는 겁니다. 토크빌은 자유와 평등, 박애를 같은 종류로 나열했던 대혁명의 시대에, 장차 미래에는 자유와 평등이 서로를 배반하고 방해하게 되리라는 점을 명철하게 간파했습니다. 인류의 사유가 쌓아 올리고 남긴 유산의 구조는 피라미드 형태가 될 수밖에 없습니다. 불평등한 것이지요. 집단 공약수의 절대적인 평등은 피라미드의 맨 밑바닥이 될 겁니다. 이 피라미드가 인간의 마음에 깊이 뿌리내려 최종적인 판단 기준이 되었을 때 우리에게 가져다줄 수 있는 것은 평범함과 용속함 그리고 망각일 겁니다. 우리는 한 가지 한 가지 빠른 속도로 잊고 포기하게 될 겁니다. 일찍이 (개체로서) 인간은 얼마나 좋았습니까? 보르헤스는 이런 과정을 "피곤한 인류 역사의 인력"이라고 표현했지요. 세상을 평이하게 만들고 날아다니는 모든 것들을 지면으로 끌어내리는 겁니다. 밀란 쿤데라의 말이 맞습니다. 인간에게는 더 이상 "먼 것이 없"습니다.

읽고 쓰는 데 집중하시는 것 같습니다. 하루 일과는 어떤가요?

보통 아침 9시에 집을 나와서 커피숍에 갑니다. 책 읽기를 워낙 좋아해서 집에만 있으면 읽기만 하다가 글을 쓸 수가 없어 커피숍에 나와서 씁니다. 그래야 글쓰기에 집중할 수 있습니다. 커피숍을 이용하는 또 다른 이유는 집에만 있으면 너무 풀어지고 세상과 떨어져 있는 느낌이 들 수 있어서입니다. 밖으로 나와서 걸어가고 하는 과정에서 세상과 내가 관계를 유지하고 있다는 느낌이 듭니다. 줄곧 시내 융캉제에 있는 카페에서 글을 썼는데, 최근에 이 카페가 문을 닫아서 기분이 복잡합니다. 예전엔 그 카페를 오가면서 한국인이나 중국인 관광객이 늘어나는 것도 관찰하면서 지냈는데 무척 아쉽습니다. 카페에 갈 때는 저와 아내, 아들, 세 명이 함께 택시를 타고 갑니다. 교통비를 아끼기 위해서입니다. 오후에 책을 읽고 저녁에는 길고양이를 보살피러 밖에 나갑니다. 한 시간 반가량 9~10킬로미터 정도를 걷습니다. 가족이 다들 걷는 것을 좋아합니다. 특히 아내가 걷기를 좋아해서 교토에 가서도 주로 많이 걷다가 옵니다. 차로 움직이는 것은 너무 빠르게 느껴지기 때문입니다. 같은 맥락에서 스마트폰과 컴퓨터도 잘 쓰지 않습니다.

매주 수요일에는 방송사에 출근합니다. 그곳의 자문 역을 맡고 있는데 저한테는 그게 경제적으로는 고정 수입원입니다. 〈수요일〉이라는 프로그램의 자문 역인데, 그래서 수요일 오후에는 약속을 안 잡습니다. 1년에 한 번 정도는 해외에 나갑니다. 중국에는 특별한 경우가 아니면 거의 가지 않습니다. 중국도 한국도 꼭 가야 할 의무가 생기면 당연히 거절하지 않고 가겠지만, 그렇지 않은 경우에는 다 거절합니다. 대만 내에서는 인터뷰 같은 것도 다 거절하는 편입니다.

인터넷도 안 쓰시나요?

집에 오래된 컴퓨터가 있긴 합니다. 인터넷은 필요한 자료를 찾을 때만 씁니다. 글도 손으로 종이에다 만년필로 씁니다. 아예 여러 개를 갖고 다닙니다. 출판사에서 만들어준 전용 원고지에 씁니다. 하루에 보통 7000자를 써서 500자 정도만 남깁니다.

그동안 지적 편력을 듣고 싶습니다.

대학에서는 역사를 전공했습니다. 아버지는 건축학 교수였습니다. 다들 아버지의 길을 따라가길 바랐습니다. 저는 고등학교 다닐 때 물리와 수학도 꽤 잘했습니다. 하지만 문과 이외 다른 쪽은 생각해본 적이 없습니다. 타이완대학교에 입학해서 지금 제 아내인 주톈신과 학교에 다닐 때 허난청 선생님으로부터 배웠습니다. 그분이 저희한테 기본적으로 물리학과 경제학, 정치학을 뛰어넘도록 공부하라고 지도해

주셔서 대학 내내 그렇게 공부했습니다. 대학교 3학년이 된 다음 아내가 출산하기 전까지 10여 년 동안 매일 여덟 시간에서 열 시간 공부를 했습니다. 그때 느낀 것은 제가 모르는 영역을 공부하기 시작했을 때 그것을 제대로 이해하기 위해서는 반년에서 1년 정도 시간이 필요하다는 것이었습니다. 그 정도 시간이 소요될 때까지는 글을 읽고 있어도 뭘 보고 있는지 이해도 못하는 상황이 계속됐습니다. 과거 경험을 떠올려보면 몇 번이나 그랬던 것으로 기억합니다.

지금 출간을 준비 중인 책에도 정치·경제에 관한 부분이 포함돼 있는데 경제 관련 부분을 쓰는 데 어려움이 있었습니다. 예전에 경제는 읽을 수는 있었지만 쓰는 수준까지는 어려웠습니다. 하지만 반년에서 1년을 거치면서 이해하게 되었습니다. 지금도 여러 영역과 분야를 넘나드는 데 관심이 있습니다.

앞에서 이야기한 '끝'이라는 제목의 두꺼운 제 책은 우리 세대의 현실에 대한 사색과 보고를 내용으로 하는데 여러 가지를 다뤘습니다. 지금의 대만을 해석하는 책이기 때문에, 제대로 사회 현실을 해석하기 위해서는 다양한 분야를 공부하지 않을 수 없었습니다. 여러 분야를 공부한다고 해서 오해하지는 마시기 바랍니다. 그저 지적 허영심에서 여러 분야를 공부하는 게 아니라 진심으로 호기심에서 나온 공부입니다. 공부는 폼을 잡기 위해서가 아니라 필요 때문에 하는 것입니다.

책은 어릴 때부터 무작정 좋았습니까? 어떤 계기가 있었습니까?

20세 이전이라면 무작정이라고 할 수 있지요. 저는 가족이나 주변의 친구들에 비해 책을 많이 좋아하고 많이 읽은 편입니다. 이것이 성격 때문인지 부지불식간의 인연이나 기회에 따른 것인지는 분명하게 따지기 어렵습니다.

1968년 이전 타이완의 상황은 아주 열악했습니다. 다들 가난했으면서 집집마다 너무 많은 아이들을 키웠습니다. 누구나 하늘의 뜻에 따라 성장할 수밖에 없었지요. 책은 아주 적었고 귀하게 여겨졌습니다. 모든 책이 다 빛을 발하면서 어떤 비밀스러운 세계를 담고 있는 것 같았습니다. 책을 한 권 펼쳐 읽기 시작할 때면 말로 형언하기 어려운 짜릿한 흥분을 느꼈습니다. 이것이 가장 기억나는 부분입니다.

20세가 되면서 저는 몇몇 친구들과 함께 〈삼삼집간三三集刊〉이라는 문학잡지를 창간했습니다. 그 일을 하면서 나 자신의 무지와 허약함을 깨닫게 되었습니다. 이것이 저의 진정한 독서의 시작이었습니다. 그때부터 지금까지 매일 여섯에서 여덟 시간씩 쉬지 않고 책을 읽고 있습니다. 20세 이후 독서에는 책임감에 의해 억지로 읽는 부분도 적지 않았습니다. 예컨대 경제학과 물리학, 수학 같은 것들은 원래 기초 훈련밖에 갖추지 못했던 학문 영역이어서 필요한 데 비해 부족했던 부분이 너무나 많았습니다. 그러니 스스로 읽어서 해결하는 수밖에 없었지요. 저는 이러한 공백을 제대로 메우지 않는다면 세상에 대한 견해가 온전하지 못해 편집증을 갖게 되거나 사물을 잘못 보고 말도 잘못하는 일이 일어나게 된다고 생각합니다.

간단히 말해서 저는 제가 살고 있는 세계와 시대를 정확히 이해하려고 노력하고 있고, 각 세대 사람들이 말을 하는 처지를 이해한 한나 아렌트가 말한 것처럼 저도 반드시 남겨야 할 말들을 남기려 애쓰고 있습니다. 저는 이것이 글 쓰는 사람의 의무라고 생각합니다.

책 읽기나 쓰기에 대해 회의나 고비에 처한 적은 없나요? 있었다면 어떻게 극복하셨나요?

있었을 겁니다. 돌이켜보면 가장 큰 곤경은 경제학과 물리학, 수학 분야의 독서에 진입했을 때였던 것 같습니다. 이들 전문적인 학문은 자기 분야의 고유한 언어와 사유 방식이 있는 데다 수천 년 동안 이미 너무 많은 것이 축적되어 있고 너무 많이 발전되어 있어 그 아성을 공격해 들어가는 데 반년 이상의 시간이 걸렸습니다. 책을 읽어봐도 부조리하다absurd는 생각까지 들었습니다. 모든 글자를 다 알겠는데 합쳐놓으면 무슨 뜻인지 모르는 겁니다. 문자가 마치 비밀번호와 같아서 심지어 처음에는 자신의 뇌를 의심하게 됩니다. 그렇지 않다면 그렇게 많은 사람들이 아는 걸 왜 나만 보지도 못하고 이해하지도 못할까, 하면서 말이지요.

따라서 독서의 가장 큰 곤경은 아마도 (독서에 따른 구체적인) 진전된 성과를 곧바로 느끼기 어렵다는 것일 겁니다. 그러니 단기간의 목표를 세울 수 없다는 겁니다. 드넓은 우주에 그 어떤 지표도 없는 대지 위를 걷는 것과 같다고 할 수 있지요. 읽는 동안 자신이 전진하고 있다는 것을 잘 느끼지는 못하는 겁니다. 반면에 컴퓨터를 갖고 하는 인터넷 게임은 인간의 능력을 수치로 보여주기 때문에 사흘 또는 일주일 후면 얼마든지 등급이 올라갈 수 있습니다. 독서는 그런 식으로 수치를 보여줘서 용기를 주는 것이 아니기 때문에 눈에 보이는 목표에 대해 의심하게 되고 의기소침하게 됩니다.

저 자신의 독서 성과는 남들이 교훈으로 삼기에는 부족합니다. 다만 이렇게 말할 수는 있을 것 같습니다. 제가 비교적 만족할 수 있는 작품을 써낼 수 있었던 것은 45세 때였습니다. 그러니 45세는 제 글쓰기의 원년입니다. 저의 진정한 첫 번째 책이 완성된 날은 제가 진정한 독서를 시작한 때로부터 25년이 지난 시점이었지요. 꽤 오랜 세월이 지난 셈입니다. 저는 자신의 독서 성과를 수시로 가늠해보는 행위는 오히려 자신을 독서의 세계로부터 더 멀어지게 할 뿐이라고 생각합니다. 가장 좋은 방법은 독서가 일종의 습관, 생활의 한 부분이 되게 하는 것이라고 생각합니다. 매일 식사를 하고 나면 양치질을 하는 것처럼 말입니다. 여기에는 다소 강제성이나 자기기만의 요소도 있을 수 있을 겁니다. 바스카가 말한 것처럼 "인간은 평생 자신의 미신으로 도박을 하는 것"이지요. 어떻게 하든 좋습니다. 독서가 하나의 습관적 행위가 되기만 하면 됩니다.

책 읽기가 훈련이나 교육에 의해 계발될 수 있다고 생각하십니까?

충분히 가능하다고 봅니다. 독서에도 어느 정도 교육과 훈련이 필요할 겁니다. 각자의 개성과 자유를 강조하고 (그러는 가운데 은근히 허무와 태만을 강조하는) 오늘날에는 이렇게 말하는 것이 다소 시공에 적합하지 않게 들릴 수도 있겠지요. 자유주의 철학자 존 스튜어트 밀은 아버지의 '교육'과 '훈련' 덕분에 훌륭한 사상가로 성장할 수 있었습니다. 제가 알기로 그는 인류 역사상 20세 이전에 가장 많은 책을 읽은 사람이고 기초 훈련도 가장 잘 받은 사람이었습니다. 질적으로나 양적으로나 무서울 정도로 대단한 인물이었지요. 물론 그렇게 되는 과정에서 정신쇠약이라는 대가를 치르기도 했지요. 좋은 것이라고 해서 반드시 재미있는 것도 아니고, 잘 가지고 놀 수 있는 방법이 있는 것도 아닙니다. 그런 점에서 (책을 통해 전수되는) 인류의 사유의 성과는 놀이의 맥락이나 방식으로 볼 때 결국 장중하고 엄숙하며 심오한 면을 갖게 됩니다. 고대로 거슬러 올라갈수록 이런 경향은 더합니다. 플라톤도 가장 이야기하기 좋은 것은 길의 맨 끝에만 드러난다고 말한 바 있습니다._{인내심 있게 따라가봐야 한다는 뜻.} 독서라는 것은 늘 강제적인 요소를 동반합니다. '강제'라는 뜻의 중국어 '勉強(면강)'은 일본어에서는 '열심히 공부하다'라는 뜻으로 쓰입니다. 독서란 적절하게 자신을 강제하는 것이기도 합니다.

> 세상의 책은 이미 너무나 많고 하루가 다르게 신간도 쏟아집니다. 어떻게 골라 읽는지요? 나름의 방법이 있나요? 동서양 책은 안배를 해서 읽나요?

비법은 없습니다. 하지만 독서가 그 사람을 이끌어주는 것은 분명합니다. 필요가 우리에게 그때그때 시기에 맞는 책을 고르게 합니다. 또는 감상鑑賞에 의한 것도 있습니다. 감상이라는 말은 명확하게 말하기도 어렵고 완전하게 정리하기도 어려운 일종의 총제적인 안목, 총체적인 변별 및 판단 능력이라고 할 수 있습니다. 대철학자 칸트는 만년에 줄곧 '감상'이 무엇인지 분명하게 표현하고 싶어 했습니다. 감상에 충분히 명징한 이성적 기초를 부여하고 싶었던 것이지요. 하지만 성공하진 못했습니다. 그럼에도 칸트는 인간의 가장 높고 깊고 정교하고 훌륭한 어떤 것들이 감상을 통해서만 인식될 수 있다는 것을 확실하게 알았고 굳게 믿었지요. 저 자신도 한때 "당신이 읽을 그다음 책은 지금 당신이 읽고 있는 책 안에 있다"라고 상당히 드라마틱하게 말한 적이 있습니다. 책은 같은 유형의 다른 책들을 불러 서로 호흡하고 해석합니다. 이 미세하지만 믿을 만한 목소리를 우리는 믿고 귀 기울일 수 있어야 합니다.

> 스스로 작가이기보다 독서가라고 하셨습니다. "사람이 책을 만들고 책이 사람을 만든다"라는 말이 있지요. 읽기와 쓰기는 상호 순환하는

활동이라는 점에서, 읽기에서 쓰기로 발전하는 것은 자연스러운 현상일까요?

칼비노도 그렇게 말했고 보르헤스도 그렇게 말했습니다. 작가보다 독자가 되는 것이 훨씬 더 행복하고 좋다고 말입니다. 보르헤스는 "나는 가장 훌륭하고 가장 아름다운 책을 전부 읽을 수 있다. 하지만 (작가로서는) 그저 내가 쓸 수 있는 얼마 안 되는 것들만 쓸 수 있을 뿐이다"라고 말했습니다. 독서는 결국 한쪽 방향으로만 진행되는 수확이자 주입입니다. 독서의 과정에서 사람들은 자기 마음속 어딘가 '가득 차는 것'을 느끼게 되지요. 때문에 할 말이 있게 되고 감정을 확정할 수 있게 됩니다. 한 걸음 더 나아가 사유하고 토론하면서 동반자들을 찾게 되는 겁니다. 이 모든 것들이 자신도 모르는 사이에 독서를 글쓰기로 인도하게 되지요.

이런 생각도 합니다. 나는 계속 얻기만 하고 주지는 못하는 걸까? 이건 너무 이기적인 태도가 아닐까? 인류의 총체적인 사유와 글쓰기의 성과는 커다란 연못이라고 할 수 있습니다.(저는 한때 이를 바다라고 표현한 적도 있습니다만 점차 줄여서 말하게 되었습니다. 우리가 사는 이 시대는 계속해서 축소되고 있다고 하는 것이 맞을 겁니다.) 우리는 그곳에서 우리가 필요로 하는 것을 임의로 가져갈 수 있지요. 모든 글쓰기도 이와 마찬가지입니다. 글을 쓰는 사람들은 먼저 그리고 반드시 독자여야 합니다. 따라서 글쓰기는 사실 '상환(되갚음)'일 뿐입니다. (글을 쓴후) 여러 해가 지나 자신이 가난해질 때 도로 가져갈 수 있지요. 취득과 상환의 질과 양으로 보자면 그래도 우리는 영원히 유리한 쪽에 있지요. 거저먹는 셈입니다.

저의 곤경은 대부분 다른 사람들의 선의에서 비롯됩니다. 사람들은
줄곧 저의 생활 상태를 동정하는 것 같습니다. 그리고 제게 있을 것
같은 수많은 곤경을 생각해내지요. 마치 제가 지혜롭지 못해서 연옥
에 들어가는 것 같은 결혼을 선택하기라도 한 듯이 말입니다. 사실
진상은 그렇지 않습니다. 저는 제 아내 주톈신을 정말 좋아합니다. 제
가 그녀를 안 건 40년 전의 일이고 결혼한 것은 30년 전의 일입니다.
30년의 시간 동안 서로 가리는 것 하나 없이 살았지요.(우리는 서로에
게 감추는 것이 하나도 없었습니다.) 우리는 함께 책을 읽고 대화하고 저
항해야 할 모든 것에 함께 저항했습니다. 저는 지금도 그렇게 그녀를
좋아합니다. 정확히 말해서 주위의 친구들이 제가 엄처 밑에서 살고
있고 그 엄혹한 인성의 기준이 갈수록 더해간다고 생각한다 해도 주
톈신은 여전히 제가 좋아할 가치가 있는 사람입니다. 저의 아내가 되
기 위해서는 이렇게까지 훌륭할 필요가 없습니다. 어쩌면 저의 아내
가 된다는 것이 그녀에게는 그다지 중요한 부분이 아닐 수도 있지요.
정말로 중요한 것은 그녀가 대단히 훌륭한 작가라는 겁니다. 게다가
그녀는 정이 깊고 민감하며 정의감이 넘치고 사소한 일들까지 전부
기억하다 보니 수시로 곤경에 빠지는 그런 사람입니다. 저는 그런 그
녀에게 방해가 되지 않으려고 제가 할 수 있는 일은 최대한 다 합니
다. 종종 제가 감히 그녀를 위로할 수 없을 때가 있습니다. 그녀의 독
특한 생명의 곤경 때문이지요. 이것이 바로 그녀의 글쓰기의 가장 깊

이 있는 부분일 겁니다. 나는 그것을 소멸시키는 모험을 할 자신이 없습니다.

부부가 일본 교토에 자주 간다고 하셨지요. 특별한 이유가 있습니까?

교토는 제가 두 번째로 좋아하는 도시입니다. 가장 좋아하는 도시는 런던(음식만 제외하고)이지요. 하지만 런던은 너무 멀고 비용도 많이 듭니다. 제가 감당할 수 없는 수준이지요. 여러 해가 지나면서 교토는 이미 또 다른 생활 거점이 되었습니다. 교토에 가는 것이 마치 '고향으로 돌아가는 것'처럼 느껴지기도 합니다. 게다가 항상 1, 2년의 시차를 두고 가기 때문에 그 미세한 변화를 느낄 수 있습니다. 어느 거리와 길모퉁이에서 상점과 사람들의 표정, 복장과 행동거지까지 시간의 거미줄 같은 흔적을 느낄 수 있지요. 저항자들이 많든 적든 간에 결국 이렇게 기적처럼 남는 곳을 두고 우리는 당연하게 여기거나 혹은 이데올로기의 힘 탓이라고 여기게 됩니다. 그런 교토를 선험적으로 존재하는 상태로 봅니다. 그러면 약간의 용기를 얻게 되지요. 아름다운 것을 믿을 수 있는 용기, 아름다운 것을 위해 설명하고 변호하고 논쟁할 수 있는 용기를 얻게 되는 겁니다. 저는 그런 용기가 일상생활 속에서 줄곧 유실되어가는 것을 느낍니다.

최근에 가장 인상 깊게 읽은 책은 무엇인지 말씀해주실 수 있나요?

최근에 읽은 책은 젊었을 때의 친구인 창칭常靑이 쓴 『어떻게 늙어살 것인가如何老去』라는 책입니다. 저자는 의학박사이고 소설가이기도 합니다. 최근에 연봉이 100만 위안약 16억 5000만 원이나 되는 다국적 제약

회사에서 사직했습니다. 시대 전체에 역행하는 듯한 느낌이 들더군요. 창청의 책은 '몸통이 있는' 글쓰기입니다. 그녀의 글쓰기는 착실하고 민첩한 의학 훈련과 경험을 튼튼한 밑바탕으로 삼고 있습니다. 그리고 그녀의 다국적 독서와 인문학적 수양 또한 대단히 놀라운 수준이지요. 이런 글쓰기의 준비는 대단히 드뭅니다. 하지만 단기적으로는 아마 오히려 불리할 겁니다. 세상이 너무 크기 때문입니다. 이런 세상을 여는 데는 더 많은 시간이 필요하기 때문이지요. 또한 그녀의 글이 집단 공약수에 해당하는 요구를 훨씬 초월하고 있기 때문이기도 합니다. 독자들의 심성과 수준에는 너무 큰 도전이 되지요. 동시에 이런 태도가 그녀를 너무나 이성적이고 완벽하게 만들기도 합니다. 그래서 그녀의 글쓰기는 너무나 신중하지요. 이런 글쓰기는 조금 늦게 꽃을 피웁니다. 아주 오랜 시간 갖가지 의혹과 공격을 이겨낸 작가들이 다 그렇지요. 글쓰기는 일생의 의지가 담긴 작업이지 젊은 시절에 불꽃놀이처럼 지나가는 것이 아니라는 점을 상기시켜줍니다. 저는 대단히 진지한 기다림으로 이 책을 읽어 나가고 있습니다.

지금 쓰고 있거나 준비하는 책이 있나요?

『마르케스의 서재에서』가 출간된 후 어떤 독자들은 왜 예전처럼 NBA에 대한 책이나 추리소설 같은 것을 쓰지 않느냐고 불만을 표하기도 했습니다. 하지만 저는 책 읽기라는 주제에 대해 계속 고민하고 있고 독자의 신분을 제일 좋아하고 잘 안다고 생각하기 때문에 계속 독자로서 책을 쓸 것 같습니다. 지금 신간을 준비하고 있는데, 나이와 읽기, 글쓰기에 관한 책입니다. 저도 곧 60세에 들어서게 되는데, 60세라고 하면 노년에 들어서고 죽음에 가까워지는 나이라고 생각합니다.

이 시기에 어떤 변화가 나타나는지, 인생의 변화 속에서 책을 읽는 것에 대한 저의 생각은 어떻게 변하는지 새 책에 담으려고 쓰고 있습니다. 얼마 전 뉴스에 한국 여성의 평균연령이 일본을 초과할 정도가 됐다고 들었습니다. 이런 고령화사회로 가는 상황 속에서 책 읽기는 계속해서 제 인생의 중요한 키워드가 될 거라고 생각합니다. 독서는 계속되는 저의 글쓰기의 가장 적절한 주제고, 『마르케스의 서재에서』에도 이미 나이와 독서와 글쓰기, 세 가지 요소에 대한 생각이 얼마간 담겨 있습니다.

탕누어唐諾 / 대만의 독서가·작가·문화비평가. 국립타이완대학교에서 역사를 공부했다. '직업 독자'를 자처하는 전 방위 인문학자로 읽고 쓰고 사색하며 인문학적 콘텐츠를 만드는 삶에 전념하고 있다. 『한자의 탄생』 『마르케스의 서재에서』 『끝』 등의 책을 썼다.

인간의 품격

데이비드 브룩스 저널리스트

"나는 얄팍한 성향을 타고났다. 지금은 일종의 전문가이자 칼럼니스트로 일하면서, 자기애에 빠진 떠버리가 되어 내 생각을 마구 쏟아내는 일로 돈을 번다. 내 생각에 대해서도 실제 느끼는 것보다 더 확신하는 척하고, 실제보다 더 영리한 척하고, 실제보다 더 권위 있는 척한다. 그러니 나는 으스대기 좋아하는 얄팍한 사람이 되지 않기 위해 대부분의 사람들보다 더 많이 애써야 한다. (…) 나는 나 자신이 '인격을 연마하는 길 road to character'을 제대로 따를 수 있을지도 확신하지 못한 채 이 책을 썼다. 하지만 적어도 그 길이 어떤 것이고 다른 사람들은 어떻게 걸었는지 알고 싶었다."

『인간의 품격』 서문에 나오는 대목이다. 저자는 〈뉴욕타임스〉 칼럼니스트 데이비드 브룩스. 저널리스트들 사이에서도 선망의 대상인 자리에서 자기 생각을 맘껏 풀어놓는 사람. 그런 그가 참회록 같은 책을 세상에 내놨다. 한때 보헤미안 부르주아를 뜻하는 '보보스'를 유행시키며 문화 트렌드를 선도하던 그가 어떤 궤도를 거쳐 이런 지점에 이르렀는지 궁금했다. 그는 〈뉴욕타임스〉의 워싱턴DC 지국 사무소 맞은편 카페에서 보자고 했다. 수더분한 노타이셔츠에 약간 커 보이는 재킷 차림의 중년이 약속 시간에 거의 맞게 나타났다.

주 2회 칼럼 말고도 예일대 강의도 나간다고 들었습니다.

네, 월요일과 화요일에 갑니다. 다른 대학 강연도 합니다. 어젯밤에도 뉴욕의 한 칼리지에서 강연을 했습니다. 그래서 여행을 많이 합니다.

예일대에선 뭘 가르치시죠?

〈대전략Grand Strategy〉이라는 강의를 맡고 있습니다. 중국의 손자부터 마키아벨리, 클라우제비츠를 거쳐 오바마에 이르기까지 대전략가들의 사상을 가르칩니다. 외교정책과 거대 전략에 관한 사상입니다. 도덕철학 강의도 합니다. 네 가지 성공적인 삶을 살기 위해서는 네 가지 큰 헌신이 필요하다는 이론입니다. 그 네 가지란 소명vocation 혹은 직업career, 그리고 가족family과 공동체community, 철학 혹은 신앙faith입니다. 이 네 가지 큰 헌신을 인생에서 어떻게 이뤄낼 것인가에 대해 강의합니다.

그 강의 내용도 책으로 나오게 되나요?

아마도요. 하지만 최소한 몇 년은 걸릴 겁니다.

『인간의 품격』 역시 그런 강좌에서 나왔나요?

네, 예전에 〈겸양humility〉이라는 강좌를 가르친 적이 있어요. 거기서 나온 책입니다. 저는 먼저 책의 내용을 학생들에게 설명하고 반응을 들어보는 과정을 거치는 것을 좋아합니다. 자신의 생각을 끝까지 따져보는 좋은 방법이죠.

이번 책에 대한 반응들은 어떤가요?

제가 지금까지 쓴 다른 어떤 책보다 훨씬 더 많이 팔렸습니다. 사람들이 정신적spiritual 굶주림을 느끼는 것 같아요. 사람들은 자신들이 일이나 경력 쌓기에 많은 시간을 보낸다는 것을 알지만 자기 내면의 본성에 대해서는 그렇게 많은 시간을 쓰지 못한다고 생각해요. 어떤 결핍과 공허함을 느껴요. 자신의 삶 속에서 도덕적 기운이 부족하다는 것을 느끼는 거죠. 어떤 때는 비즈니스 컨퍼런스에도 가는데요, 거기 사람들은 일주일 내내 실적과 주가, 건강보험 비용 같은 아주 현실적인 이야기로 시간을 보내는 사람들입니다. 거기서 제가 은총과 용서, 고통, 이런 것에 대해 이야기하면서 맘속으로는 '아, 저 사람들은 이런 이야기 안 좋아할 텐데. 저 사람들이 일상 중에 하는 것과는 너무 동떨어져서 말이야……' 이런 생각을 합니다. 그런데 막상 제가 이야기를 시작하면 거기 있던 사람들 전부 마음이 움직여요. 집중하고 듣습니다. 누구 못지않게 열성적으로 들어요. 마치 사막에 스프링클러를 뿌리는 것처럼. 대지가 '정신적' 이야기에 대한 가뭄으로 차 있었던 것 같아요. 제가 대단해서가 아니라, 그들이 그런 이야기에 굶주려 있다는 것을 알 수 있어요.

젊은 층은요?

젊은 사람들도 마찬가지예요. 적어도 제가 가르치는 학생들의 경우에는 그래요. 직장에서도 평가나 등급에서 좋은 성적을 내야 한다는 압력이 너무나 강합니다. 내면의 문제를 돌아볼 시간이 없어요. 또 다른 문제는 이들이 자기 확신감이 강한 반면 두려움도 많다는 겁니다. 이들은 한 가지 실수를 하거나 자기 직무에서 멀어지면 성공의 사다리에서 추락하고 말 거라는, 그래서 자신의 사다리 전체가 무너지고 말 거라는 두려움이 있습니다. 또한 동시에, 일을 어떻게 해야 하는지에 관해서뿐만 아니라 그 일을 왜 하는지 그리고 무엇을 택해야 하는지에 대해 알고 싶어 합니다. 특히 지금 젊은 층은 진로 선택 범위가 우리가 젊었을 때 비하면 너무나 넓습니다. 제가 어렸을 때만 해도 진로 선택지는 얼마 안 됐어요. 금융이나 교직, 법률, 의료계 정도였어요. 하지만 지금은 진로가 수백만 가지나 됩니다. 사회적 투자social impact investing 분야에서 일하거나 수단에서 회사를 창업해 커피를 만들어 지역 주민을 돕습니다. 아니면 해외에서 영어를 가르치기도 합니다. 이처럼 수많은 선택지가 있습니다. 그래서 오히려 선택의 고민에 빠져서 마비될 정도입니다. 어떤 결정을 내려야 할지 몰라 방황합니다. "최선의best 삶, 최고의highest 삶이란 뭘까?" 하고 끊임없이 자문하는 거죠. 그러니 제가 하는 이야기에 대한 갈증이 있을 수밖에요.

이번 책 제목이 'Road to Character인격을 쌓는 길, 그런 품성에 이르는 길이라는뜻'입니다. 여기서 '캐릭터'란 단어는 번역이 어려운 말 같습니다. 무슨 뜻으로 쓰셨지요?

그 단어로 제가 말하고 싶은 것은 '정신적 충일spiritual fulfillment'입니다. 우리도 거기에 꼭 맞는 단어가 있는 것은 아니에요. 그래서 저는 '캐릭터인격'라는 단어를 택했습니다. 사람들이 적어도 영어로 이해할 수 있는 말로는 뜻이 가장 가까운 단어라고 생각했기 때문입니다. 기본적으로 '선한 일을 하려는 성품이 갖춰진 것'을 뜻합니다. 그러니까 오랜 시간 훈련을 거쳐, 유혹이 일 때에도 올바른 것을 행하도록 자연스러운 성향을 갖게 된 상태를 말합니다. 혹은 자신의 삶을 올바른 방향으로 잡아놓은 상태를 말합니다.

그런 캐릭터는 두 가지 방식으로 가르칠 수 있습니다. 하나는 습관을 통해서입니다. 만약 당신이 자기 통제의 작은 습관들을 실천한다면, 시간이 지나면서 큰 것들에 대해서도 자기 통제를 할 수 있는 강한 힘을 기를 수 있습니다. 그리고 우리는 모범적인 인물이나 영웅들을 통해, 그들을 보고 모방하고 따라 하면서 인격을 연마할 수도 있습니다. 이번 책에서 그런 인물들을 다룬 것도 그런 이유에서입니다.

저는 우리가 우리의 영웅들을 따라 하면서 더 나은 사람이 될 수 있도록 가르칠 수 있다고 생각합니다. 이 책에 나오는 인물 모두가 스무살 시절에는 좀 딱한 사람들이었습니다. 남이 볼 때 그렇게 인상적이지 않았습니다. 하지만 70세가 됐을 때 그들은 위대한 사람이 돼 있었습니다. 그러니까 좋은 사람이 된다는 것은 자연스레 일어나는 일이 아니었습니다. 오히려 그들은 그런 인격 도야의 기술skill을 계발했고, 자기 안에 일련의 성향과 태도를 만들어갔던 것입니다. 자기 자신을 아주 강한 인격체로 구축해나갔던 거지요. 마치 강력한 기술을 연마하는 것과 같았어요. 강인한 도덕의 기술(=도덕성)이죠. 그런 것이 쌓이면 어떤 상황에서도 많은 경우 올바른 방향으로 자연스럽게 이끌려 가게 됩니다.

> 책의 주된 메시지를 두 가지 유형으로 대비시켜 설명하셨지요. 아담 Ⅰ과 아담 Ⅱ, 자기소개서 덕목resume virtue과 추도사 덕목eulogy virtue으로 나눴는데요.

자기소개서 덕목이란 자신을 (직업) 시장에 내놓을 때 제시하는 덕목입니다. 기자나 교수, 의사가 되는 데 유리한 점이 무엇인지를 보여주는 거죠. 추도사 덕목은 죽고 난 후에 사람들이 당신에 대해 이야기하는 것들입니다. 용감한 사람이었다거나 존경할 만한 사람이었다거나 큰 사랑을 할 줄 안 사람이었다거나. 제가 말하고 싶은 것은 우리 모두가 추도사 덕목이 더 중요하다는 사실을 알고 있지만 우리 교육

시스템은 거기에 부응하지 못하고 있다는 겁니다. 여기 워싱턴DC만 해도 커피숍에 앉아서 사방에서 오가는 대화를 들어보면 모두가 자신의 직업적인 일에 대해 이야기합니다. 어떻게 하면 추도사 덕목을 계발할지에 관련된 이야기는 없습니다. 그러니까 우리 문화는 고장이 난 거지요. 우리는 직업에 대한 이야기에는 너무나 많은 시간을 쓰는 반면 우리 내면의 본성이 가진 품성이나 자질을 기르는 데에는 충분한 시간을 쓰지 않습니다. 제 책은 그 둘의 균형을 맞추려는 시도라고 할 수 있습니다.

어느 한 방향을 이야기하는 것이 아니라 균형이 필요하다는 거죠.

네, 저는 직장이나 업무에서 성공하는 것에 반대하지 않습니다. 하지만 저는 우리 모두가 인생에서 의미를 찾으려는 내면의 욕구를 갖고 태어난다고 생각합니다. 그것을 찾지 못할 경우에는 허기를 느낍니다. 제 경우에도 분명히 그렇습니다. 많은 사람들도 마찬가지입니다. 다른 한편으로, 어떤 사람을 만나면 내면의 기쁨과 빛을 발산하는 사람이 있습니다. 정말 좋은 정신적 본성을 계발한 사람들이지요. 그런 사람을 만나면 한눈에 기쁨이 넘쳐나는 것을 알 수 있습니다. 달라이 라마가 대표적인 사례입니다. 그런 사람을 만나봐서 압니다. 세 목표는 조금이라도 그런 사람처럼 되려고 노력하는 겁니다.

그런 인물 사례로 아홉 명을 책에 소개하셨습니다. 어떻게 선별하셨죠?

『인간의 품격』에 소개된 아홉 명

게으른 소녀에서 뉴딜의 막후 조력자로

프랜시스 퍼킨스 1880~1965

루스벨트 정부 때 12년간 노동부 장관을 지냈다. 미국 최초 여성 장관이었다. 노동자 권익을 위해 투쟁했고 사회보장제도를 창안한 일등 공신이었다. 뉴딜 정책의 챔피언이라 불린다.

충동적 반항아가 일궈 낸 중용의 미덕

드와이트 아이젠하워 1890~1969

1953~1961년 미국 34대 대통령. 제2차 세계대전 때 유럽 연합군 최고사령관을 맡아 노르망디상륙작전을 계획하고 감독한 데 이어 1951년 첫 번째 나토 사령관이 됐다.

무질서한 젊은 날을 딛고 빈민들의 어머니가 되다

도로시 데이 1897~1980

미국의 작가이자 사회운동가. 명민한 여성 작가로 사회주의와 노동운동으로 인생 전반을 보내다가 가톨릭 영성 운동에 투신했다. '가난한 이웃과 힘없는 노동자들의 대모'라 불렸다.

역사상 가장 위대한 군인이 된 문제아

조지 캐틀렛 마셜 1880~1959

1939년 미 육군참모총장을 거쳐 제2차 세계대전 때 미·영 합동참모본부 최고 수뇌가 되어 북프랑스 상륙작전을 지휘했다. 1947년 국무장관이 되자 마셜 계획을 세워 유럽 부흥에 기여했다.

내면의 악과 맞선 비폭력 인권운동가

필립 랜돌프 1889~1979 · 베이어드 러스틴 1912~1987

랜돌프는 미국 노동운동, 인권운동가로 인종차별에 대항해 싸워 차별 금지 대통령령을 끌어냈다. 러스틴은 성 소수자 권리 운동가로 공헌해 2013년 대통령자유훈장을 사후 추서받았다.

사랑의 결핍에서 시작된 인간에 대한 사랑

조지 엘리엇 1819~1880

영국 여성 소설가. 소녀 시절에는 열렬한 복음주의 신봉자였으나 점차 새 사상에 눈떠 과학주의·실증주의 사상을 수용했다. 조지 엘리엇이라는 필명으로 『미들마치』 등 걸작을 썼다.

세속을 탐하던 영혼, 신의 사랑 안에서 길을 찾다

아우구스티누스 354~430

4세기 알제리 및 이탈리아에서 활동한 주교. 기독교 신학은 물론 서양철학에 영향을 끼쳤다. 회개 후 신앙을 받아들이고 믿음을 변론한 『고백록』이 유명하다.

가난과 장애를 이기고 문학적 진실을 성취하다
새뮤얼 존슨 1709~1784
영국 지방 서적상의 아들로 태어나 옥스퍼드 펨브로크 Pembroke대학에 입학했으나 가난으로 중퇴. 작가로 힘겹게 생계를 이어가며 영어 사전을 8년 만에 완성시켜 '존슨 박사Dr. Johnson'라 불렸다.

소명에 따라 산 사람들로, 가능하면 서로 다른 특성을 가진 사람들을 찾았습니다. 평생에 걸쳐 좋은 대의를 택한 사람이면서 다양한 덕목과 경력의 인물들을 소개하고 싶었습니다. 가장 찾기 어려운 범주가 작가였습니다. 작가들의 경우엔 자기중심적이고 자아도취형이 많아 찾기가 어려웠습니다. 결국 조지 엘리엇을 찾아냈는데, 무조건적인 사랑으로 자신을 강하게 만든 사람이었습니다. 어떤 공식에 따라 찾은 것은 아니고, 제가 개인적으로 맘속 깊이 경외한 사람들입니다. 삶의 초반이 불행했지만 나중에는 위대한 행운으로 바뀌어간 사람들입니다.

서문에서 나 자신에 관한 이야기이기도 하다고 쓰셨지요?

저도 좀 얄팍한shallow 캐릭터로 출발했습니다. 나이가 들어가면서 좀 더 인간으로서, 작가로서 깊이를 더하려고 노력해왔습니다.

내 영혼을 구하기 위해 썼다고도 했습니다. 특별한 계기가 있었나요?

특별한 계기가 있었던 것은 아닙니다. 다만 저는 제가 상상했던 것 이상으로 직업적으로 큰 성공을 거뒀다는 것을 알게 됐습니다. 그냥 한 인간으로서는 괜찮은 거지요. 행복했습니다. 하지만 제가 다른 사람들에게서 볼 수 있는 내적인 삶은 달성하지 못했습니다. 워싱턴에서 아주 가까운 한 마을에 갔을 때였어요. 거기서 30명의 여성을 만났어요. 이들은 이민자들에게 읽는 법을 가르치고 있었지요. 영어를 가르치고 읽는 법을 가르치더군요. 이 과정은 몇 년도 걸릴 수 있는 거예요. 그런데 이분들이 하나같이 그렇게나 평화로워 보였어요. 인내심도 크고 너무나 선량했어요. 저는 그분들이 제가 갖고 있지 못한 뭔가를 갖고 있다고 느꼈어요. 나는 어떻게 하면 그렇게 될 수 있을까? 저도 그런 선함과 인내심과 다른 사람에 대한 사려 깊음을 발산하고 싶다는 생각이 들었어요. 그래서 이 책은 제가 더 나은 사람이 되려고 한 시도라고 할 수 있습니다. 물론 그런 인격에 대한 책을 쓰거나 읽는다고 해서 좋은 인격자가 되는 것은 아닐 겁니다. 하지만 책에서 소개한 그런 사람들을 곁에 둔다면 그들의 모범 중 일부가 묻어나지 않을까 희망합니다.

"당신이야 이제 세속적인 성공의 기준으로 봤을 때 정상에 올랐으니 그런 설교를 할 수 있는 것 아닌가"라고 반문할 수도 있지 않을까요?

네, 충분히 그럴 수 있을 겁니다. 하지만 한 가지 말씀드리고 싶은 게

있습니다. 세계 전역의 교회나 이슬람 사원, 절에 가보면 정신적으로
더 나아지려고 애쓰는 사람들로 가득하다는 겁니다. 거기에는 빈부
와 노소의 구분이 없어요. "나는 첫 40년은 정말 부자가 되는 데 인생
을 쓸 거야. 그러고 나서 후반 40년에 착하게 될래" 하고 말해서는 곤
란하다고 생각합니다. 그런 계산 방식으로는 잘되지 않을 겁니다. 인
생의 전반 40년을 인성은 무시한 채 보낸다면 그 삶은 그것으로 추락
하고 말 겁니다. 비록 제가 직업적인 성공을 이뤘다고 해도, 내가 좋은
인품인지 나쁜 인품인지와는 별 관련성이 없다고 생각합니다. 좋은
인품을 가진 사람들은 부자일 수도 가난한 사람일 수도 있고, 나이의
고하나 종교의 유무도 상관이 없습니다.

> 이번 책은 인간을 '뒤틀린 목재'(근본적으로 불완전한 존재)로 보는 기
> 독교적 사상 전통을 토대로 하고 있습니다. 다른 종교나 문화적 배경
> 의 독자들로서는 불편할 수도 있지 않을까요?

그럴 수도 있습니다. 하지만 그래도 어떤 것들은 보편적일 거라고 생
각합니다. 책에 깔려 있는 서양 전통은 제가 살아온 전통입니다. 제가
아는 것이기도 합니다. 동양의 전통에 대해서는 그만큼 잘 알지 못합
니다. 그래서 저는 제가 아는 전통의 범위 내에서 책을 썼습니다. 하지
만 그것이 성경적인 것이든 세속적인 어떤 것이든 그 전통 속에는 어
떤 실용적인practical 지혜를 담고 있습니다. 예를 들면 제가 〈뉴욕타임
스〉에서 지금의 일을 맡게 됐을 때 저를 비판하는 메일을 수도 없이
많이 받았습니다. 첫 6개월은 너무나 고통스러웠습니다. 그 전에는 그
정도의 규모로 미움을 받아본 적이 없었거든요.(웃음) 이메일을 통해
공격이 쇄도했습니다. 온라인 댓글도 마찬가지였습니다. 그것들을 다

읽곤 했는데 그것 때문에 아주 낙담했고 상처를 많이 받았습니다.

그걸 다 읽나요?

전부 다는 아니지만 그땐 꽤 많이 읽었어요. 그때 심리적으로 그 상황을 견뎌내는 유일한 방법이 '적들을 사랑하는 것'이라고 결론을 내렸어요. 그 사람들이 나를 비판하더라도 나는 그들을 사랑해야 한다, 그들은 내게 무언가를 주려고 한다, 하고 여겼죠. 그런 비판에도 얼마간 진실이 있을 거라고 생각했습니다. 그들은 어떤 식으로든 내게 호의를 베푸는 것이라고. 그렇게 생각하지 않으면 너무 상처를 많이 받을 것 같았어요. 그래서 "네 원수들을 사랑하라"라는 구절이 예수가 한 말이라고 성경에 나오지만, 그것은 삶에 실용적인, 살아가는 방법이기도 해요. 그래서 저는 수 세기에 걸쳐 전해져온 성경이나 신학, 많은 종교적 문헌들에는 우리가 신을 믿든 안 믿든 수많은 현실적인 지혜가 담겨 있고, 그런 지혜는 보편적인 것이라고 생각합니다. 아프리카에 살든 아시아에 살든 유럽에 살든 그 어떤 곳에 살든지 간에. 거기에는 어떻게 살 것인가에 관한 보편적인 실용적인 지혜가 들어 있다고 봅니다.

이번 책의 메시지 중 하나는 '도덕적 실재론moral realism'이 약화된 것을 탄식하는 겁니다. 하지만 근대 이후(일원적 세계관이 무너지고 다원주의 시대가 도래한 후) 도덕 상대주의는 필연적인 것 아닌가요? 과거로 되돌아가자는 얘긴가요?

저는 지금 사람들이 도덕적 판단을 주저하는 문화 속에 살고 있다고 생각합니다. 상대주의적이라고 할 수도 있겠지요. 혹은 알래스데어 매킨타이어Alasdair MacIntyre. 영국 철학자가 말한 감정주의emotivism 시대라고 할 수도 있고요. 무슨 말이냐면, 내가 옳다고 느끼면 뭐든 할 테니 당신도 당신이 옳다고 느끼는 것을 하라는 주의지요. 모든 것이 좋게 느껴지는 것에 기초하고 있습니다. 하지만 그렇게 되면 도덕적인 논쟁이 성립될 수가 없게 됩니다. 모든 것이 단지 각자의 내적인 느낌에 기초하기 때문이지요. 그렇지만 저는 첫째, 보편적인 도덕적 진실이 있다고 생각합니다. 둘째, 그런 점에서 어떤 삶은 다른 삶보다 더 존경할 만하다고 생각합니다. 가령 우리 모두는 전쟁 중에 도망을 가거나 친구를 배신하는 사람은 존경할 만한 사람이 아니라고 인정합니다. 그렇기 때문에 저는 우리가 순수한 도덕적 상대주의가 아닌 (도덕적 담론의) 언어를 재발견할 필요가 있다고 생각합니다. 그런 언어는 '죄sin'에 대한 자각과 함께 시작돼야 한다고 생각합니다. 그러니까 우리 모두가 본성 안에는 잘못된 것을 가지고 있고 우리는 그것에 맞서 싸울 필요가 있다는 거지요.

때로는 도덕적 확신이 위험을 초래할 수도 있지 않나요?

전적으로 그렇습니다. 하지만 저는 도덕적 상대주의가 우리의 삶을 납작하게flat. 가치의 우열이 없는 상태 만들기 때문에 위험하다고 생각합니다. 그리고 그것이 어떤 유의 이기심과 자기중심, 자아도취를 조장한다고 생각합니다. 물론 도덕적 판단을 내리는 것이 위험을 초래할 수도 있습니다. 중세 유럽의 종교재판이 그랬고 십자군이 그랬습니다. 혹은 최근에 ISIS도 있습니다. 따라서 도덕적 확신에는 첫째, 공감과 다원주의가, 둘째, 겸허humility가 결합돼야 합니다. 제 책이 사실은 전체적으로 겸허를 이야기하고 있습니다. 겸허란 우리 모두는 진리의 한 부분만을 가질 수 있을 뿐이라는 깨달음이지요. 대부분의 논쟁은 경쟁하는 진리들 간의 논쟁이라는 사실을 아는 거지요. 절대적인 옳고 그름은 없습니다. 경쟁하는 진리들 간에 균형을 찾으려고 노력할 수 있을 뿐이지요. 경제문제로 얘기하자면, 우리 나라에도 많은 불평등이 있습니다. 그 경우 평등에 대한 요구와 자유와 성취에 대한 요구 사이의 논쟁이 벌어집니다. 이 두 가지는 늘 긴장 관계에 있습니다. 둘 사이의 적절한 균형을 찾으려고 노력할 뿐이지요. 이때 우리 편은 진리의 한 부분만을 갖고 있다는 사실을, 상대 역시 진리의 한 부분을 갖고 있음을 알아야 합니다. 그럴 경우에 관용이 가능해집니다. 겸손해지게 되고 중용moderation으로 갈 수가 있습니다. 저는 드와이트 아이젠하워에 대해 한 장章을 썼습니다. 그는 대통령 임기 말에 '중용'에 대해 연설을 했습니다. 중용은 단순히 중앙에 있다거나 우유부단한 것이 아닙니다. 양쪽 모두에 강하다는 것을 알면서 둘 사이에서 균형을 잡으려고 애쓰는 것입니다. 물론 도덕적 판단이 필요하다는 생각이 너무 강할 경우에는 히틀러가 나올 수도 있습니다. 하지만 마틴 루터 킹이 나올 수도 있습니다. 그것은 당신이 그것도덕적 판단과 실천을 '어떻게' 하느냐에 달렸습니다.

도덕은 종교와도 관계가 깊다고 생각합니다. 종교 없이도 도덕적일 수 있다고 생각하세요?

네, 그렇습니다. 제가 만난 사람들 중에 어떤 분들은 종교인이면서 대단했지만 어떤 종교인들은 끔찍했습니다. 무신론자인데도 대단한 사람들이 있는 반면 어떤 무신론자들은 끔찍합니다. 그래서 저는 선해지기 위해 신이 필요하다고는 생각하지 않습니다. 다만 종교가 사람이 착해지는 데 많은 도움을 줄 수는 있다고 생각합니다. 그런 사람들은 신을 영화롭게 하고 싶어 하기 때문에 그런 결과가 나올 수 있지요.

하지만 동시에 신에 대한 믿음이 없이도 많은 사람들이 위대한 삶을 살고 있는 것을 봅니다. 제 책에 나오는 조지 마셜이나 드와이트 아이젠하워 같은 사람은 전혀 종교적이지 않았다고 생각합니다. 하지만 그들은 자신들보다 더 높은 무언가에 헌신했습니다. 그들의 경우 조국이나 군에 자신을 투신했습니다. 제 생각에는 자기보다 더 높은 무언가에 헌신하지 않으면 도덕적이기가 무척 어렵지 않을까 생각합니다. 자신의 욕망을 어떤 집단의 요구에 복속시키려는 의향이 없다면 도덕적이기란 어렵습니다.

혹시 종교가 있으세요?

저는 신을 믿습니다만 개인적인 종교에 대해서는 이야기하지 않습니다. 그것은 아주 변하기 쉽기 때문입니다. 그리고 공적으로 말하게 되면 그 말이 굳어져서 마치 공개적인 슬로건처럼 변해버릴 수 있기 때문입니다. 그래서 개인적으로 묻어두려고 합니다.

개인의 도덕성을 이야기하지만, 어떤 사람들은 우리 삶의 방식이 사회 구조에 의해 조건 지워진다고 말합니다. 그런 점에서 우리가 살아가는 자본주의는 기본적으로 경쟁과 능력주의에 기반하고 있습니다. 이런 사회에서도 충분히 도덕적일 수 있을까요?

자본주의는 물론 자기 이익에 기초하고 있습니다. 우리는 자기 이익을 추구하게 돼있습니다. 하지만 계몽된 자기 이익이라는 것이 있습니다. 자본주의에서 계몽된 자기 이익을 추구하는 사람은 사회에 해악이 되기보다 도움이 되는 활동에 참여하려고 하는 사람입니다. 어떤 사람들은 아주 해악자들인 반면 어떤 사람들은 그러지 않으려고 애씁니다. 어떤 사람들은 자기 재산의 많은 부분을 주려고 하고 어떤 사람들은 지키려고 합니다. 어떤 사람은 사람들에게 나쁜 담배를 파는가 하면 어떤 사람은 말라리아를 막는 침대 모기장을 팝니다. 비록 같은 자본주의 체제 속에서 산다고 해도 선택의 여지가 있습니다. 그런 선택의 과정에서 의미 있는 삶을 살아가려고 하는 사람들이 큰 영향을 줄 수 있다고 생각합니다. 둘째로, 우리 삶 속에는 자본주의의 논리, 그러니까 자기 이익의 논리가 적용되지 않는 영역이 넓게 존재합니다. 자신의 효용에 도움이 되거나 유리하지 않는데도 하는 행동을 말합니다. 가령 부모애는 이타적인 사랑과 양보, 희생에 기초하고 있습니다. 가족의 삶, 공동체의 삶 대부분에 그런 덕목들이 작동합니다. 많은 사람들이 금전적인 대가 없이도 공동체에 많은 봉사를 하고 있습니다. 혹은 우리가 식당에 가서도 떠나기 전에 탁자에 팁을 남기고 갑니다. 종업원을 두 번 다시 볼 일이 없어서 자기 이익에는 도움이 되지 않을 경우에도 그렇게 합니다. 그것은 감사하는 마음 때문입니다. 그것은 경제적인 사고가 아닙니다. 그렇게 보면 사실상 우리의 행동의 대부분이 사실은 도덕적 논리에 의해 나옵니다. 경제 논리만으로는 많은 것을 설명할 수 없습니다.

우리는 우리에게 영향을 미치는 문화 속에서 살아갑니다. 하지만 때로는 '좋은 삶'을 살기 위해 우리가 속한 문화에 저항해서 살아야 할 때도 있습니다. 지금 우리는 대단히 자본주의적인 문화 속에서 살아

갑니다. 그래서 우리에게는 반문화counterculture가 필요합니다. 자본주의의 과다로 인한 해악에 맞서 저항해야 합니다. 저는 자본주의를 믿습니다. 하지만 지나친 면이 있습니다. 따라서 여러분은 자본주의 사고방식과 도덕적 사고 모두에 대해 유념해야 합니다. 그 두 가지는 서로 긴장 관계에 있어야 합니다. 어떤 사회가 됐든 그것을 잘 해내는 사회에서는 충돌이 있습니다. 어떤 사회에서는 자본주의가 기독교 문화와 대결하고, 어떤 사회에서는 자본주의와 불교문화가 대결합니다. 그밖에 여러 유형이 있습니다. 그런 영혼과 시장 사이의 충돌은 늘 있습니다.

오늘날 도덕론을 받아들이기 어려워하는 이유 중 하나가 세상의 양극화와 관련이 있지 않나 싶습니다. 소수 부자와 다수 빈자들로 나뉜 상황에서는 그런 이야기가 부자나 강자의 아량이나 적선의 논리로 들릴 수 있다는 거지요.

그럴 수 있습니다. 하지만 제가 맘속 깊이 존경하는 사람들 중에 보스턴의 의사 아툴 가완디Atul Gawande, 『어떻게 죽을 것인가』의 저자도 있습니다. 책도 여러 권 썼는데요, 그 사람과 잘 아는 사이는 아니지만 아주 존경할 만한 사람처럼 보입니다. 살아가다 보면 그처럼 봉사심에 기초한 삶을 살아가는 사람을 봅니다. 그런 분은 정말 존경스럽습니다. 그들 중 일부는 세속적으로도 성공한 사람입니다. 그렇지 않은 사람도 있습니다. 그래서 저는 인생의 성공은 대부분 '좋은 관계'에 있다고 생각합니다. 성공한 CEO는 어떤 사람입니까? 대체로 정직하고 신뢰할 만한 사람들입니다. 좋은 관계를 쌓아갈 줄 아는 사람들입니다. 그 말은 다른 사람들에게 친절하게 잘 대하고 그 사람들을 잘 이해한다는 말입니다. 그래서 저는 좋은 사람이 되면 부자가 되는 데도 도움이 될 거라고 생각합니다. 제2차 세계대전 중에 실시된 연구가 있습니다. 당시 모든 미국인이 군대에 징집됐는데, 어떤 사람이 높이 진급했고 어떤 특성이 진급에 도움이 됐는지 조사해봤어요. 흔히 육체적인 강인함이나 지력이라고 생각하겠지만 아니었어요. 가장 중요한 것은 어머니와의 좋은 관계였어요. 어머니가 그들을 깊이 사랑했을 때, 자식들도 사랑을 주고받는 데 능했던 거예요. 그들은 자신의 부하들을 사랑하는 장교들이 됐던 거죠. 세속적인 성공에도 사랑과 같은 부드러운 자질이 도움 된다는 한 가지 사례입니다.

> 애덤 그랜트 교수의 『기브앤테이크』라는 책이 바로 그 주제를 다뤘지요. 극작가 베르톨트 브레히트도 『사천의 선인善人』에서 '착한 사람이 나쁜 세상에서 잘살 수 있는가'라는 물음을 던졌는데, 그 작품을 보면 비관적입니다.

그게 바로 마키아벨리가 제기한 주장이지요. 기독교가 사람들을 사악한 사람들의 수동적인 희생물로 만들고 만다는 겁니다. 왜냐하면 그들은 유약하고 사람들을 다 신뢰하기 때문이라는 거예요. 하지만 인생은 그보다 복잡합니다. 정직하고 믿을 만한 사람이라고 해서 명청이일 필요는 없어요. 제가 영웅으로 여기는 분 중 한 사람은 신학자입니다. 이전에도 얘기한 적이 있는데, 라인홀드 니부어Reinhold Niebuhr입니다. 그는 신학자이면서 아주 맘속 깊이 선량한 사람이었어요. 그러면서도 도덕적 실재론자였습니다. 우리 모두가 죄인이고 때로는 자기 안의 악함에 맞서 싸워야 한다는 사실을 이해했어요. 그는 냉전에 대해서도 많은 글을 썼습니다. 그는 소련과 공산주의에 대항해 싸워야 한다고 했어요. 그와 동시에 우리는 우리 자신이 스스로 옳다고 자신하고 자만하는 성향이 있다는 사실을 알아야 한다고 말했어요. 그래서 정말 사악한 사람에게는 대항해서 전쟁도 해야 하지만 동시에 자신이 자의자득해서 폭력적이 되고, 남들을 단죄하는 것에 비해 자신에게는 더 관대해지는 경향에 대해서도 늘 경계하고 맞서 싸워야 한다고 했어요. 그것은 우리 모두가 자신에게 유리하도록 경도돼 있기 때문이에요. 그런 점에서 그는 도덕적 실재론자였습니다. 악에 맞서 싸우되 자기 자신에 대해서도 끊임없이 의심해야 한다고 이야기했지요.

『도덕적 인간과 비도덕적 사회』라는 유명한 책에서 그런 이야기를 했지요.

네, 맞습니다.

이번 책에서도 니부어를 자주 언급하더군요. 그가 가장 영향을 많이 준 인물인가요?

그런 사람들 중 한 명이지요. 그분은 오바마 대통령에게도 아주 큰 영향을 준 사람입니다. 제게 영향을 준 다른 사람으로는 에드먼드 버크Edmund Burke, 영국 정치인이자 사상가가 있습니다. 버크는 우리가 이성을 신뢰해서는 안 된다고 했습니다. 우리 이성의 용량은 작다는 거죠. 따라서 시간을 두고 지속돼온 제도들을 신뢰해야 한다고 말했습니다. 그가 강조한 것이 인지적·인식론적 겸손입니다. 인식론이란 우리가 무엇을 알 수 있는가에 대한 학문인데, 인식론적 겸손이란 세계는 아주 복잡하다는 것을 아는 것입니다. 우리가 변화를 계획할 때 세상은 우리가 알 수 있는 것 이상으로 복잡하다고 가정하는 겁니다. 그래서 우리는 우리 삶을 변화시키려 하거나 세상을 바꾸려고 할 때 신중하게 점진적으로 단계적으로 나아가야 한다는 거지요. 그런 점에서 그는 전통적인 보수주의의 기초를 닦은 사람입니다. 그는 후대에 아주 큰 영향을 미쳤습니다.

그동안 『보보스―디지털 시대의 엘리트』를 필두로 『보보스는 파라다이스에서 산다』 『소셜 애니멀』 그리고 이번 책까지 네 권을 쓰셨습니다. 그동안 쓰신 책들을 관통하는 어떤 이야기가 있나요?

네, 돌이켜보면 같은 인간에 대해 책을 쓰면서도 한층 깊이 파 들어가는 글을 써왔다는 생각이 듭니다. 첫 책 『보보스』의 경우 소비문화, 그러니까 돈을 쓰는 방식에 관해 썼습니다. 두 번째 책 『보보스는 파라다이스에서 산다』의 경우에는 거주 공간, 사람들이 사는 장소에 대해 썼습니다. 라이프스타일 혹은 애국심 같은 것들이죠. 그다음 『소셜 애니멀』은 인간의 감성에 관한 것입니다. 그리고 이번 책은 도덕적 본성에 관한 것입니다. 그러니까 주제는 언제나 같은 유의 사람이었고, 매번 조금씩 더 깊이 들어가려고 했습니다.

그동안 인간이나 사회를 보는 관점이나 심경에 변화는 없었나요?

네, 관점의 변화라기보다 어떤 주제에 관해 그 전에는 미처 생각하지 못했던 것들이 있었다고는 할 수 있습니다. 『소셜 애니멀』을 쓸 때만 해도 감정에 관해서는 별로 생각하지 않았어요. 저도 특별히 감성적인 사람이 아니었고요. 하지만 감정이 어떻게 서로 다르게 느껴지고 어떻게 우리를 이끄는지 이해하기 위해 그 책을 쓰면서 감정의 과학과 감정에 관한 문헌들을 많이 공부했습니다. 그러면서 저도 감성적이 되었습니다. 우리 같은 경력 초반의 사람들 대부분이 그렇듯이 저도 처음엔 경제와 물질적 힘이 가장 중요하다고 생각했거든요. 지금은 문화와 정신적인 힘spiritual forces이 가장 중요하다고 생각합니다. 그 말은 우리가 인생에서 큰 결정을 내릴 때 시종일관 논리적으로 생각해서 결정을 내리지 않는다는 이야기입니다. 당신이 향하는 방향을 느끼고 무언가에, 혹은 어떤 사람에게 빠집니다. 우리가 어떤 사람인지 아는 데 있어서 그 중심에 감정emotion을 두게 됐습니다. 저는 우리가 '생각하는 피조물thinking creatures'이라고 생각하지 않습니다. '느끼는 피조물feeling creature'이라고 생각합니다. 그래서 저는 우리가 어떻게 느끼는지, 어떻게 우리 감정을 교육시킬지, 어떻게 우리가 올바른 것을 '바라도록' 가르칠지에 대해 공부해왔습니다. 이전에 비해 훨씬 더 머리 중심이 아니라 마음 중심이 된 거죠.

그동안 추이를 보면 이성에서 감정으로, 다시 정신(영성)으로 왔습니다. 그다음에는 '초월'로 가는 것 아닌가요?(웃음)

맞아요! 저도 그것에 대해 생각했습니다. 여기서 어디로 가게 될까. 아마도 명상이나 그 비슷한 것에 대한 책을 쓰게 되지 않을까요.(웃음)

당신이 점점 정신적이 되면서 설교자에 가까워지고 있다고 말하는 사람들도 있지요.

종교적인 성직자는 아니지만 점점 설교자 비슷해지고 있습니다. 제

글이 그렇습니다. 어떤 칼럼들은 설교 같습니다. 제가 하는 강연도 설교와 비슷합니다. 하지만 종교적인 작가는 아닙니다. 도덕적이고 정신적인 문제에 관해 글을 쓰는 세속적인 작가일 뿐입니다. 1950년대 미국에는 정신적인 관점에서 정치에 관한 글을 쓰는 사람들이 많았습니다. 라인홀드 니부어 같은 신학자들이 대표적입니다. 하지만 지금은 사라져버렸습니다. 종교적인 설교자들은 교회나 유대교회당, 이슬람 사원에서 강론을 하지만 이들은 진정한 의미에서 공적인 평론가들은 아닙니다. 저는 그 공백을 메우는 데 도움이 됐으면 합니다. 오늘날 미국인들의 대화를 생각해봅니다. 정치에 관한 칼럼과 TV 쇼는 많지만 도덕성morality이나 인격character에 관한 것은 너무 적습니다. 그래서 저는 공론의 무게중심을 옮겨보려고 노력해왔습니다. 저는 우리가 정치 과잉과 도덕 결핍overpoliticized and undermoralized 상태에 있다고 봅니다. 그래서 정치 토론을 덜 하고 도덕에 대한 토론을 더 하는 방향으로 공론의 축을 옮겨보려고 합니다.

> 반기는 독자도 있지만 그렇지 않은 사람도 있는 것 같더군요. 그러면서 사회 현실과 정책 문제에서 멀어지고 있다고.

그럴 수 있지요. 그 점에 있어서는 좌와 우 모두로부터 비판을 받습니다. 오른편에 있는 사람들은 신을 명시적으로 이야기하지 않으면 종교를 훼손하는 것이라면서 용기 있게 말을 하라고 해요. 반면에 왼쪽에 있는 사람들을 보면 많은 경우 결정적인 것은 물질적 힘이라고 생각하지요. 그런 사람들 입장에서는 제가 너무 나약하겠지요. 하지만 제 일은 사람들에게 생각과 논쟁을 유발하는 것입니다. 사람들에게 무엇을 생각해야 한다고 말하는 게 아닙니다. 사람들을 찔러서 생각하게 만들 뿐이죠. 그리고 사람들이 생각할 수 있는 맥락을 제공하려고 애쓰는 겁니다. 예를 들자면 몇 주 전에 아름다움에 관한 칼럼을 썼습니다. 뉴스 칼럼니스트가 그런 칼럼을 쓴다는 것을 아주 이례적인 일이었습니다. 너무 철학적인 주제였으니까요. 하지만 제가 쓴 어떤 칼럼보다도 큰 반응을 얻었습니다. 정치적인 칼럼은 반응이 하루뿐입니다. 하지만 아름다움에 관한 칼럼이 나간 후에는 몇 주 몇 달 동안 사람들은 와서 그것에 대해 이야기합니다. 그래서 저는 그런 칼럼들이 반향이 더 크다고 생각합니다. 제가 쓴 다른 정치 칼럼보다 훨씬 더 큰 청중이 있다고 생각해요.

시카고대학교에서 역사를 전공하셨죠. 그때 레오 스트라우스Leo Strauss, 정치철학자가 있었나요?

제가 입학했을 때는 돌아가신 상태였습니다. 스트라우스 학파 학자들은 있었습니다. 『미국 정신의 종언The Closing of the American Mind』을 쓴 앨런 블룸Allan Bloom 교수가 있었지요. 그분들로부터 많이 배우지는 않았습니다. 제게 영향을 준 분으로는 경제학과에 밀턴 프리드먼Milton Friedman, 자유시장론의 대가 교수가 있었습니다. 제가 스물한 살 때였어요. 프리드먼 교수가 저와 몇몇 학생을 부르더니 닷새 밤 동안 전국 TV 프로그램에서 그와 논쟁을 하는 데 초대했어요. 당시에 저는 아주 왼쪽으로 가 있을 때였습니다.

당신이요?

네, 그때는 사회주의자였습니다.

그렇게 보면 많이 변했지요. 그때 저는 프리드먼 교수와 논쟁을 했습니다. 그는 그때 이미 세계적인 대경제학자였어요. 아마 제가 지금껏 만나본 사람 중에 최고의 논객이었을 겁니다. 그때 그는 저를 닷새 밤 연속으로 전국 TV에서 아주 박살을 냈어요. 하지만 쇼 녹화가 끝난 후에는 우리를 저녁 식사에 초대해서 많은 것을 가르쳐줬어요. 저는 그 사람처럼 순수 자유시장경제 이론가는 절대 되지 않았지만 제게 많은 영향을 줬어요. 그리고 제 지평을 넓혀줬어요.

제가 좌에서 우로 옮겨 간 것은 로널드 레이건과 마거릿 대처 집권 시기 동안이었어요. 또 한편으로는, 제가 시카고에서 기자 초년병 시절에 범죄 사건을 다룰 때 수많은 사회정책들이 갖고 있는 부정적인 효과가 얼마나 큰지를 봤기 때문이기도 해요. 그런 정책들이 의도와는 달리 공동체나 가족을 파괴하는 결과를 낳더군요. 그래서 저는 사회계획이 낳는, 의도하지 않은 잘못된 효과를 일찍 알게 됐어요.

요즘 거론되는 트랜스휴머니즘transhumanism에 대해서는 어떻게 생각하세요. 어떤 이들은 오늘날 인간 본성이 기술에 의해 도전받고 있다고 합니다.

제가 보기에도 그렇다고 생각합니다. 물론 기계나 빅데이터가 아주 잘할 수 있는 것들이 분명히 있습니다. 논리적 규칙에 기초한 시스템 안에서 사고하고, 알고리즘으로 행동을 설명할 수 있어요. 하지만 인간 행동에는 알고리즘으로 설명할 수 없는 부분들이 아주 많습니다. 누군가 당신의 신장을 진단해주기를 바란다면 빅데이터가 도움을 줄 수 있습니다. 하지만 당신의 결혼 상대를 골라주기를 바란다면 기술이 도움을 줄 수는 없을 겁니다. 너무나 복잡한 결정이어서 어떤 일련의 규칙만으로는 해결되지 않는 문제지요. 저는 기계가 우리 삶의 핵심적인 주요 부분을 떠맡지는 못할 거라고 봅니다.

하지만 우리 일상이나 심지어 마음까지 점점 기술에 의해 규정되는 것이 현실 아닌가요. 특히 소셜미디어가 그런 것 같습니다.

네, 그것은 도전적인 것이라고 생각합니다. 특히 학생들을 보면 그래요. 저도 그렇고요. 트위터나 문자, 이메일에 의해 종일 주의가 분산됩니다. 그러다 보니 오랫동안 무언가에 몰두하고 헌신하기가 어려워졌습니다. 우리의 주의 집중 시간이 30초 정도밖에 되지 않는다잖아요. 그런 점에서 소셜 기술은 우리에게 숙제를 가져다줬습니다.
하지만 다른 한편으로 우리가 관계를 구축하는 데 도움을 주는 것도 사실입니다. 페이스북이 사람들의 우정에 미치는 영향을 연구한 결과 큰 영향을 주지는 않는다고 해요. 친구가 많은 사람은 우정을 활발히 유지하기 위해 사용하고, 외로운 사람은 외로움을 위장하기 위해 페이스북을 사용합니다. 하지만 우정을 망치지는 않는다고 나왔어요. 그렇다고 우정을 특별히 증진한 것도 아니고요. 대부분의 사람은 그냥 있는 그대로입니다. 그런 점에서 기술의 영향을 과대평가하기 쉽다고 생각합니다.

당신이 책에서 강조한 겸손이나 겸허, 중용 같은 덕목은 유교 문화권인 우리에게는 전통적으로 익숙한 개념입니다. 동양 사상에 대해서도 공부를 한 적이 있나요?

예전에 전 세계에 걸쳐 자아도취 정도를 측정한 실험이 있었어요. 사람들이 얼마나 자부심이 세고 자기중심적이며 자아도취적인지를 알아본 거죠. 미국이 1위였어요. 그다음이 세르비아와 이스라엘이었을 거예요. 다른 반대편에는 '겸손한' 사회가 있는데 1위부터 10위 중에 여덟 개 나라가 아시아였어요. 어떤 이유에선지 모로코와 스위스가 들어 있었고 나머지는 한국, 중국, 일본 같은 나라였어요. 그래서 처음에 이 책을 쓰기 시작할 때 겸손을 강조하는 아시아 문화에 대해 한 장을 쓰려고 생각했어요. 하지만 그 부분에 대해 잘 쓸 만큼 충분히 공부를 할 수는 없겠다는 결론을 내리게 됐어요. 막 공부를 시작하던 부분이었기 때문에 한 개 장을 쓸 만큼 소양이 갖춰지지는 않았다고 생각했어요. 저는 세계에서 아프리카와 유럽 지역에 대해 취재 보도하느라 시간을 보낸 적은 있어요. 아시아는 서너 번밖에 가보지 않았어요. 그래서 그 지역에 대해 쓸 자격은 못 된다고 생각한 거죠. 아시아에서 겸손이 아주 대단한 덕목이라는 점은 잘 압니다.

> 한국은 과거 도덕을 강조하는 유교 문화의 정상에 있었습니다. 하지만 세속적인(≡산업화한) 문명의 유럽 열강이나 일본에 의해 정복당했습니다. 지금 서양에서 다시 정신과 도덕적 가치를 찾는 것이 아이러니로 느껴집니다.

네, 그런 패턴에는 얼마간의 진실이 있습니다. 서양 문화에서, 고대 그리스에서 스파르타인들은 아주 군사적인 문화였어요. 결국 더 철학적이었던 아테네인들을 무찌르고 말았지요. 물론 아테네인들 자신들도 잘못이 있기는 했지만요. 그런 유형은 역사에서 일어날 수 있는 일이라고 생각합니다.

언론인으로서의 생활에 대해 묻고 싶습니다. 일찍부터 이쪽에서 일할 결심을 했었나요?

일곱 살 때 저는 글을 쓰고 싶어 한다는 것을 깨달았어요. 『패딩턴Paddington the Bear』이라는 아동 도서를 읽었는데, 글쓰기를 원한다는 걸 알았어요. 하지만 어떤 유의 작가가 될지는 몰랐어요. 한동안은 소설가가 될 거라는 생각도 했고 또 한동안은 극작가가 돼볼까 생각한 적도 있어요. 그다음에는 역사가나 전기 작가가 될 거라는 생각도 했고요. 하지만 결국 언론계로 갔어요. 왜냐하면 저는 추상적인 사고에 그렇게 뛰어나지 않아요. 그래서 좋은 철학자는 될 수 없다고 생각했어요. 저는 저 자신의 눈으로 실제로 사물을 보고 싶었어요. 그래서 대학 졸업 후에 글을 쓰기 시작할 무렵에 〈시카고트리뷴〉과 또 다른 신문사에 채용됐어요. 거기서 시카고 남부와 서부 지역의 범죄 사건을 취재하게 됐어요. 그때는 매일같이 그날 일어난 끔찍한 일 아니면 어처구니없는 일들에 관한 이야깃거리를 가지고 집에 돌아왔어요. 그런 식으로 밖에 나가 실제로 일어나는 사건들을 보는 게 저는 흥미진진했어요. 그러다 마흔 살쯤 됐을 때는 미하일 고르바초프, 넬슨 만델라, 마거릿 대처, 로널드 레이건 같은 사람을 만나 취재했지요. 그러니까 언론계에 있으면 자신이 많은 과업을 벌이지는 않아요. 사회운동을 이끌지도 않아요. 하지만 운동을 이끄는 사람들 주변에 있게 돼요. 저는 저널리즘에 딱 맞는, 그러니까 무엇이든 약간 거리를 두는aloof 성격이었어요. 이른바 관찰자 성격이죠. 행동주의 성격이 아니라. 그래서 자연스럽게 언론계로 들어오게 된 거죠.

브뤼셀에서 〈월스트리트저널〉 유럽 특파원으로도 일하셨지요?

네, 하지만 의견 면에 싣는 르포 글을 기고했습니다. 사설이나 칼럼을 쓸 때보다는 의견이 덜 들어갔지만요. 그래도 오피니언 저널리스트로 생각했습니다.관점을 갖고 썼다는 얘기. 미국 언론에서는 사실 보도와 논평은 엄격히 구분된다. 지면은 물론 인력까지 별도 운용된다. 그때도 책을 쓰는 저자의 관점에서 제 의견에 이르곤 했습니다. 그러니까 제 글쓰기의 배경은 리포팅에 있다기보다 책에 있습니다. 저는 미니어처북 같은 칼럼을 쓰려고 했습니다. 그래서 단순 사실 보도보다는 사회 이론이라든가 그런 유의 (분석적인) 내용들이 들어갔지요.

기자와 칼럼니스트의 차이는 뭐지요?

기자는 언제나 호기심 많고 개방적인 생각을 가지고 있습니다. 반면에 칼럼니스트는 어떤 가정하에 하루를 시작하고 어떤 결론을 가지고 하루를 마감합니다. 따라서 기자는 항상 열린 자세로 사실만 수확하게 돼 있습니다. 하지만 저는 저의 의견을 세워야 하고 판단을 내리게 돼 있습니다.

〈뉴욕타임스〉는 진보적liberal 신문인데 칼럼 필진에 보수적 인물을 두는 정책이 있습니까?

어떤 정책이 있는 건 아니에요. 〈뉴욕타임스〉는 가능한 한 다양한 목소리를 담으려고 합니다. 그렇더라도 뉴욕을 대표하게 되죠. 뉴욕은 아주 진보적인 곳입니다. 목소리도 대부분이 진보적이에요. 그래서 신문의 목소리를 대변하는 사설 면은 아주 진보적입니다. 미국 신문의 정치적 스펙트럼이 여기서 여기까지라면 이 왼쪽에 〈뉴욕타임스〉가 있어요. 그 반대편에 〈월스트리트저널〉 사설 면이 있고요. 각자 상이한 청중을 반영한 거죠. 신문은 자리 잡고 있는 도시를 반영하게 마련이라고 생각해요. 〈뉴욕타임스〉가 반영하는 것은 아주 진보적인 뉴요커들인 거죠.

그 속에서 보수적인 입장의 필자로 활동하는 중에 불편함은 없나요?

제가 농담 삼아 하는 말이 '메카이슬람교 본산의 왕초 랍비유대교 지도자'인 것 같다고 하죠. 주변에는 다른 사람이 없으니까요. 처음에 〈뉴욕타임스〉에서 일할 때는 그것에 관해 자의식이 강했습니다. 여기 사무실에 있는 다른 모든 사람들은 나에 대해 어떻게 생각할까 하고 말이죠. 하지만 지금은 이곳 사람들도 저를 인간적으로 잘 알고 지냅니다. 저도 그들을 잘 알죠. 그리고 아주 열려 있고 잘 대해줍니다.
독자들은 확실히 저를 많이 몰아붙입니다. 그래서 저는 보다 진보적인 독자들을 상대로 어떻게 이야기를 해야 할지 방법에 대해 고민을 많이 합니다. 우리 독자들은 신문보다 훨씬 더 진보적입니다. 그러니 저로서는 진보적 의견을 존중하려고 애를 써야 하죠. 공격적이거나 거칠지는 않게, 예의 바르고 존중하는 방식으로 설득하려고 애씁니다.

평소 칼럼 소재는 어떻게 고릅니까?

그냥 필사적으로 머리를 짜내야죠. 저는 그렇게 아이디어가 많지 않습니다. 그래서 제가 강의 나가는 학교 학생들에게 제 처지를 이렇게 이야기합니다. "사흘 안에 논문 한 편을 제출해야 한다고 상상해보라. 그리고 그걸 남은 평생 반복해야 한다고 상상해보라." 그냥 쉴 새 없이 계속해서 또 다른 아이디어를 필요로 하죠. 한번은 제가 복권에 당첨되는 환상에 빠져본 적도 있어요. 돈이 필요해서가 아니었어요. 그러면 그걸 소재로 칼럼을 하나 쓸 수 있을까 해서였어요. 늘 칼럼 쓸거리 뭐 없나 사방을 살펴봅니다. 아이디어가 많지 않으면 필사적으로 찾는 수밖에 없어요.

> 오바마와 당신의 관계도 흥미롭습니다. 2008년 대선 때 마침 제가 미국에 연수차 체류했는데 '변화'를 내세운 정치 신인 오바마의 인기가 대단하더군요. 그때 보수 논객인 당신이 그에게 대통령 출마를 권했다는 말을 들었습니다.

사실 저만 그런 게 아니었어요. 저도 그에게 출마하라고 하긴 했죠.

> 하지만 첫 번째 임기 동안 여러 차례 실망을 표시하다가 최근에는 다시 그의 퇴임을 아쉬워하는 내용의 칼럼을 써서 화제가 됐죠.

네. 그래도 제 입장에서 변화가 없었던 한 가지는 그의 인품character과 결연함integrity입니다. 저는 그의 인간성에 대해서는 언제나 높이 평가해왔습니다. 그는 자신의 가치에 있어서 결연함을 고수한 사람이었고 임기 내내 그런 입장을 견지했습니다. 제가 실망한 부분은 일부 정책에 대한 것들이었습니다. 때때로 그가 정치를 해나가는 방식에 대해 실망을 표시했습니다. 그가 우리를 갈라놓는 당파적 분열을 치유하기 위해 좀 더 많은 일을 했으면 하고 생각했습니다. 또 그의 정책 중 일부는 국내에서 정부가 어리석게 작동하도록 만드는 것이었습니다. 국제정치에서도 너무 수동적이었습니다. 아시아 정책은 꽤 좋았다고 생각합니다. 하지만 중동 정책은 전 지역이 파탄이 나는 동안 아무것도 하지 않고 가만히 있기만 했습니다. 가령 시리아의 예를 들자면, 저는 수년 전에 그 지역에 훨씬 더 적극 개입했어야 한다고 생각했습니다. 그 점에서 그와 정책적 불일치가 있었습니다. 하지만 지도자로서 그리고 인간으로서 그는 아주 존경할 만한 사람입니다. 저는 그를 높이 평가합니다.

오바마가 해외 개입에 소극적이었던 것은 전임자가 지나치게 개입한 역작용이었겠지요.

네, 그런 측면이 아주 많습니다. 그 교훈을 지나치게 의식한 거죠. 미국 정부는 어떤 때는 대외적으로 공세적이고 싶어 하고 어떤 때는 잠자코 있으려 합니다. 이쪽과 저쪽 양극단의 대통령을 차례로 가진 셈이죠. 저는 이 중간쯤 누군가 있었으면 합니다. 아시다시피 해외에 군대를 보내지 않거나 자원을 쓰지 않아도 된다면 그게 이상적이겠죠. 하지만 미국은 (좋든 싫든) 세계에서 어떤 질서를 유지하려고 노력해야 하는 전통적인 역할이 있습니다.

당신은 오바마와 닮은 데가 있는 것 같기도 해요. 스스로 별로 감성적이지 않다고 한 점도 그렇고.

그는 분명히 내게는 없는 자질을 갖고 있어요. 하지만 그의 성격과 제가 닮은 데도 있어요. 제 생각에 그는 작가 같은 성격이에요. 감정이 풍부하게 느껴지는touchy-feely 사람은 아니에요. 어느 정도 내향적이에요. 생각이 아주 많아요. 그래서 어떨 때는 정치인 같다기보다 작가 같다는 생각이 들어요.

> 이번 미국 대선에 대해 물어봐도 될까요? 어떻게 전망하세요?

네, 지금까지는 제가 틀렸어요. 저는 정말이지 트럼프가 몰락하고 샌더스도 뉴햄프셔에서 좋다가 사라져갈 거라고 생각했거든요. 하지만 트럼프는 무너지지 않았고 샌더스도 꽤 순항하고 있어요.인터뷰 시점까지만 해도 그랬다. 제가 미국 국민의 급진적인 변화에 대한 갈망을 과소평가한 거죠. 제가 틀렸어요. 그래도 여전히 트럼프가 공화당 후보가 될 확률은 40퍼센트만 주겠어요. 10주 전만 해도 5퍼센트라고 했을 거예요. 정말 무슨 일이 일어날지 모르겠어요. 저로서는 도널드 트럼프 대통령을 상상조차 할 수 없어요.

> 특히 젊은 세대의 경우 근본적인 변화를 원하는 것 같아요. 그 점은 한국도 비슷한데요. 지금 자본주의 체제에 대해 불만이 아주 커요. 오늘 토머스 프리드먼도 썼지만 지금은 기본 시스템이 도전받고 있다는 느낌이 들어요. 어떻게 보세요?

그런 절망이 어디서 비롯하는지 이해할 필요가 있습니다. 세계화와 기술 변화의 힘이 사회 분절화를 초래했어요. 나라를 균열시켜놓은 거죠. 젊은 사람의 경우 분명히, 아주 비관주의가 팽배하고 변화를 원하고 있습니다. 하지만 역사를 거슬러 올라가 보면 젊은이들은 언제나 아주 비관적이었어요. 언제나 자신들의 미래를 위한 길은 보이지 않는다고 느꼈어요. 그래서 과거를 낭만적으로 그리죠. 사람들이 실제로는 그 과거를 이 체제 속으로 불러들인 것인데 말이죠. 하지만 지금이 아주 큰 불안의 시대라는 사실은 분명해요. 자기 삶이 어디로 향하는지 알 수 없으니까요. 제가 가르치는 학생들한테서도 그 불안을 봐요. 예일대에서 아주 특권을 누리는데도 말이에요. 그래서 이해해요. 하지만 재미있는 일은, 밖에서 볼 때 한국은 아주 성공적인 나라 같거든요. 외부에서 볼 때 미국도 그럭저럭 잘 성장하고 있어요. 실업률도 떨어지고 있어요. 우리 역사에서 더 나쁜 시기도 많았어요. 대공황, 전쟁, 1960년대. 지금보다 훨씬 못했어요. 하지만 사람들은 아주 비관적이죠.

당신 칼럼이 흥미로운 점은 다양한 학계의 연구 성과들을 인용한다는 겁니다. 정기적으로 학술지를 봅니까?

어떤 주제를 조사할 때 온라인에서 학술 잡지의 논문들을 찾아봅니다. 지금 다음 칼럼으로 이민 문제에 대해 쓰려고 합니다. 저와 비서가 학술적 연구 논문을 검색하죠. 칼럼니스트가 할 수 있는 사회에 가장 유용한 일 중 하나가 학술 전공자들 열 명이 읽고 말 연구 결과를 가져와서 일반 대중에게 소개하는 겁니다. 우리는 대중화할 수 있습니다.

연말에 한 해 잡지에 실린 좋은 글을 골라 '시드니어워드Sydney Awards'라는 이름으로 칼럼에 소개하지요. 그건 어떻게 하게 됐나요?

우리가 너무 단문 읽기에만 시간을 보내고 주의 집중 시간이 짧아졌다는 생각에서 시작한 일입니다. 가령 우리가 1년 내내 1000건의 트윗을 읽는다면 그중 기억하는 것은 아무것도 없습니다. 하지만 긴 에

세이 세 편을 읽는다면 기억을 할 겁니다. 우리는 긴 에세이에 시간을 더 보내고 트윗이나 TV를 보는 데 시간을 덜 써야 합니다. 저는 어느 정도 교육을 받은 사람들이 알아야 할 것들에 관한 에세이를 선별하고 싶었습니다. 작은 잡지, 가령 독자가 2000명 정도 되는 잡지에 실린 에세이를 널리 알릴 수 있다면, 그렇게 해서 100만 명의 독자에게 읽게 할 수 있다면 제가 할 수 있는 아주 유용한 일이 될 거라고 생각했습니다.

연말에 무엇을 이야기해야 할지 파악하려고 많은 에세이를 읽습니다. 연중 최고의 주이기도 합니다. 왜냐하면 정말 배우는 게 많기 때문입니다. 제가 매일 신문만 읽는다면 절대 배울 수 없는 방식으로요. 우리가 다루는 것들의 상당수는 지식이 피상적입니다.

〈뉴욕타임스〉도 그런가요?

글쎄요, 그 부분에 대해서는 말하고 싶지 않군요.(웃음) 물론 현재 돌아가는 것에 대해 따라갈 수 있습니다. 하지만 한 가지 주제에 대해 직업적으로 몰두해서 연구하는 사람이 1만 단어로 자신의 생각을 담은 글이라면, 저 같은 사람이 며칠 동안 시간을 쏟아서 쓰는 글에서는 찾을 수 없는 지식의 깊이를 발견할 수 있을 거란 사실은 당연합니다. 피상적인 미디어 문화의 압력의 자연스러운 결과이지요.

혹시 따로 즐겨 읽는 잡지가 있나요?

좋아하는 잡지라…… 제가 좋아하는 웹사이트로는 '브라우저Browser'가 있습니다. 최고의 에세이를 선별해서 링크를 걸어줍니다. 그 밖에 잡지라면 〈애틀랜틱The Atlantic〉을 좋아합니다. 그리고 미국 정치 잡지로 〈내셔널어페어스National Affairs〉가 있습니다. 하지만 요즘은 어디서 발행하느냐는 그렇게 중요하지 않습니다. 내용이 좋기만 하면 사람들은 알아채고 공유합니다. 제가 자랄 때는 잡지들은 자기만의 독자적인 뚜렷한 개성이 있었습니다. 어떤 정치 운동에 참여하면 그런 계열의 잡지를 구독했습니다. 보수적이라면 〈내셔널리뷰〉를 읽었고 진보적이라면 〈네이션〉을 읽었습니다. 하지만 지금은 너무나 많은 플랫폼이 있기 때문에 운동을 이끄는 리더로서 잡지의 힘은 그전만 못합니다. 가령 〈내셔널리뷰〉는 도널드 트럼프에 격렬히 반대하는 목소리를 내왔음에도 불구하고 공화당 유권자들은 여전히 그를 좋아합니다. 그래서 오늘날 정치 운동의 지적인 지도자들은 운동의 추종자들이라고 해서 일반 사람들에 비해 더 큰 영향력을 미치지 못하는 상황입니다.

당신 칼럼에 대해서는 리뷰하는 감독자나 상위의 인물이 있나요?

없습니다. 저는 사설 면 에디터와 신문 발행인에 의해 임명됐습니다. 제가 실수를 하면 그와 이야기해야 합니다. 하지만 그가 제 일을 감독하거나 하진 않습니다. 〈뉴욕타임스〉에서는 마치 대학에서 교수진이 되는 것과 같습니다. 쓰고 싶은 것에 대해 쓸 수 있는 학문적 자유를 누립니다. 자기 뜻대로 의견을 가지고 가고 싶은 곳은 어디든지 가고 만나고 싶은 사람은 누구나 만나서 인터뷰를 할 수 있습니다. "당신이 생각하는 것은 무엇이든 써라. 우리는 그것을 발행하겠다"라고 전폭적인 지원 의지를 갖고 말합니다. 흥미로운 칼럼을 써내는 한 우리는 전적인 자유를 누립니다.

네. 그 전에는 이틀 전에 토론이 있으면 이틀이 지난 후에도 그것에 관해 쓸 수 있었습니다. 하지만 지금은 모든 블로거와 트위터리언 들이 완전히 다 따 가버리고 맙니다. 그래서 저의 반응은 좀 더 학구적이어야 합니다. 통상적인 논평은 할 수가 없습니다. 저는 그보다 올라가야 합니다. 당신이 말한 것처럼 사람들에게 학술적인 연구 결과를 제시합니다. 그전에 들어본 적이 없는 것을 이야기합니다. 그게 제 글이 흥미로운 것으로 남을 수 있는 방법입니다.

　　하루 일과는 어떤가요? 공부나 논문 저널 읽는 데 얼마나 많은 시간을 보내나요?

저는 이동을 많이 합니다. 주로 기차나 비행기로 여행합니다. 항상 새로운 글들을 체크합니다. 제게 큰일은 기억력이 아주 나쁘다는 겁니다. 이 일 때문에 기억력이 많이 죽었습니다. 사흘마다 한 편씩 새로운 주제에 대해 글을 쓰다 보니 한 번씩 머릿속을 정보의 바다가 지나가는 것 같아요. 판을 깨끗이 쓸고 지나갑니다. 잊는 게 너무나 많습니다. 그래서 제가 하는 일은 수없이 많은 노트를 하는 겁니다. 모든 것을 적어둡니다. 그러고 나서 매 칼럼을 위해 수백 페이지의 조사 자료를 모읍니다. 칼럼을 쓸 때 큰 업무는 그것을 조직화하는 겁니다. 그래서 제 집 거실 마루에는 거대한 논문 더미가 쌓입니다. 각 파일이 제 칼럼의 한 단락이 되는 거지요. 각 칼럼은 불과 800단어밖에 안 되지만 저는 열네 개 정도의 파일을 모아야 합니다. 첫 번째 칼럼을 집어 들고, 쓰고, 던져버리고, 두 번째 파일을 집어 듭니다. 그래서 제게 글쓰기 과정은 컴퓨터에 타이핑을 해서 넣는 것이 아닙니다. 마루 위의 파일들을 조직화하는 겁니다. 구조 쌓기라고 할 수 있죠. 그게 제 나름으로 생각을 조직화하는 방법입니다. 마룻바닥에 물리적으로 레이아웃을 하는 거지요.

나머지 일과는 주로 이야기를 많이 합니다. 가르칩니다. 그러고 나서 예일대까지 다섯 시간 기차를 타고 갑니다. 기차 안에서도 읽습니다. 많은 정보를 흡수하려고 합니다. 그다음에 뭐가 다가올지 파악할 수 있도록.

이전에 책 편집자로 일한 적도 있죠. 책에 대해서도 일가견이 있을 텐데 좋은 책을 고르는 기준이 있습니까?

사람들이 제게 책을 보내옵니다. 그것에 대해 제가 글을 썼으면 하니까요. 하루에 50권 정도 아니면 그보다 좀 적게 올 겁니다. 제가 생각하기에 칼럼으로 쓸 수 있다고 생각하는 거나 책에 인용할 만하다 싶은 것들을 골라냅니다. 그러고 샘플링을 합니다. 곧바로 던져버릴 수 있는 나쁜 책도 많습니다. 저는 늘 대중이 잘 모를 수 있지만 제 머릿속에서 생각을 촉발하는 책을 찾으려고 합니다.

칼럼을 쓸 때 제 규칙은 그 주 저녁 식사 때 가장 흥미로운 대화가 될 거라고 생각하는 것에 대해 쓴다는 겁니다. 만약 제가 저녁 식사에 초대받는다면 사람들에게 이야기하고 싶은 것에 대해서 말입니다. 제가 겪은 경험이나 제가 만나서 이야기한 사람, 제가 읽은 책에 대해서. 그런 것들이 제가 칼럼으로 쓰는 것들입니다.

최근에 읽은 좋은 책이 있나요? 추천할 만하거나 인상적인?

지금은 헌신commitment에 관한 강좌를 가르치고 있습니다. 그래서 지난주에 C. S. 루이스의 『네 가지 사랑』이라는 책을 강의했습니다. 서로 다른 우정과 사랑에 관한 책입니다. 아주 아름다운 책입니다. 그는 아주 아름다운 작가입니다. 그리고 저는 평소에 늘 톨스토이의 『안나 카레니나』를 추천합니다. 세상을 아주 잘 보도록 도와줍니다. 톨스토이를 자주 반복해서 읽습니다.

그리고 반복해서 읽는 몇 권의 책이 있습니다. 마이클 오크쇼트Michael Oakeshott라는 철학자가 쓴 책입니다. 그는 이성주의rationalism의 위험에 대해 썼습니다. 제 생각에 영어로 쓰는 가장 아름다운 작가는 조지 오웰과 C. S. 루이스라고 생각합니다. 두 사람 다 라디오를 위해 썼습니다. 그래서 산문이 아주 간결하고 명징합니다. 그리고 아주 대화체입니다. 그래서 제 머릿속에 좋은 대화체를 담아두기 위해서라도 그들 작품을 읽는 것을 좋아합니다. 학생들에게도 추천합니다. 사람들은 글을 쓸 때 너무 허세를 부리려는 경향이 있습니다.

하루 일과 중에 특별한 리추얼ritual. 습관적으로 하는 일이 있나요?

음, 저는 언제나 제 곁에 정신적인 책을 둡니다. 지금 읽고 있는 책은 무신론자가 쓴 건데 제 나름의 관점에서 읽습니다. 정신적인 문제로 계속 생각을 유지하려고요. 책 제목은 '목적에 관하여On Purpose'입니다. 일상생활에서는 너무나 산만해지기 쉽기 때문에, 일부러 삶에서 가장 심층적인 것들에 시선을 두고 싶어서입니다.

칼럼을 보면 늘 읽는 것 같아요. 다른 취미나 오락거리가 있습니까?

내 가장 큰 취미는 식당에 가는 겁니다. 예전엔 골프를 쳤지만 책을 쓰려고 그만뒀습니다. 골프는 시간을 너무 많이 잡아먹으니까요. 테니스도 쳤어요. 달리기도 했고요. 달리기는 지금도 합니다. 하지만 가장 주된 레저 활동은 사람들과 어울려 이야기하는 것입니다. 그래서 연중 350일 정도는 나가서 식당에서 만찬을 즐깁니다. 친구들과. 돈과 시간을 식당에 많이 씁니다.(웃음)

식탁 대화를 즐기는군요.

네. 때로는 다른 사람 집에서도요. 제가 요리는 못하기 때문에 우리 집에서 모이는 경우는 없습니다. 하지만 거의 매일 밤 사람들과 밖에서 저녁 식사를 즐깁니다. 때로는 우리 자녀들, 때로는 친구들과.

인생에서 달성하고 싶은 특별한 목표가 있나요?

글쎄요, 저는 제 꿈이 아주 좋은 책을 쓰는 것이라고 말하곤 했습니다. 제가 자랑스러워할 정말정말 좋은 책. 아직 쓰지 못했어요. 하지만 너무 좋은 책을 쓰려고 하면 못 쓰게 된다는 것을 알았어요. 그 책에 대해 너무 많은 생각을 하게 되니까요. 그다음 제 인생의 꿈이라면 제가 '따뜻한 장소들의 은하수'라 부르는 곳을 만드는 거예요. 제가 정말 믿고 좋아하는 사람들이 모여 어울리는 곳이요. 거기 가면 좋은 친구들이 있는 곳이에요. 거기서 서로 아끼고 사랑하는 관계들을 갖는 거예요. 그런 곳을 대여섯 군데 갖고 싶어요. 지금은 예일대가 그런 곳이에요. 저는 그곳 학생들을 사랑합니다. 교수진을 사랑합니다. 목요일 밤에는 한 무리의 친구들과 어떤 사람 집에 놀러 갑니다. 그런 게 좋아요. 그런 것을 대여섯 개 만들고 싶어요.

●

한 시간 사십 분 가까운 인터뷰가 끝난 후 그의 사무실로 가봤다. 〈뉴욕타임스〉 워싱턴DC 지국은 로비 회사들이 모여 있는 K 스트리트에 있었다. 두 개 층에 기자 50~60명이 일한다고 했다. 주로 미국 정치와 외교 분야 취재 인력이다.(뉴욕 본사는 2000명.) 칼럼니스트는 브룩스 외에 두 명이 더 있었다. 『세계는 평평하다』의 저자로도 유명한 국제 전문 칼럼니스트 토머스 프리드먼과 매서운 필치로 정치판을 난도질 하는 여걸 모린 다우드Maureen Dowd도 이곳에 있었다. 프리드먼은 늘 그렇듯 방을 비운 상태였고, 다우드는 문이 꼭 닫혀 있었다. 바깥 손 잡이에 "License to Chill(오싹하게 만들 수 있는 면허)"이라고 적힌 작은 안내판이 걸려 있었다.

브룩스의 방은 소박했다. 세계지도가 한쪽 벽을 도배하고 있었고 다른 쪽은 책장이었다. 바닥 여기저기에도 책이 쌓여 있었다. 그는 『인간의 품격』에도 등장하는 아우구스티누스 그림 앞에서 포즈를 취했다. 그의 책 아우구스티누스 편에 이런 대목이 나온다. "그는 자신의 삶을 스스로 제어할 수 있다는 믿음으로 시작했다. 그러나 그 믿음을 포기해야만 했고, 스스로를 열고 내맡기는 낮은 자세를 취해야만 했다. 그렇게 후퇴를 한 후에야 은총을 받아들이고, 감사함을 느끼고, 위를 향해 솟아오를 수 있을 만큼 열린 사람이 되었다. 그의 삶은 전진후퇴 전진의 모양새를 띠고 있다. 그것은 삶, 죽음, 부활이다. 의지하기 위해 스스로를 낮춘 후에야 비로소 헤아릴 수 없는 높이를 얻은 것이다." 브룩스, 그를 만나고 보니 그가 어디쯤 와 있는지 알 것도 같았다.

데이비드 브룩스David Brooks / 〈뉴욕타임스〉 칼럼니스트. 시카고대학교에서 역사를 공부했다. 날카로운 안목과 풍자적인 문체로 유명하며, 〈뉴스위크〉와 〈애틀랜틱〉의 객원 편집도 맡고 있다. 지은 책으로 『인간의 품격』 『소셜 애니멀』 그리고 '보보스'란 말로 돌풍을 일으켰던 『보보스』 등이 있다.

좋은 나라의 조건

최연혁 정치학자

최연혁 교수는 한국에서 태어났지만 북유럽에 더 오래 살았다. 지금은 스웨덴 린네대학교 정치학 교수다. 국내에서 대학을 졸업한 후 유학길에 올랐다가 정착으로 이어졌다. 그곳에서 북유럽 정치를 공부하면서 간간히 국내에도 소개해왔다. 지금 북유럽은 세계적으로 관심의 대상이다. 이른바 영미식 신자유주의가 세계 금융 위기와 양극화를 초래했다는 비판이 일면서 북구식 복지 모델로 눈길이 쏠리고 있다. 단순미와 실용성을 앞세운 스칸디나비아 스타일도 갈수록 인기가 치솟는 추세다. 어느새 북유럽 문학까지 지지층을 형성하기 시작했다. 이 모든 매력의 원천은 뭘까. 스웨덴은 흔히 복지국가로 부러움의 대상으로 꼽히지만 사실 1930년대 초만 해도 딴판이었다. 빈부 격차에 노사 대립, 진보-보수 정당 간 정권 쟁탈로 의회는 싸움터였고 1, 2년 주기로 정권 교체를 반복했다. 노사 분규가 심해 노동 손실 일수도 유럽에서 손꼽을 정도였다. 1910년대까지 스웨덴 인구의 4분의 1인 150만 명이 미국 이민을 택했다. 하지만 지금은 국민 행복도, 정치인 청렴도, 정치 안정과 복지 수준, 양성 평등, 노동 참여율에서 세계 최고 수준을 기록하면서 살고 싶은 나라 상위권에서 빠지지 않는다. 어떻게 70년 만에 이런 변화가 가능했을까. 잠시 방한한 최 교수를 만나 스웨덴의 비결과 교훈을 뿌리까지 들어봤다.

대학 때 원래 전공은 정치학이 아니었지요?

스웨덴어를 먼저 했습니다.

어떻게 일찍 스웨덴까지 가서 정치학을 공부하게 되셨지요?

스웨덴이라는 나라에 대한 관심은 아바ABBA에서 시작됐어요. 고등학교 때 아바에 빠졌었거든요. 아바 하면 스웨덴이잖아요. 그 나라에도 관심이 생겨서 책을 찾아봤어요. 별로 없더군요. 당시엔 인터넷도 없었고. 중앙도서관에 가서 찾아봐도 지리나 인구 이런 것밖에 없었어요. 그런데 스웨덴을 찾으면 찾을수록 복지국가라는 사실이 반복해서 눈에 띄더군요. 그때가 서구에서는 복지국가의 황금기인 70년대였거든요.

당시엔 복지국가라는 개념도 생소했을 것 같은데요.

국내에는 그런 말이 통용되지 않던 시절이죠. 유신 시대 초였으니까. 저는 바로 위의 형이 좀 깨인 사람이어서 제게 영어를 엄청 많이 시켰어요. 그래서 중학교 때부터 영어 성적도 상당히 좋게 나오고 해서 외국어에 대해 일찍부터 긍정적인 생각을 갖고 있었지요. 아바 노래도 영어로 듣다가 스웨덴어로도 찾아 들었어요. 그러면서 당시 테니스 세계 1위였던 비에른 보리Björn Borg도 좋아하고 그랬어요. 윔블던 우승 사진이 어찌나 매력적이던지.(웃음)
일찍 외국어에 눈을 뜨다 보니 꿈이 교수 아니면 외교관이었어요. 마침 외대에 스웨덴어학과가 있었고, 이거다 싶어서 지원했죠. 하지만 입학해서 2년 정도 공부하다가 유학으로 방향을 잡고 공부에 전념했어요.

공부 중에서도 어떻게 정치학을 하게 됐지요?

참 우연적이었어요. 대학 들어갔을 때 활동적인 걸 해보고 싶었어요.

제가 A형이어서 과묵하고 책 읽는 걸 좋아했거든요. 내게 부족한 걸 채워보자 싶어서 외대 방송국에 들어갔어요. 거기서 아나운서 활동을 하면서 정치학이 전공인 친구를 만났어요.김 교수는 음성이며 어조가 영락없는 아나운서다. 아주 친한 친구가 됐는데 주로 정치 이야기를 하게 됐어요. 제가 79학번이거든요. 80년대가 얼마나 격동기였습니까. 자연스럽게 정치가 눈에 들어왔고, 친구 권유로 정치학을 복수 전공하게 됐어요. 대학원도 정치학으로 진학했고 유학까지 가게 됐습니다.

국내에서 스웨덴으로 정치학 공부하러 사람은 드물지요?

드물었죠. 그때 저로서는 스웨덴이 복지국가라는 점과, 우리나라가 분단인 상황에서 중립 외교국이라는 점도 관심을 끌었어요. 막연하게 나마 우리도 통일이 되면 열강 틈바구니에서 중립국의 시각이 필요할지 모르겠다는 생각도 작용했던 것 같아요. 석사 학위논문도 스웨덴과 핀란드의 북방 영토 분쟁 가지고 썼어요. 로버트 코헤인Robert Owen Keohane의 상호 의존 모델로 분석했는데, 중립국의 외교정책을 한국 상황에 적용할 수 있을지에 대해 생각했지요.

국제정치 분야군요?

그때만 해도 관심이 다양했어요. 정당정치, 민주화에도 관심이 있었고.

학생운동 영향은 받지 않으셨나요?

학생운동에 직접 관여하기보다는 민주화에 관심이 있었어요. 어떻게 하면 민주화를 이룰 수 있을까. 그래서 스웨덴에 가서도 다시 한 석사과정의 논문 제목이 '왜 한국에는 좌파 정당들이 뿌리를 내리지 못했나'였어요. 사회 균열 모델로 분석했지요. 정치 이념이 사회에 뿌리를 내리려면 정당과 국민 간 연결이 있어야 하는데 한국에서는 절연돼 있었고, 조봉암 같은 유력 좌파 정치인이 정권 차원에서 거세당한 결과였다고 봤습니다. 다행히 논문이 좋은 평가를 받아 박사과정에 진학했지요.

어느 대학교였지요?

스톡홀름대학교입니다. 스웨덴은 대학이 다 국립입니다. 대학원까지 학비가 무료입니다. 지금은 조금 시장화가 이뤄져서 두 개 대학이 사립인데 이것도 준공립입니다. 대학 운영은 사립이지만 학생 교육비를 국가에서 지원합니다. 저는 유학 갈 때 스웨덴 정부 장학금을 받고 갔는데, 먼저 6개월 정도 스웨덴어를 배우는 과정에 들어갔습니다.

당시엔 정치학이라면 주로 미국 유학을 선호하는 분위기 아니었나요? 공부 후에 자리를 잡기 위해서라도…….

고민을 많이 했죠. 영어 시험공부도 했고 미국행도 잠시 생각한 적이 있어요. 하지만 기왕에 스웨덴어를 했고 매력을 느낀 데다 미래를 미리 고민하기보다는 하고 싶은 걸 해보자 싶었어요. 또 그때가 전두환 정부 시절이었는데 유학 자유화 직전이었어요. 영어 유학자들은 시험을 쳐서 점수가 나쁘면 내보내지 않았어요. 저는 스웨덴어 시험을 보고 통과해서 장학금을 받아서 갔죠.

스웨덴에서 정치학을 공부한 사람이 또 있나요?

황성준 박사가 있습니다. 스톡홀름대에서 박사를 하고 감사원, 서울시교육청 연구부장을 하다가 지금은 경남에 가 있는 걸로 압니다. 제가 갔을 때 박사과정 3년 선배였습니다. 그 뒤에 한둘 더 있었는데 다 끝낸 사람은 둘뿐인 걸로 압니다. 스웨덴어와 석사과정을 다 마치는 데 4년, 박사는 6년이 걸렸어요. 10년 만에 박사학위를 받고 귀국할까 했는데 국내 사정이 좋지 않았어요. 마침 스웨덴의 한 대학에 정치학과가 생겼는데 지도교수가 추천해줬어요.

박사 학위논문 주제가 자유·공명 선거를 어떻게 관리할 것인가를 두고 스웨덴, 한국, 영국, 3개국 선거 관리 제도를 비교한 것이었는데, 세계 160개국 선관위 인터뷰도 하고 선거법제 자료도 받고 해서 방대한 데이터베이스를 만들었어요. 그게 좋은 평가를 받아서 교수 채용이 됐고, 쇠데르턴Södertörn대학교에서 18년 근무했습니다. 운이 좋았죠.

주로 어떤 분야를 강의하셨지요?

비교정치학을 중심으로 아시아 정치, 정치 방법론, 스웨덴 정치, 민주 제도까지 다양하게 했습니다.

스웨덴에 실제로 오래 살아보니 어떻던가요?

88년 처음 갔을 때는 이런 나라도 있구나 싶더군요. 학생 아파트에 입주해보니 내 방에서 뜨거운 물이 맘껏 나오고 부엌 세트 다 돼 있고, 너무 좋았어요. 밖으로 나오면 4, 5분 만에 대자연이 보이고 사슴들이 뛰놀고 그랬어요. 게다가 학비는 무료에 아이를 낳으면 아동 수당이 나오고, 유학생도 의료보험을 비롯해 복지 혜택을 다 받는 거예요. 처음 6개월은 생활 장학금도 받았기 때문에 부족할 게 없었어요. 사람들도 어찌나 친절한지. 최근에 외국인 혐오 뉴스가 들리곤 하지만 30년 전만 해도 외국인이 많지 않았어요. 지금도 일부 극우 세력 빼고는 외국인에게 친절합니다. 만나면 웃는 얼굴로 대하고 무슨 어려움이 있는지 묻곤 해요. 제가 처음 6개월간 시골의 언어 학교에 다녔는데 그 학교에서 55세 아주머니를 만났어요. 초등학교만 나온 분인데 뒤늦게 중등 과정을 끝내고 고등학교 과정을 공부하던 중이었어요. 집에 초대를 받아 식사를 하는데 하시는 이야기가, 자신은 일찍이 공부할 시기를 놓쳤지만 이 나라에는 공부를 할 수 있는 사다리가 있다는 거예요. 한창 공부할 나이에 병이 걸렸다든가 등한시했다든가 돈을 먼저 벌었다든가 할 경우에도 뒤늦게 공부하려고 하면 생활비를 대준다는 거예요.

눈에 보이는 사회복지, 자연과의 교감, 사람과의 관계, 이 모든 것이 한국에서는 경험하지 못했던 것들이어서 2, 3년은 충격 속에서 살았어요. 이게 사람 사는 곳이구나 싶었어요. 한국에 있을 때는 장애인이 안 보였는데 스웨덴에는 왜 그렇게 많은지. 사실은 통계적으로 한국에 장애인이 더 많은데도 숨겼기 때문인 거예요. 반면에 스웨덴은 그런 사람들도 당당하게 다녔을 뿐이고. 국가 지원을 통해 똑같이 활동할 수 있게 해놓은 결과였던 겁니다. 그때 이런 나라가 우리가 지향해야 할 나라인지도 모르겠다고 생각했어요.

그게 제 연구 주제이기도 했습니다. 처음엔 단순히 국가가 부자니까 제공해주는 것이겠거니라고 생각했어요. 그런데 들어가 보면 볼수록 그게 다 국민의 세금으로 나오는 것임을 알게 됐어요. 결국 우리가 누리는 것은 세금이다, 공짜가 아니다, 라는 걸 느꼈어요.

또 세금을 낼 뿐만 아니라 대학 학비도 100퍼센트 무상은 아니었어요. 등록금은 무상이지만 학비와 생활비는 지원해줄 때 나중에 일부를 갚도록 돼 있어요. 그게 그럴 수밖에 없는 게, 고등학교만 마치고 대학 안 가는 사람 입장에서는 대학생 생활비 100퍼센트 전액 지원은 불평등한 거잖아요. 그래서 대학생 생활비의 30퍼센트만 무상이고 70퍼센트는 대출금으로 나중에 갚도록 돼 있어요. 그러니 스웨덴에서 대학을 공부한 사람들은 60세까지 빚을 지고 사는 셈입니다. 3년간 생활비의 70퍼센트를 빌려서 공부하는 거니까. 취업 후 봉급의 몇 퍼센트를 상환하도록 한 의무 규정이 있어요. 물론 장애인이 되면 면제를 해주는 식으로 개인 사정에 따라 융통성 있게 적용을 합니다.

쓰신 책에서 복지 모델을 세 가지로 구분했지요. 우리나라는 영미 모델인데 최근 들어 복지 요구가 높아지면서 북유럽 모델에 대한 관심이 커지고 있습니다. 어떻게 보세요?

제가 학교에서 '복지, 시장, 국가'라는 제목의 영어 세미나 수업을 연적이 있습니다. 그러면 미국 학생들은 대놓고 말합니다. "내가 번 돈을 왜 국가에 뺏겨야 하나? 내 돈은 내가 알아서 쓸 수 있어야지." 그러면 스웨덴 학생들은 그럽니다. "네가 아프거나 장애인이 되면 어쩔 건데? 처음부터 경쟁조차 할 수 없는 상황이라면?" 그러면 미국 학생들은 "개인의 운명까지 국가가 어떻게 책임지나?" 그럽니다.

영미 모델은 애덤 스미스의 '보이지 않는 손'에 따른 시장 중심주의, 혹은 국가는 작을수록 좋다는 야경국가론에 기초하고 있습니다. 자유경쟁에 따른 생산성 증대와 그에 대한 기여를 중심으로 접근하는 입장인데, 문제는 이런 경우 빈부 격차의 확대가 필연적이라는 겁니다. 창의력이나 효율성, 생산성 촉진 면에서 다 좋은데 결과적으로 봤을 때 승패자가 명확히 갈리는 게 영미 모델입니다. 태어날 때부터 조건이나 능력 면에서 뛰어난 사람들에게는 더없이 유리하지만 그렇지 못한 사람에게는 가혹할 수 있습니다. 더구나 과거엔 개천에서 용 난다는 말이 있었지만 지금은 점점 어려운 일이 돼가고 있습니다.

요즘 느끼는 것은 복지 모델 역시 그 나라의 역사적 조건, 국민 문화, 지향 가치와 연결돼 있다는 점입니다. 결국 국민의 선택에 달렸고, 정치 지도자들과 국민의 교감 속에서 채택·합의되는 게 최선이라고 생각합니다. 다만 그럼에도 불구하고 목표 지향점은 있어야겠지요. 그런 점에서 북유럽 모델은 참고할 만한 가치가 있습니다.

스웨덴에는 실패해도 다양한 사다리를 통해 다시 성공으로 갈 교량 역할을 하는 것들이 있습니다. 아까 이야기한 그 만학도 아주머니가 좋은 예입니다. 그분도 하녀의 딸로 태어나서 간신히 초등학교만 나와 가게에 들어가서 일하다 일찍 결혼하고는 평생 서비스 업종에서 일했어요. 그러다 뒤늦게 공부를 시작할 수 있었지요.

북유럽 모델은 국민 합의에 의해 세금을 많이 내더라도 복지를 통해 돌려받을 수 있다는 믿음에 기초하고 있습니다. 모든 국민이 행복을 누릴 수 있는 기회를 부여받는다는 것이고, 그 기회가 한 번에 끝나는 게 아니라 두 번, 세 번, 정년퇴직 전까지 주어져요.

반면에 영미 모델은 내가 스스로 해결해나가야 합니다. 그래서 예기치 못한 실패의 상황에서 개인 부담이 너무 큽니다. 자신이나 가족 중 누가 큰 병에 걸리면 돈이 없어 병원에 못 가거나 치료비로 빚을 지게 됩니다. 자칫 한번 실패자가 영원한 실패자가 되고, 다양한 인생 실패자가 나올 수 있습니다. 그런 면에서 약자 입장에서는 가혹하지요. 특히 최근에는 경제 위기가 닥쳤을 때 회복력에 있어서도 북유럽 모델이 뛰어나다는 이야기를 영미권에서도 합니다.

그동안 영미 모델 국가에서도 복지 제도를 수용해왔고 북유럽도 시장 개혁을 채택해왔습니다. 결국 서로 장점을 취하면서 절충 모델로 수렴되는 것은 아닌가요?

그동안 한국 상황에서 봤을 때 곧바로 스웨덴 모델로 가기는 어려울 겁니다. 기초가 영미 모델로 시작했기 때문에 이행 과정에서도 아마 중간 정도 수준이 되지 않을까 싶어요. 이미 골간이 잡힌 시장 모델을 국가 중심 모델로 전환하려 할 때는 시간도 시간이지만 국민 정서가 허락할 것인가의 문제도 있습니다.

또 하나 큰 제약은 부패 문제입니다. 세금의 투명성과 신뢰의 문제가 해결되지 않으면 조세에 대한 저항이 엄청나게 클 겁니다. 그런 면에서 봤을 때 스웨덴 모델로 이행하는 것은 어렵고, 그보다는 중부담 중혜택 정도로 가지 않을까 싶습니다. 일부는 보편 복지로, 일부는 선택적 복지로 가겠지요.

복지 제도도 무작정 가져다 이식한다고 되는 것이 아니라 개별 나라의 역사와 문화 위에 쌓이는 것이라고 하셨지요. 스웨덴은 역사적 경

스웨덴만의 특징이라면 역사적으로 폭력적인 정치 변동을 겪지 않았다는 사실입니다. 이게 큰 장점입니다. 미국만 해도 남북전쟁이 있었고 프랑스도 극심한 좌우 대립이 있었는데 스웨덴은 적어도 그런 정도의 갈등 표출이 없었어요. 어떻게 폭력이나 무정부 상태 없이 민주화를 이행했고 저부패 국가가 될 수 있었을까, 이 문제를 다른 나라들과 비교 연구합니다.

사회적 다원주의 측면에서 봤을 때 점진적인 발전 모델의 전형이 스웨덴입니다. 사민주의가 그 역할을 충실히 이행했던 것이 비결입니다. 에두아르트 베른슈타인Eduard Bernstein, 독일 사회주의자에서 시작된 1870년대 사민주의 운동이 공산당선언에서 시작된 폭력혁명 노선을 대체하는 식으로 전개됐지요. 베른슈타인도 처음엔 수정 노선이라며 엄청나게 두들겨 맞았습니다. 하지만 지금은 정반대가 됐지요. 그 길이 아니었다면 과연 지금의 북유럽 국가가 가능했을까 이야기들 합니다.

폭력혁명만이 해결책이 아니라, 의회에 진입해서 사회주의의 꿈을 현실화한 것이 사민주의였지요. 이 사민주의가 스웨덴에는 일찌감치 들어왔어요. 1889년에 스웨덴에 사민당이 창당되는데, 바로 전에 독일 영향을 받아서 덴마크에 먼저 생겼습니다. 스웨덴은 독일보다 늦게 시작했음에도 불구하고 가장 안정적이고 지속적인 사민주의가 자리를 잡았습니다.

비결이 뭐였지요?

여러 가지가 있는데 그중 하나가 노조입니다. 노조가 사민당의 한 분파 혹은 활동 영역이었어요. 역사적으로 사민당이 1889년에, 노조가 1898년에 결성됐는데 노조도 사민당이 시작했어요. 정당 사람들이 가서 노조를 일깨워 뭉치지 않으면 안 된다고 하면서 결성을 한 거지요. 처음부터 노조와 정당이 긴밀한 관계를 구축했어요. 노조 가입률이 30년대에 70퍼센트로 세계 최고를 기록할 정도였어요. 노조는 사민당을 통해 노동정책에 영향을 미칠 수 있을 거란 기대를 할 수 있었지요. 덴마크만 해도 노조 가입률이 50퍼센트 밑이에요. 같은 북유럽이라도 환경이 다르지요. 지금도 스웨덴 전국노총Landsorganisationen, LO의 회원들이 내는 회비의 1퍼센트가 사민당 당비로 들어갑니다. 우리 같으면 불법이잖아요. 이 부분은 최근 외국에서 불투명하다면서 수정을 요구해 와서 차단될 예정입니다. 그 전까지는 정치자금이 신고제가 아니었고 신의 원칙으로 통용되다가 이제 국제 기준에 따라 변화하는 거지요.

1932년에 사민당이 단독 집권한 후에 직면한 최대 현안이 강경 노조였어요. 막상 정권을 잡고 책임 있는 위치에 오르고 보니까 노동자만을 위한 정책이 아니라 전체 경제를 감안해야 할 상황이 됐던 거죠. 심상정 의원도 스웨덴에 왔을 때 이 부분을 고민하는 이야기를 많이 했는데, 시장 없이, 기업 없이는 국민경제가 불가능하다는 걸 안 거죠. 그래서 사민당 정부는 노조에 도움을 청했어요. 이제 우리가 집권했으니 협조해달라. 그랬는데도 파업과 직장 폐쇄가 속출했어요. 1932년 대공황 상태에서 실업률이 30퍼센트를 넘었어요. 사민당은 제1당이었지만 의회 의석 점유율은 45퍼센트에 그쳤어요. 과반이 안 되니 정책을 펼 수가 없어서 보수당전신 농민당과 손잡고 개혁에 나서요. 1936년 시작된 좌우 연정이 1939년까지 이어졌지요.

연정으로 의회 과반을 확보한 후에는 강성 노조에 대해서도 압박했어요. 파업을 계속하면 직장폐쇄금지법, 총파업금지법을 만들겠다고 한 거지요. 그 결과 노사 대타협 협상이 시작됐어요. 1936~1938년, 지리하고 고통스러운 타협에 돌입했어요. 2년 만에 내놓은 결과물이 살트셰바덴 조약Saltsjöbadsavtalet이었어요. 노사 협약을 통해 중앙 임금 교섭 구조를 만들어낸 거지요. 같은 북유럽이라도 조합주의가 조금씩 달라요. 덴마크나 노르웨이처럼 노조 조직률이 낮은 경우에는 국가가 개입해서 균형을 맞춰 노사정 3자가 조합주의를 이루는데 스웨덴은 노사 조합주의를 이뤘어요.

살트셰바덴 조약을 계기로 스웨덴 경제는 날개를 달았어요. 그 뒤 제2차 세계대전이 발발합니다. 자연스럽게 정치권은 대연정으로 돌입했지요. 1940~1945년 모든 나라가 전쟁에 휩싸였을 때 스웨덴은 중립을 선언하고는 연합국과 동맹국 양쪽에 철강을 팔았어요. 노르웨이와 덴마크만 해도 나치 독일에 점령당했는데 스웨덴은 중립국 지위를 활용해 피해를 면했을 뿐만 아니라 전쟁 물자를 팔아 수익을 올린 거지요. 그래서 1940년대에서 1960년대까지 경제성장이 가장 빨랐어요. 스웨덴의 국운이랄 수도 있는데, 이때 복지국가의 토대를 마련했지요. 하지만 운이 그냥 따라준 게 아니었어요. 그 전에 좌우 대연정과 노사 합의가 있었지요. 정치 주체 간 합의를 통해 협치의 토양을 마련한 상태에서 제2차 세계대전이 왔고 중립국 상황에서 더 좋은 여건이 마련된 것이었지요. 사실 그 좋은 여건이란 것도 끊임없이 위협받는 상황이었어요. 당시 페르 알빈 한손Per Albin Hansson 총리의 수완이 뛰어났지요. 노사 타협과 대연정도 이루고 전쟁을 피할 정도로 외교력도 좋았고 경제성장도 이뤄냈지요. 지금은 국민의 아버지라 불립니다.

정규 학력도 초등학교에 그친 노동자 출신이지만 대단한 인물이었어요. 1876년 이래 33명의 총리가 나왔는데 지금도 역대 1, 2위에 오가는 사람입니다. 가난한 노동자 동네에서 태어나 어린 시절부터 상점 사환 노릇을 하며 컸지요. 1903년에 청년 사회민주당 창설에 관여했고 직업 정치인으로 활동했습니다. 1920년 스웨덴 최초 사민주의 내각 국방장관을 지냈습니다. 1928년 당 대표가 된 후에 좌우 연정, 노사 대타협을 이뤄냈지요. "국가는 모든 국민을 위한 좋은 집이 되어야 한다"라는 '국민의 집Folkhemmet' 구호로 지지를 받았지만 정작 여생을 보낼 자기 집 한 채가 없었다고 합니다.

고비 때마다 타협을 잘했군요. 그런 고비 때 당사자들 간의 충돌 위험은 없었나요?

왜 없었겠습니까. 내전까지는 아니어도 노동자, 국가 혹은 자본 간에 엄청난 충돌 위기가 있었지요. 1931년 북부 목재 공장에서 임금 문제로 총파업에 돌입했는데 규모가 커져 군대가 동원됐어요. (나중에 공식 조사에서는 명령 혼선으로 밝혀졌지만) 발포로 다섯 명이 숨졌는데 한 명은 임산부였어요. 사태 악화의 위기에서 노조와 연결된 사민당이 있어서 가까스로 중재를 통해 타협할 수 있었지요. 1930년대 초중반만 해도 노사 갈등은 극에 달했어요. 그래서 사민당으로서도 노사 간 합의가 없으면 경제성장은 어렵겠다고 판단하게 됐지요. 사민당은 집권 후에 노동시장 안정을 위해 의회 10퍼센트밖에 안 되는 농민당에 더 많은 장관직을 제공하는 식으로 좌우 연정 구성에 힘을 쏟았어요.

그런 정치력이 바로 사민당의 능력이었어요.

그걸 보면 협치라는 것은 그냥 만들어지는 것이 아니라 만들어가는 것이라고 봐요. 정권을 잡은 것으로 끝이 아니라 야당과 어떻게 타협해서 협치를 해나갈 것인가에 대한 전략, 그리고 미래에 대한 고민이 합쳐져야 하는데 이걸 벼려내는 게 결국 정치력이지요.

고속 성장 후에 경제 위기를 겪으면서 시장 개혁에 나선 적이 있지요?

1970년대 초까지는 복지 황금기였어요. 1972년과 1973년, 1978년, 세 차례 유가 파동이 닥치면서 스웨덴의 수출 의존 기업들도 위기에 처했지요. 파산 기업도 나오고. 그런 상황에서 새로운 변화가 없으면 안 되겠다는 자각이 생겼지요. 국가가 경제를 통제하는 시기는 지났다는 깨달음이었어요. 1970년대 말 미국의 레이건, 영국의 대처가 집권하고 신자유주의 흐름으로 넘어가면서 스웨덴도 1985년에 시장 자유화와 금융 자유화를 선언해요. 그 전까지는 긴축재정으로 국가가 자금줄을 통제했거든요. 사민당 내 우파 재무장관이 수출 기업 살려야 한다고 자금 통제를 풀면서 모든 은행이 세계은행 상대로 자금을 들여왔지요. 그 결과 1985년부터 1990년 사이에 주택값이 뛰고 버블이 생겼어요. 1990년 초에 거품이 터지면서 경제 위기가 닥쳤지요. 화폐 가치가 30퍼센트 이상 떨어지고 이자율이 뛰고 하면서 1991년에 사민당이 실권했고, 우파가 집권한 후에도 사민당에 구원을 요청해요. 이때 사민당이 44년 이상 집권한 정당으로 책임감을 느껴야 한다면서 우파와 손잡고 경제 위기 대책에 서명했어요. 여기서도 협치의 모습을 볼 수 있습니다. 좌우가 공동선언을 해요. 국가 경쟁력 회복을 위해 일시적인 복지 후퇴, 세제 개혁을 단행합니다. 1994년 사민당이 재집권하고 나서도 우파보다 더 혹독한 한시적 복지 개혁을 추진해요. 초기엔 비난이 많았지만 2년 내에 경제가 다시 살아나고 고용이 창출되기 시작하면서 흑자 재정으로 돌아섰고 복지도 조금씩 회복됐습니다.

2008년에 터진 제2차 경제 위기는 미국 리먼브러더스에서 시작된 것으로, 국내보다는 국제 요인이 컸어요. 스웨덴도 당시 발틱 국가와 동유럽에 진출했던 자국 은행들이 무너지기 시작하면서 구제금융에 나섰지요. 이건 스웨덴이 이미 1991년에 해본 모델이었어요. 구제금융 자체가 스웨덴 모델이라고 불리지요. 부실 은행을 시장에 맡겨두는 게 아니라 국가가 살려서 원상 복귀시킨 후 시장에 내다 팔자는 논리인데 그게 여러 나라에서도 활용되고 있지요.

스웨덴은 이미 1991년 학습 효과가 있었기 때문에 2008년은 다른 나라보다 쉽게 넘어갔어요. 그 전까지만 해도 왜 국가가 개입하느냐고 비판들 했는데, 미국도 구제금융으로 은행들 살렸지요. 그 결과 2009년 스웨덴은 OECD 회원국 중에서 가장 빠른 회복력을 보여줬습니다. GDP 성장률도 가장 높았고요. 그것은 사회보장제도 덕분에 경제 주체들이 타격을 입어도 1, 2년은 버티게 해준 결과였습니다. 한국은 IMF 때 파산과 자살이 속출했잖아요. 스웨덴은 직장을 잃어도 국가가 사회복지 기금으로 1년을 견디게 하고, 그 기간 동안 노동 재교육을 통해 1, 2년 내 다시 일을 찾을 수 있도록 합니다. 해고되는 것을 제2의 기회로 여길 수가 있는 거지요. 실직 후 첫 1년은 회사가 책임을 집니다. 중소기업은 여력이 없어 국가가 바로 개입하지만. 대기업은 1년 봉급을 100퍼센트 대주는 경우가 많고, 그렇지 않은 경우도 노사 합의에 의해 80퍼센트 정도는 지원합니다. 1년 후에도 재취업이 안 되면 2년째부터 국가가 실업 기금으로 구제합니다. 이런 사회 안전망을 통해 실업을 재출발의 기회로 삼을 수 있다는 것이 북유럽 모델의 강점이지요.

구직이나 근로 의욕이 떨어질 수 있다는 지적에 대해서는요?

이른바 모럴 해저드라는 부분인데요. 사민당이 1970, 1980년대까지만 해도 그런 문제에 대해 심각하게 생각하지 않았습니다. 그러다 1991년 경제 위기가 찾아오고 1994년 재집권한 후에는 달라졌습니다. 이제 국가는 필요할 때 도와주는 것으로 인식돼야 한다고 생각하기 시작한 거지요. 사민당 구호는 이제 "노동이 최고의 복지"가 됐습니다. 국가는 힘들고 어려울 때 잠시 도와주는 역할을 맡는 것으로 재정립한 거지요. 국가에만 의존하는 사람은 도울 수 없다고 선언합니다. 실업자의 봉급 대체율도 90퍼센트로 낮아지다가 지금은 70퍼센트가 됐습니다. 장기적으로 50퍼센트까지 낮출 계획입니다. 저임금 구조로 일했던 사람은 살 수가 없는 상태가 되는 셈이지요. 그 대신 재심사를 통해 주택 보조금나 특수 생계비 지원 같은 것을 통해 기초 생활비를 제공하기는 합니다. 더 이상 '퍼주기식'은 아닙니다. 요컨대 모럴 해저드의 문제를 보완하는 쪽으로 가고 있습니다.

유럽 전반이 이민자 유입 문제로 진통을 겪고 있습니다. 스웨덴은 어떤가요?

상당히 큰 문제시요. 스웨덴은 원래 일반 이민을 받지 않습니다. 노동력 수입은 두 차례 있었습니다. 제2차 세계대전 직후 조선과 자동차 같은 노동 집약 산업에 인력이 모자랐을 때와 1980년대 경제 활성화 때였습니다. 그 외 전면 이민 개방은 없었습니다.

그 이유 중 하나는 정치 난민이 많기 때문입니다. 유럽과 아프리카, 남미 등지에서 전쟁이나 기아, 독재 탄압을 피해 온 사람들을 대거 수용해왔습니다. 이들이 현재 이민자의 50퍼센트 이상을 차지합니다. 그전에 노동력으로 들어온 사람들은 거의 스웨덴화했고, 최근 이민자들은 정치 난민과 초청 가족 들입니다. 특히 '아랍의 봄' 이후 독재로 회귀하면서 정치 난민이 쏟아져 들어왔습니다.

정치 난민이 많은 이유는 중립국이라서인가요?

사실은 복지가 두터워서지요. 그 부분도 모럴 해저드와 관계가 있는데, 외국인도 국가가 살려줄 거라는 기대에서 많이 옵니다. 그래서 지원자가 독일 다음으로 많아요.

정치 난민에 대한 국내 여론은 어떤가요?

예전에는 비교적 호의적이었어요. 하지만 2015년부터 달라졌어요. 그해에 20만 명이 신청했고 최종적으로 16만 명 수용이 결정됐는데, 한꺼번에 배치를 못할 정도였어요. 인구가 1000만이고 기초 지자체가 290개인데 20만을 분산 배치한다고 생각해보세요. 작은 지자체들일수록 감당하기 어려워 반감도 커지는 추세입니다.

또 다른 요인으로는 이민자들 상당수가 서구 문화를 수용하고 적응하려는 노력이 부족하다는 점이 지적되기도 합니다. 자기주장과 요구만 많다는 거지요. 특히 이슬람권 출신인 경우 종교 갈등이나 여성 경시 문화라든가 크고 작은 폭력 사건·사고도 생기고 하니까 감정적으로 악화되는 부분이 있지요. 여기에 편승해서 극우 정당들도 목소리를 높이는 겁니다. 스웨덴만 해도 극우 정당이 제2정당에 등극했습니다. 상당히 심각한 수준이지요.

인구 1000만에 20만이면 상당한 숫자군요.

한 명이 들어오면 가족 네다섯 명이 따라 들어와요. 난민 규약에 의해 반드시 받아들이게 돼 있거든요. 그래서 아이를 먼저 들여보내고 다음 엄마아빠를 초청하는 식이죠. 외국 난민들은 저학력에다 실업률도 높아요. 스웨덴인 실업률이 5퍼센트인데 외국인 출신은 25퍼센트예요. 2세대는 그나마 덜한데 난민 1세대는 40, 50대에 들어와서 구직 노력은 없이 마냥 스웨덴 말만 배우고 대학에서 공부만 하고 있어요. 직장 찾다가 교육 혜택만 받고 좀 지체하다가 곧바로 연금 연령으로 넘어가요. 게다가 일행 중의 장애인과 초청받은 노부모까지 국가가 떠안아야 할 짐이 돼버리니까 스웨덴으로서는 부담이 커지는 거지요. 1970년대 이전까지만 해도 정치 난민은 대개 민주화 과정에서 탄압을 피해 온 사람들이다 보니 그 나라에서 중산층 고학력자들이었어요. 70, 80대부터는 전쟁이나 재난 난민이 많아 노약자들이 많고 교육까지 부담해야 하는 경우가 많아졌습니다. 노동력에 보탬이 되기보다는 복지에 기대는 층이 많아진 거지요. 최근에는 스웨덴 정부도 사회통합과 교육정책을 통해 당근과 채찍을 적절히 구사하려고 노력하고 있습니다. 예전엔 들어오자마자 언어만 배우기 시작하면 노동 허가권을 주고 복지 혜택도 똑같이 부여했다면, 이제는 노동시장에 들어오는 사람에게만 3년 유예로 복지 혜택을 주겠다고 하는 식입니다. 사민당은 인종차별 정책이라고 실행에 반대하지만 극우 정당 지지율이 커지면서 불안과 고민이 커지고 있습니다.

자동화로 인한 고용 불안까지 겹친 상태인데요. 스웨덴은 어떤가요?

청년 실업률이 스웨덴은 23퍼센트로 높습니다. 그 이유 중 하나가 고용안정법, 노동자보호법이라는 게 있어서 이미 취업된 사람을 보호하는 내용입니다. 경제 사정이 안 좋아져서 해고해야 할 상황이 되면 마지막에 들어온 순서대로 해고하게 돼 있습니다. 법이 만들어진 1976년에만 해도 그때는 필요한 법이라고 해서 만들었는데, 젊은 층에 불리하게 돼 있습니다. 지금은 고용주 입장에서 개정을 요구하는 목소리가 높습니다. 노사 간 중앙 교섭단체에서 해결하자고 촉구하고 있습니다.

또 하나가 스웨덴에는 최저임금제가 없습니다. 법으로 명시돼 있지 않습니다. 중앙 교섭단체가 최저임금 선을 정하게 돼 있습니다. 당초 노조 입장에서는 높일수록 좋으니까 그렇게 한 거지요. 지금은 사측에서는 최저임금제를 도입하자고 주장합니다. 그래야 청년 실업이 해결될 수 있다는 거지요. 현재 그런 문제들로 논쟁 중입니다.

그럼에도 국민이 낙관하는 이유는 실업 상태에 있더라도 그 기간에 교육제도가 받쳐주고 있고, 국제 원조 기금 운영을 적절히 활용해서 제3세계 지원 투자 상당 부분을 청년 봉사활동과 연계시키고 있습니다. 청년 실업률이 높지만 실업 기간을 준비 기회로 활용하게 하는 거지요. 요즘은 노동연령도 75세로 늘리려는 추세인데, 10년쯤 늦게 30대 초반에 입사해도 크게 손해 볼 것 없다고 봅니다. 능력 있는 노동력을 길러낸다는 측면에서 보자면 주기가 좀 늦어질 뿐이라고 해석하는 거지요.

한국에서도 최근 복지를 둘러싸고 관심도 높고 논의도 활발합니다. 어떻게 보시는지요?

워낙 많은 문제가 얽혀 있어서 풀어가기가 쉽지 않을 겁니다. 변화를 요구하는 목소리는 그전부터 있어왔지만 최근에 와서야 정치권에서도 움직임을 보이는 것 같습니다. 하지만 실행에 옮기려면 타협 정치가 필요합니다. 왜냐하면 결국 법안으로 만들어야 하는데 정치적 타협 없이는 불가능하기 때문입니다. 협치를 만들어가기 위한 구조가 정착돼야 하는데 지금 여야 다섯 개 정당의 정치 구조를 보면 타협이 어려워 보입니다.

일단 그 문제가 해결돼야 한다는 전제 조건하에서, 두 번째 문제는 노사 간 타협점을 찾는 것입니다. 하지만 한국은 노조 조직률이 너무 낮습니다. 10퍼센트도 안 되는 상황에서는 노조가 강성으로 치닫게 돼 있습니다. 이른바 선명성, 투쟁성을 보여주지 않으면 우리 말을 안 들어줄 거란 생각 때문이지요.

또 다른 문제는 정규직과 비정규직의 갈등입니다. 정규직 노조의 귀족주의가 깨질 필요가 있습니다. 스웨덴에 대해 면밀히 들여다봐야 할 부분이 뭐냐면, 1950년대 제2차 세계대전 이후 수출이 늘어나고 세계 최고 성장률을 기록했을 때 노동자들 간에도 빈부 격차가 커지기 시작했습니다. 중소기업들은 봉급 수준이 크게 오르지 않는데 대기업들만 보너스 잔치를 하고 신이 났습니다. 노조에서 이 문제에 주목하고 노노 간 분배 격차를 줄이려고 한 것이 연대임금제였습니다. 핵심은 대기업 노조가 덜 받겠다는 것이었지요. 이것도 중앙 임금 교섭단체가 있었기 때문에 가능했습니다. 노조 가입률이 90퍼센트인 노조가 사측을 상대로 손잡고 올해 임금 인상률을 4퍼센트로 하자고 합의해서 가이드라인을 주면 직장별 노조에서 더하기빼기를 해서 사측과 합의했습니다. 그러면 대기업은 인상률 0, 중소기업은 플러스 2, 이런 식으로.

한국에선 불가능할 겁니다. 그런 역할을 할 중앙 임금 교섭 장치가 없으니까요. 그렇다면 현실적으로는 대기업의 정규직 노조가 선언할 필요가 있습니다. 우리는 받을 만큼 받았으니 중소 하청 업체들 더 높여주라는 식으로 말이지요. 문제는 하청 업체들은 3퍼센트 인상도 무리라는 거지요. 대기업에서 돈을 떼어 주는 게 아니니까. 결국 경쟁력 없는 기업은 도산할 수밖에 없습니다.

스웨덴은 이 문제점을 활용했습니다. 경제가 호황일 때는 그렇게 해서 망하는 중소기업에서 나오는 노동자들을 대기업에서 흡수했습니다. 살아남는 중소기업은 경쟁력이 있으니까 문제가 없었고, 대기업은 도산 기업 직원을 흡수해서 더 성장할 수 있었으니 윈윈이 된 거지요. 한국은 구조가 너무 다릅니다. 노사의 합의 조건은 양측 세가 비슷해야 하고 단일 창구가 있어야 하는데, 한국은 양대 노총으로 나뉘어 있고 노조 가입률이 낮아 사측이 인정을 잘 안 합니다. 비정규직을 대표하지도 못하고. 협상 성립이 어렵지요. 결국 기득권층인 정규직 노조 스스로가 스웨덴 모델을 보고 우리도 한번 전향적으로 기득권 내려놓고 해보자 해야 할 텐데, 그런 걸 할지 의문입니다.

그 전제가 노사 간 신뢰일 텐데요.

그렇죠. 그렇게 했을 때 기업이 어떻게 받아주겠느냐 하는 문제가 또 있죠. 1970년대부터 스웨덴이 세제 개혁을 하는데, 기업세뿐 아니라 고용주세도 만들었어요. 한 명을 고용하면 복지 기금을 적립하는데,

이 사람 봉급의 30퍼센트, 가장 높을 때는 44~45퍼센트까지 적립했어요. 이걸로 병가·출산·실업 기금을 대줘요. 기업 입장에서는 법인세와 고용주세를 다 내는 거지요.

대신에 스웨덴은 황금주가 있어서 외국 자본으로부터 기업의 경영권 방어를 보장해줍니다. 그 대가로 기업의 책임성을 요구하는 거지요. 복지세 분담이 그것입니다. 2005년부터 삼성이 스웨덴 기업이었다면 세금 한 푼 안 내고 경영권 승계가 가능했을 겁니다. 증여세와 상속세가 폐지됐기 때문입니다. 이유는, 상속할 때 자산의 30퍼센트를 세금으로 내야 한다면 어차피 회사 주식은 현금 가치가 없으니 자산 팔아서 현금을 일시불로 세금으로 내야 하는데, 그럴 바에는 외국으로 가겠다는 기업들이 많았기 때문입니다. 특히 중소기업들이 2003년에 동유럽 자유화하는 걸 보면서 공장을 그리로 많이 옮겼습니다. 당시 상속세 세입이 GDP의 1.8퍼센트밖에 안 됐는데 기업 해외 유출로 잃는 일자리와 세금을 따져보니 더 손해였어요. 그래서 상속세 폐지를 결정했습니다. 우파가 아니라 사민당이 기업 유치를 위해 주도해서 내린 결정이었습니다.

　　모든 문제를 선입견에 사로잡히지 않고 실용적으로 접근한다는 생각이 드는군요.

정확히 보셨습니다. 스웨덴 사람들은 실용주의가 굉장히 강합니다. 그것이 가능한 것은 사회 근저에 깔린 신뢰의 힘입니다. 그래서 타협도 가능합니다. 그 시발점이 1930년대 좌우 연정이었습니다. 우리 새 정부도 성공하려면 노사 협약 선언을 이끌어내야 합니다. 정부가 들어가서 노사정 타협을 시도하기 전에 우선 노사에 맡겨볼 필요가 있습니다. 그러려면 사측을 설득해야 하는데, 그 역할은 대통령밖에 없습니다. 대통령이 기업인들을 열심히 만나 설득해야 합니다. 제가 다른 책에도 썼는데 엘란데르Tage Fritjof Erlander 총리의 리더십을 참조할 필요가 있습니다. 타게 엘란데르는 대학 때 극좌파 모임 회장도 하고 정치학회장도 한 극좌파 운동가였는데 소도시의 지방의원을 거쳐 45세에 총리에 올라 68세에 자진 하야할 때까지 23년 동안 재임하면서 스웨덴 복지를 완성한 인물입니다. 한손 총리가 뇌졸중으로 급사했을 때 누굴 후계자로 할까 고민하다가 아예 제3세대에 넘기자고 해서 45세인 엘란데르를 뽑았는데, 극좌파로 낙인이 찍힌 인물이었지요. 1948년 선거에서 이 사람 집권하면 위험하다고 공격받고 했어요. 기업들도 걱정하면서 나가려고 하고 국민들도 동요했지요. 선거에 질 뻔하다가 겨우 1당은 지켰는데, 그때 깨달았어요. '강성 이미지를 버리지 않으면 나도 우리 경제도 망가질 것이다.' 그때부터 기업인들과 목요일 저녁마다 식사 정치를 해요. 그렇게 1, 2년 쌓이면서 기업인과 친해졌고, 이 자리에 노조 대표도 초대하면서 목요 클럽으로 발전했어요. 매주 목요일 저녁에는 노사정 대표가 모여 국가 발전을 논의한 겁니다. 문 대통령도 참고할 필요가 있습니다. 스웨덴도 사람이 만든 것이지 막연히 역사와 전통이 만들어준 것이 아닙니다. 그래서 리더십이 중요합니다.

스웨덴에 갔을 때 의회 앞에 자전거들이 서 있는 모습이 인상적이었습니다. 의원들은 차량도 따로 나오지 않는다고 쓰셨지요?

특권 자체를 용인하지 않는 나라다 보니 정치인들도 소박합니다. 재미있는 것은 정치 활동에 대한 이해입니다. 의원활동지원법을 보면 정치인은 365일 일하는 것을 기준으로 일급을 계산한다고 돼 있어요. 그만큼 국민의 안전과 복지, 행복에 대한 정치인들의 정책 활동은 1년 내내 이뤄져야 봉급을 받을 수 있다는 뜻입니다.

개인 정책 보좌관도 없습니다. 원내 활동이나 입법 자료 조사 같은 활동 지원 인력은 공동으로 이용하고, 업무 파견 보좌관 신청만 가능합니다. 국가에서 제공하는 승용차도 없습니다. 자전거나 일반 교통수단으로 출근을 해야 합니다. 개인 사정으로 택시를 탈 경우엔 개인이 부담해야 합니다. 의원활동지원법 4장 8절에 "공무 출장 시 가장 저렴하고 친환경적이며 가장 빠른 교통수단을 이용해야 한다"라고 돼 있어요. 친환경적 교통수단으로 가장 저렴하게 이용하는 것은 기차가 가장 보편적입니다. 항공편을 부득이 이용해야 할 경우에는 당연히 이코노미석을 타야 합니다. 여기에는 의미가 담겨 있습니다. 정치인은 특권이 많으면 많을수록 그만큼 국민 위에 군림하게 된다는 거지요. 국민이 행복해지려면 특권 없는 정치인이 자신을 희생하고, 정책에 헌신하며, 1년 365일 일해야 한다는 생각이 깔려 있습니다. 공복으로 생각하는 거지요.

우리 의원과는 딴판이네요. 그러면 누가 의원을 하려고 하나요?

바로 그 문제 때문에 의원 충원이 쉽지 않습니다. 특히 젊은이들은 정치적 야망에 불타서 나왔다가 30퍼센트 정도는 힘들어서 못하겠다면서 중도 포기해요. 그럼에도 불구하고 왜 정치를 하느냐. 내가 만든 법안이 국가를 바꾼다는 자부심이 있어요. 이것이야말로 정치인의 특권이라고 생각하는 거지요. 10년, 20년 남는 법을 만드는 것이 특권이라는 거죠. 대단한 책임감이죠. 이런 정치인들이 나와준다면 정치 수준이 올라가겠죠.

그런 정치인들을 어떻게 확보하나요?

그만큼 정치인층이 두텁습니다. 비결은 지방 정치에서 찾을 수 있습니다. 기초·광역에서 활동 중인 정치인이 4만 1200명입니다. 이 중 4퍼센트만 유급 정치인이고 나머지 지방의원들은 무급으로 봉사합니다. 자기 직업이 따로 있어요. 정치는 부직입니다. 사회봉사로 생각하는 거지요. 그래서 회의 안건 처리를 밤이나 주말에 합니다.

직업이 따로 있으면 개인 이해관계와 공무가 충돌할 우려는 없나요?

그래서 법으로 명시해뒀습니다. 자기 활동 영역과 관련된 회의에는 빠진다는 식으로 의장이 배제합니다. 만약 참가해서 표를 행사하면 내부거래법으로 구속됩니다. 철저히 지킵니다.

지방 정치에서 훈련된 사람이 중앙으로 진출하는 식이군요.

그렇습니다. 지방에서 무급 봉사 단계에서 잘하는 사람은 눈에 띄게 돼 있습니다. 이들 중 상당수가 중앙 정치로 스카우트돼 갑니다. 중앙 당 차원에서 끊임없이 교육도 시키고 정책 세미나도 거칩니다. 중앙과 지방의 교류를 거치면서 전당대회 과정에서 발탁이 되지요. 정책 장악력, 타협 능력, 연설 능력이 있는 사람, 지방에서 잔뼈가 굵은 검증된 사람들이다 보니 중앙 무대에서도 논의가 실생활과 직결되는 게 많습니다. 국민 눈높이에서 정치를 하게 되는 거지요. 정책 이해가 높다 보니 정책 입안에도 적극적입니다. 중앙 정치에 진출했다가 나오는 사람도 많습니다. 의원들 활동 부담이 장난 아니거든요. 보좌관도 없이 본인이 다 처리합니다. 힘들어서 떠나는 사람도 많습니다.

개선의 목소리는 없나요?

의원 지원을 보강하자는 목소리도 있지요. 정책 보좌관 풀을 더 늘리고, 법안 공부에 데이터베이스 서비스 효율을 올리겠다는 식으로. 개인 보좌관은 여전히 특혜로 보기 때문에 불허하고 있습니다.

정당 운영이나 정치자금 문제는요?

상당히 투명한 편입니다. 기본적으로 신뢰를 바탕으로 정치를 하기 때문에 정치자금에 대해서는 어떻게 걷고 쓰는지에 대해 불문에 붙여왔어요. 하지만 이 부분도 문제가 발생하고 국제 선거 감시 기구에서 불투명하다는 지적을 받으면서 2013년에 정치자금법이 생겼습니다. 후원금을 받는 것은 얼마든지 가능한데, 누가 얼마나 냈는지 보고서를 제출하고 사용처를 투명하게 공개해야 합니다.

북유럽은 여성의 정계 진출도 활발한 편인데요.

스웨덴은 현재 외교·재무·사회복지 장관이 여성입니다. 북유럽의 내각 여성 장관 비율이 50퍼센트에 이릅니다. 여성 의원 비율도 북유럽 5개국 평균이 41.7퍼센트에 이릅니다. 여성이 남성과 정치를 사실상 분점하고 있습니다. 지방 정치 활동 인구의 43퍼센트가 여성입니다.

정책 수준이 높고 전문 식견도 넓은 정치인이 많다 보니 상임위원·위원장 선정이나 정부 요직에도 여성 인재가 넘칩니다. 지방부터 중앙 정치까지 남녀 비율이 6 대 4에 이릅니다.

풀뿌리 정치교육과 훈련이 잘돼 있다는 말이군요.

1868년부터 전국에 시민교육학교 운동이 전개됐습니다. 이 학교를 통해 산간벽지까지 교육을 받지 못한 청소년, 성인을 위한 평생교육이 시작됐지요. 이런 시민교육 운동이 노동운동과 연계돼 정당 설립의 기초가 됐습니다. 1880년대에 이미 보수당, 농민당, 자유당, 사민당이 뿌리를 내리고 자유무역-보호무역을 둘러싸고 정책 대결을 벌였어요. 정당들은 미래 정치인이 될 청년들을 데려와 교육을 시키기 시작했습니다. 시민교육 운동과 정당들의 청년교육 운동은 지금도 전통으로 이어지고 있습니다.

우리 정치인과 정당들도 환골탈태해야 합니다. 지금처럼 그저 돈 있거나 네트워크 좋은 사람, 당에 충성하는 사람, 정책 능력은 검증도 안 된 사람, 정치를 제대로 배우지 않은 사람들로 충원돼서는 곤란합니다.

서구 정치에서 배울 점을 두 단어로 정리하면 민주화와 정치 전문화입니다. 우리나라는 민주화는 적어도 형식적으로는 됐습니다. 하지만 전문화는 시작도 못 한 것 같습니다. 정치교육을 제대로 받은 사람이 정치에 투입되는 게 전문화입니다. 서구에서는 어릴 때부터 정치에 입문합니다. 15세 무렵 청년 당원으로 들어가서 정책 공부를 합니다. 여름 캠프에서 정책을 배우고 정치적 매너를 배우고 세계적으로 유명한 정치인 초청해서 배웁니다. 처음부터 정치는 사회에 봉사하는 것이라는 생각이 있어요.

우리는 출발점이 다르지요. 기득권 유지하는 데 급급합니다. 충성심 높은 내 사람들을 주변에 둡니다. 인턴들이 정치를 배우나요? 정책을 배우나요? 복사만 하고 전화만 받는 건 아닌가요? 충성심만 배우는 거지요. 그런 사람이 공천을 받고 출마를 하고 재생산이 됩니다. 이런 구조로는 미래가 없습니다. 우리나라는 정당이 정치 충원과 훈련 과정을 제대로 하지 못하고 있습니다. 정당정치의 혁신이 절실하게 요구됩니다.

> 듣다 보니 스웨덴의 탄탄한 정치 문화와 시스템이 오래 작동한 결과가 오늘의 모습을 낳았다는 생각이 드는군요.

정치 경쟁력이지요. 이 나라 정치인들은 겉으로 봤을 때는 돈도 능력도 없어 보이는데 실력은 탄탄합니다. 어릴 때부터 정책, 토론, 질의, 연설, 수사법을 다 배워요. 국제 경험도 많고 글로벌 매너에 마인드, 외국어 실력도 갖췄습니다. 북유럽의 모델만 갖고 부러워할 게 아니라 그것을 가능케 한 정치인의 자질과 문화, 리더십도 소개가 됐으면 합니다. 두터운 정치인 풀과 종합 기술로서의 정치 역량에 대해서도 관심을 가졌으면 합니다.

최연혁 / 정치학자. 스웨덴 린네대학교 정치학 교수, 스톡홀름에 있는 스칸디나비아정책연구소 소장. 한국외국어대학교와 런던정치경제대학에서 정치학을 공부하고 스웨덴 쇠데르턴대학교에서 18년간 정치학 교수를 지냈다. 『좋은 국가는 어떻게 만들어지는가』『우리가 만나야 할 미래』 등을 썼다.

넘어서는 인간

유발 하라리

이상희

장대익

문명의 막다른 곳

유발 하라리 역사가

유발 하라리와는 지금까지 모두 세 차례 인터뷰를 했다. 맨 처음은 그의 출세작『사피엔스』가 국내에 번역되기도 전이었다. 히브리어 원서가 영문으로 먼저 번역돼 나와 해외에서 이름을 알리기 시작하던 무렵 이메일로 장문의 인터뷰를 했다. 그 뒤로 국내에『사피엔스』가 번역돼 나오고 방한했을 때 처음 얼굴을 마주하고 이야기한 데 이어 후속작인『호모 데우스』가 번역 출간될 무렵 이메일로 다시 문답을 주고받았다. 여기 실은 내용은 나중 두 번의 인터뷰를 합친 것이다. 그는 실제 모습이 사진보다 더 왜소하고 가녀려 보인다. 어떻게 그토록 방대한 스케일에 대담한 전망을 담은 책을 잇따라 써낼 수 있었을까 의구심이 들 정도다. 하지만 찬찬히 뜯어보면 이해가 될 것도 같다. 큰 눈망울에 호기심이 가득하다. 상대를 바라보는 눈동자는 흔들림 없이 차분하다. 하루 두 시간씩 빼놓지 않고 명상의 시간을 갖는다는 말이 빈말 같지 않다. 대화 중에도 질문에 대해 신중하게 생각을 한 후 말을 이어가는 편이다. 바쁜 일정 탓에 국내에 책이 번역되고도 한참 뒤에야 방한한 그는 여기서도 숨 가쁜 일정을 소화하는 중이었다. 어렵사리 이른 아침에 시간을 내준 그에게 고향 이야기로 말문을 열었다.

예전에 예루살렘에 가본 적이 있습니다. 아리엘 샤론Ariel Sharon 총리가 코마 상태에 빠졌을 때였지요. 사실은 그때 워낙 위독하다고 해서 사망했을 경우에는 중동 지역 파장도 예상되고 해서 취재를 하러 갔는데 식물인간 상태가 계속돼서 돌아왔던 기억이 납니다. 결국 부음 기사는 한참 뒤에나 나왔지요.

네, 코마에 빠지고 나서도 아주 오래, 한 5, 6년 그 상태로 있었지요. 살아 있을 때도 매사에 투지가 아주 대단한 사람이었습니다.^{샤론은 중동전쟁을 승리로 이끈 장군 출신으로 별명이 '불도저'였다.} 그래서 사람들이 그는 죽을 때에도 그렇게 죽음과 오래 씨름하다가 죽었다고 했습니다.

　　　샤론 총리를 좋아했습니까?

그는 국내에서도 아주 논쟁적인 인물이었습니다. 그의 업적도 양면이 있었지요. 어느 한쪽으로만 판단하기는 어렵습니다.

　　　혹시 정치적인 입장이 있습니까? 지지 정당이라든가?

없습니다. 저는 이스라엘 정치나 중동 정치에 대한 전문가가 아닙니다. 어떤 정치적 사안에 대해서는 학자로서 특별한 입장을 취하지 않습니다. 게다가 이스라엘 사람들은 정치에 관한 한 사고방식이 아주 부족적^{tribal. 우리 어법으로는 '당파적' 혹은 '진영주의적'이라는 뜻에 가깝다}입니다. 남 이야기는 잘 듣지 않아요. 자기들만의 부족 이야기가 확고해서, 어떤 이야기라도 자신들이 믿는 것에 반하는 이야기를 하면 귀담아들을 줄을 모릅니다. 다른 이야기를 할 때는 아주 지적이고 개방적이지만, 정치 이야기만 하면 두뇌가 정지해버리고 말아요. 열린 사고를 못합니다.

그래서 저는 과학자로서 그런 모든 정치적 논쟁으로부터는 거리를 두려고 합니다. 제가 정치적 논의에 기여할 만한 새로운 것도 별로 없어요. 한번 개입하게 되면 사람들은 다른 사안에 대해서도 이야기를 듣고 싶어 하지요. 그러고는 "아, 그러면 당신은 저편이군요" "이쪽 진영

이군요" 이런 말들을 합니다. 자기편이라고 생각하는 사람들은 좋아
하지만 반대편 사람들은 이야기를 들으려고도 하지 않아요.

일반적인 기준에서 본다면 보수와 진보, 어느 쪽에 속한다고 생각하
세요?

(잠시 생각한 후) 대부분의 사람은 아마 저를 리버럴liberal 진영에 속하
는 사람으로 생각할 겁니다. 하지만 저는 그렇게 나누고 싶지 않아요.
현실이나 인간 사회를 그런 기준으로 보고 싶지 않아요. 주제에 따라
서는 저를 리버럴로 볼 수 있지만 보수적으로 볼 수도 있어요. 예를
들어, 제 책에도 썼지만 저는 제국empire 문제에 대해서는 상대적으로
긍정적인 입장이에요. 서양에서는 제국에 대해 극도로 부정적인 이미
지를 갖고 있습니다. 가령 누가 어떤 사람에게 "당신은 제국주의자"라
고 하면 싫어해요. 심지어 미국조차 스스로 제국임을 인정하고 싶지
않아 하잖아요. 하지만 저는 제 책에서 제국의 긍정적인 측면을 보여
주려고 했어요. 물론 세계대전을 일으키고 식민지에 억압적인 정책을
폈고 그 밖에도 많은 문제를 일으킨 것은 사실입니다. 하지만 전쟁이
나 억압 같은 문제는 비단 제국에만 국한되는 문제는 아니었어요. 역
사적으로 보면 작은 나라들도 그 점에서는 마찬가지였어요.
제국이 인류 역사에 긍정적으로 기여한 부분은 많습니다. 제국은 지
난 2000년 동안 역사에서 가장 일반적이고 성공적인 정치체제였어
요. 사실상 인류 대부분이 제국 체제하에서 오랜 시간을 살았어요.
그 결과 오늘날 대부분의 지배적인 언어와 종교, 문화가 사실상 과거
제국의 유산이지요. 지금 우리가 이렇게 인터뷰를 하는 것도 영어를
통해 서로 소통이 가능하기 때문입니다. 그게 대영제국의 유산임을

누구나 알지요. 마찬가지로 세계의 다른 주요 언어들, 프랑스어나 아랍어, 러시아어, 중국어도 모두 제국의 유산이에요. 특히 언어는 아주 중요한데, 비단 소통 수단으로서뿐 아니라 우리가 말을 하고 생각하고 꿈을 꾸고 자신을 인식하고 이해하는 데에도 큰 영향을 미칩니다. 제국을 그냥 나쁘다고 배척한다면 제국의 유산인 언어를 쓰는 현실은 어떻게 봐야 할까요? 주요 종교라든가 문화의 주요한 부분들도 마찬가지입니다. 동아시아 경우에도 상당한 문화가 중화 제국의 유산이지요. 인도도 마찬가지예요. 오늘날 인도 사람들은 차tea 없는 삶은 상상도 할 수 없을 정도인데 차는 영국에서 처음 들여온 거지요. 19세기 전까지만 해도 인도에는 차 문화가 없었어요. 제국주의자들이 들여온 거지요.

말씀하신 것들은 과거 제국의 유산인 것이 사실입니다. 앞으로 바람직한 정치체제라는 관점에서는 어떻게 이야기하시겠습니까?

물론 전통적인 형태의 제국, 그러니까 대영제국이나 몽골제국 같은 것은 좋은 생각이 아닙니다. 하지만 21세기에도 인류가 직면한 대부분의 중요한 문제들은 세계 차원의global 문제들이라는 점에 유의할 필요가 있습니다. 지구온난화나 인공지능 같은 신기술의 부상으로 인한 문제들이 그렇습니다. 그런 점을 감안할 때, 세계 각국이 100퍼센트 정치적 독립성을 가지고 결정을 내리면서 살아갈 수 있는 방식은 20세기에는 아주 이상적이었을 수 있습니다. 하지만 21세기에는 그런 식으로 당면한 문제들을 풀 수가 없습니다. 만일 각국이 독자적인 결정만 고수할 경우에는 인류 전체에 재앙을 부르고 말 것입니다. 그렇다고 해서 세계를 지배하는 독재정치 체제가 필요하다고 말하는 것은 아닙니다. 개별 국가 이익을 넘어 인류가 직면한 재앙적 문제에 대처하기 위해 세계 차원에서 효과적으로 작동하는 기구가 필요하다는 뜻입니다.

> 그런 노력이라면 세계대전 후에 생긴 국제연맹이나 국제연합이 있지요. 하지만 국제정치학자들은 개별 국가의 주권 위에서 작동하는 국제 권위체의 등장 가능성에 대해 회의적인데요.

지금 인류가 당면한 문제로 보자면 지금 국제연합보다 더 힘을 가진 무엇이 필요하다고 봅니다. 예를 들어 오늘날 우리는 지구온난화가 인간에 의해 일어난 문제고 생태계는 물론 인류의 생존까지 위협하는 재앙이라는 데 대체로 동의하는 상태입니다. 미래에는 더 나은 해결책이 나올지 모르겠지만 적어도 현재 기술적 수준에서는 지구온난화를 막는 길이 경제성장을 중단하는 길밖에 없습니다. 지금 같은 성장의 길을 계속해서 가는 한 현재 기술로는 지구온난화가 거의 피할 수 없는 일이 될 것입니다. 그런데도 개별 국가들이 각자의 성장 필요성을 우선하기 때문에 온난화를 막기 위한 효과적 조치는 사실상 취하지 않고 있습니다. 교토, 리우데자네이루, 코펜하겐 등지에서 정상들이 수많은 컨퍼런스와 회의를 열고 결의문을 채택했지만 온실가스 배출 그래프를 보면 계속 상승선을 그리고 있습니다. 지난 20년 동안 유일하게 마이너스를 기록한 때가 2008년, 경제 위기가 발생했을 때뿐이었어요. 그러니 온실가스 방출을 막는 유일한 방법은 성장을 멈추는 것뿐인 셈이지요. 하지만 지구 상의 어느 정부도 체제를 막론하고 그런 결정은 내리지 못할 겁니다. 민주주의 미국도 권위주의 중국도 그 점에서는 똑같아요. 중국이 경제성장을 멈추면 당장 혁명이 일어날 겁니다. 미국 대통령도 성장이 멎으면 자리를 내놔야 할 겁니다. 그러니 개별 국가들 차원에서는 어렵다는 이야기지요. 사람들이 말로는 지구온난화를 중단해야 한다고 목소리를 높이면서, 자국이 성장 중단을 감수해야 한다면 어느 나라도 동의하지 않을 겁니다. 이게 국가 단위의 한계이지요.

성장 중단만이 기온 상승을 막을 수 있지만 어떤 나라도 그런 결정은 할 수 없을 거라고 하셨는데, 기술 문명 자체가 갖고 있는 관성도 크지 않을까요?

맞는 지적입니다. 우리가 어느 날 갑자기 기술의 발전을 멈춰보자 하는 식으로 중단시킬 수는 없습니다. 기술의 연구 개발 과정은 일시에 중단되지 않을 겁니다. 하지만 기술 자체가 모든 것을 결정짓는 것은 아니라는 점도 사실입니다. 똑같은 과학적 통찰이나 발명품도 아주 다른 방향으로, 다른 방식으로 사용될 수 있습니다.

산업혁명 시기에 나온 발명품만 봐도 그렇습니다. 증기기관이나 전기, 라디오 같은 것이 쏟아져 나온 19세기의 기술혁명을 어느 누군가 중단시키기는 어려웠을 겁니다. 하지만 똑같은 기술을 가지고도 자본주의냐, 사회주의냐, 파시즘이냐, 자유민주주의냐, 독재 체제냐, 어떤 사회를 만들어갈 것이냐를 택하는 데 있어서는 모든 가능성이 열려 있었습니다. 그것을 어떻게 결정하고 그것으로 무엇을 할 것인지 결정짓는 것은 기술이 아닙니다. 그런 점은 현재 기술도 마찬가지입니다.

기술을 어떻게 사용하느냐의 문제는 열려 있고 우리 선택에 달렸다고 하지만, 현실에서 개개인의 삶은 산업 기술의 산물에 의해 규정될 뿐

기술의 구현 방향은 사실상 실리콘밸리의 혁신가들 손에 달린 것 아닌가요?

맞는 면도 있고 아닌 면도 있습니다. 우선 구글이 뭔가를 개발했을 때 국가나 사회가 규제를 할 수 있습니다. 그런 점에서 인터넷도 애초에는 과거 증기기관과 마찬가지로 여러 방식으로 사용될 수 있었습니다. 인터넷 개발자가 어떤 식으로 써야 한다는 것까지 결정할 수는 없었습니다. 20년 전 인터넷이 개발될 당시만 해도 지금 같은 형태로 사용되는 것이 필연적인 일은 아니었습니다. 더 중요한 것은, 이 점에서는 당신의 지적이 옳은데요, 개별 국가들, 특히 작은 국가는 거대 기업들의 기술 발달을 규제하는 능력에서 점점 뒤처지는 게 사실입니다. 중국 같은 대국은 독자적인 인터넷을 따로 만들 수도 있습니다. 하지만 한국이나 이스라엘 같은 작은 나라들은 훨씬 어렵습니다. 그 점에서 거대 기술 기업의 영향으로부터 독립성을 잃어가는 것은 사실입니다. 그래서 저는 글로벌 차원의 공동의 규제 노력이 필요하다고 주장하는 것입니다. 글로벌 거버넌스global governance를 말합니다. 어떤 상위에서 독재자가 결정권을 좌우하는 방식이 아니라, 지금의 유엔보다는 힘이 있는 국제기구가 규제권을 행사할 수 있으면 좋겠습니다. 신기술의 위험성에 대해 개별 국가 차원에서는 대응이 어려운 만큼 국제 공조가 필요하다는 얘기입니다.

쓰신 책에서 '문명의 역설'을 이야기했습니다. 가령 농경 문명만 해도 인류 차원에서는 진보였지만 다수 개인에게는 불행의 시작이었다고 했지요. 지금 디지털 문명도 어떤 점에서는 그런 것 같습니다.

그렇습니다. 지금 신기술이 인류에게 이전보다 훨씬 더 큰 힘을 주었지만 개인들에게는 아주 큰 스트레스를 안기고 있지요. 많은 사람들이 불행하다고 느낍니다. 예전에는 사무실을 떠나 퇴근하면 그것으로 일은 끝이었습니다. 연락할 방법도 없었고 그럴 생각도 안 했어요. 하지만 지금은 모바일폰에 이메일, 페이스북이 어딜 가든지 당신을 따라다닙니다. 사람들도 거기에 중독돼 있습니다. 누구를 만날 때도 모바일폰을 탁자에 올려놓고는 상대와 대화하면서도 이따금씩 모바일을 쳐다보거나 메시지를 확인합니다. 그 결과 바로 지금 이 순간에 집중하는 기본 능력을 잃고 말았습니다. 저는 이런 현상을 'FOMOFear of Missing Out'라고 부릅니다. 잠깐 사이에도 뭔가 빠뜨리지나 않았을지 불안해하고 확인하고 나서야 안심하는 현대인의 심리 상태를 말합니다. 내가 모르는 무엇이 세상 어디선가 늘 일어나고 있다고 느끼는 거지요. 그 과정에서 지금 여기에 자신이 제대로 존재할 수 있는 능력을 잃어가고 있습니다.

> 과거에는 '군산복합체'에 대한 두려움과 경고가 있었습니다. 지금은 일종의 실리콘밸리 산업 복합체가 인류의 삶을 규정짓고 몰아가는 데 대한 두려움이 있습니다.

그렇습니다. 제 생각에 오늘날 가장 경계해야 할 주요 자원은 데이터입니다. 이제는 더 이상 토지도 석유도 아닙니다. 데이터가 가장 중요한 자원입니다. 예를 들어 미래에 건강의 핵심은 인간 신체에 대한 유전정보가 될 것입니다. 유전자에 관한 막대한 데이터를 가장 먼저 모으는 첫 회사가 시장의 지배적 지위를 차지할 것입니다. 마치 구글이 지금 검색 시장에서 1인자가 된 후에는 다른 누구도 경쟁을 하기 어려워진 것과 같은 식이 될 겁니다.

이런 데이터는 지금 구글이나 페이스북처럼 점점 소수의 회사들한테로 집중되고 있습니다. 그런데도 이 회사들은 수집한 데이터에 대해 아무런 값도 지불하지 않습니다. 사용자들은 이메일이나 페이스북, 이런 서비스를 모두 공짜로 이용하니까 아주 좋게 생각합니다. 하지만 우리는 우리의 정보를 그 회사에 다 넘겨주고 있습니다. 그들은 바로 이 정보들을 다 모아서 힘을 구축해가고 있습니다. 세상에서 가장 강력한 힘이 돼가고 있는 거지요. 데이터가 의료 건강이든 정치든 또 다른 어떤 서비스든 모든 분야의 기반이 되고 있습니다.

그게 사실상 오늘날의 제국 아닌가요?

네, 그들이 새로운 제국이 될 수 있습니다. 데이터의 제국이지요. 지금 미국 대선을 예로 들어볼까요. 가장 큰 질문 중 하나가 유권자들이 공화당과 민주당 둘 중에서 어느 쪽을 지지하느냐는 것이겠지요. 각 캠프는 어떤 사람에게 어떤 이야기를 해야 지지를 끌어낼 수 있을지 궁리합니다. 여기에 필요한 종류의 정보를 페이스북은 가지고 있습니다. 페이스북은 수천만 미국인의 정치 성향을 다 압니다. 일반적으로 선거에서 중요한 것은 부동층의 향배입니다. 정당들로서는 유동적인 부동층을 어떻게 하면 끌어올지가 관건이 됩니다. 누가 부동층이고, 어떤 이야기를 하면 좋을지 두 가지 질문에 대해 페이스북은 데이터를 통해 답을 알고 있습니다. 오클라호마 경선에서 유권자 5만 명을 상대로 트럼프가 무슨 이야기를 해야 지지를 끌어낼 수 있을지에 대해 페이스북은 알 수 있습니다. 이 정보를 페이스북이 정치인들에게 실제로 파는지는 알 수 없습니다. 하지만 선거 결과를 좌우할 수도 있을 데이터를 그들이 가지고 있는 것은 틀림없습니다.

> 기술에 대한 또 다른 우려로 그것이 부의 양극화를 심화시킨다는 지
> 적도 있습니다. 그런 양극화에 대한 완화 장치가 민주주의 기제를 통
> 한 개입일 텐데 그마저 고장 났다는 목소리가 높은데요.

현재 세계 많은 곳에서 채택해서 실행되고 있는 민주주의는 20세기 유산입니다. 과거 산업사회 시대의 기술적·경제적 조건에서 생겨나서 적응한 정치형태입니다. 따라서 지금 바뀐 사회 환경에서는 제대로 작동할 수가 없습니다. 전통적인 농경 사회였던 아프가니스탄에 미국이 들어가서 민주주의를 이식했을 때 제대로 작동하지 못한 것과 같은 이치입니다. 민주주의라는 제도 역시 역사적 산물입니다. 일정한 기술적·경제적·사회적 조건을 기반으로 성립합니다. 마찬가지로 현재 가장 앞선 사회들의 경우 그동안 진행된 변화로 인해 20세기 민주주의 정치 기제는 낡은 것이 돼버렸습니다. 그것이 토대로 삼았던 과거의 경제나 기술적 환경이 변했습니다. 예전의 민주주의 모델은 이제 고도로 선진화된 사회에서는 적실성이 떨어졌다고 할 수 있습니다. 미국 같은 나라에서도 정치적 의사 결정이 내려지는 사안들을 보면, 세계 차원에서 정말 중요한 사안에 대한 결정과는 무관한 것이 되고 있습니다. 오늘날 세계에서 중요한 결정을 필요로 하는 사안들은 모두 새로운 기술과 관련된 것들입니다. 인터넷, 인공지능, 생명공학 기술, 유전학, 컴퓨터공학에 관련된 이슈들입니다. 그런 문제에 대한 결정을 내리려면 과학적 이해가 필요한데 대부분의 유권자들은 이 문제에 기본 이해나 소양이 부족합니다. 전통적인 의회나 선거 구성이나 운영 방식은 지금 기술로 인한 사회 변화에 적응이 너무 늦습니다. 그

결과 지금 의회나 정치권에서 논쟁하고 있는 것들은 대개 옛날 의제들입니다. 국가 정체성이라든가, 이민자 같은 지역(개별 국가) 정치 중심입니다. 사실 이 문제들이 정말로 가장 중요한 문제여서라기보다 대중이 쉽게 알아들을 수 있고 지지를 끌어낼 수 있는 문제이기 때문에 그걸로 싸웁니다. 그러다 보니 정작 가장 중요한 문제는 제대로 논의되지 못하고 있고, 선거에서도 이슈가 되지 못하고 있습니다. 미국도 지금 대선의 최대 쟁점이 멕시코 이민자 정책입니다. 대중이 알아들을 이야기만 하는 거지요. 그 결과 정말 사회적으로 중요한 문제와 현실 정치권이 다투는 문제 사이에 큰 간극이랄까 격차가 생기고 있습니다. 정작 심각한 문제를 다루지 못하고 있는 상황이 아주 심각한 문제라고 생각합니다. 그런 면에서 새로운 종류의 시스템이 필요합니다.

지금 민주주의 기제가 낡은 유산이라면 구체적으로 어떻게 개선해야 할까요?

우리는 아직은 대안적인 모델을 갖고 있지 않습니다. 그런 모델을 만드는 데 많은 시간과 노력이 필요할 겁니다. 사람들은 즉각적인 해답을 원합니다. 그런 것은 현재로서는 없습니다. 시간이 필요합니다. 우선 필요한 걸음은 현존 모델들의 한계를 인정하고 새로운 출발의 필요성을 인정하는 것입니다. 무엇보다 새 모델의 창출 과정이 과거보다는 덜 폭력적이기를 바랄 뿐입니다. 과거 인류는 평화로운 산업사회를 건설하기 위해 상대적으로 좋은 모델을 찾기까지 수십 년간 전쟁과 대량 학살을 겪어야만 했습니다.

현재 심각한 불만과 불안의 원인 중 하나가 실업입니다. 사회 갈등의 원인이기도 합니다. 자동화로 더 악화되고 있습니다. 심지어 인간의 (경제가치의) 무용성까지 거론됩니다. 일자리가 없어지고 경제 수요도 부족해지는 상황을 우려해 '보편기본소득제universal basic income'가 대안으로 논의되고 실험되는 상황인데요.

우리는 단연코 새로운 모델이 필요합니다. 문제는 보편기본소득제가 듣기에는 아주 좋은 이론인데 현실에 적용했을 때는 예측하지 못했던 온갖 일이 일어날 수 있다는 점입니다. 공산주의가 이론만으로 보면 얼마나 좋습니까. 모두가 능력에 따라 일하고 필요에 따라 나눈다는 것은 듣기에는 아주 좋습니다. 하지만 현실에 적용했을 때는 알다시피 문제가 많았습니다.

모두에게 일정한 기본 소득을 나눠준다는 새로운 모델에 대해서는 두 가지 문제를 생각할 필요가 있다고 봅니다. 첫째, 사람들에게 기본 소득을 무상 제공하면 그 사람들이 정치적 힘을 잃게 될 겁니다. 원래 정치적 힘은 경제적 중요성과 같이 가는 것입니다. 정치적 힘은 그 사람에 대한 필요성에서 나옵니다. 하지만 이 모델에서는 국가가 사람에 대한 필요성이나 가치를 쳐서 주는 게 아니라 어디까지나 시혜적이고 동정적인 지원입니다. 잘 작동될 수도 있지만, 사람들의 생존이 그저 엘리트의 친절이나 호의에 의존할 때 아주 위험한 상황이 될 수 있습니다. 만일 어느 순간 그 결정을 철회하려 할 때 수혜자들을 보호해줄 장치가 없으면 위험한 상황이 될 수 있습니다. 또 다른 문제는 심리적인 차원의 것입니다. 사람들이 일자리를 필요로 하는 것은 단순히 먹고살기 위한 경제적 수입 때문만은 아닙니다. 일은 사람에게 삶의 의미를 주기도 합니다. 하는 일 없이 삶에서 의미를 찾는 것도 가능은 하겠지만 쉽지 않습니다.

미래 사회에서 가장 주된 과제 중 하나는 인생의 의미를 찾는 것일 겁니다. 사람들이 먹을 것이나 필요한 것을 마련하기 위해 일을 해야 할 필요성은 사라지고 정부나 국가로부터 지원을 받을 수 있다고 해도 남는 문제는 무엇이 사람들에게 인생의 의미를 제공할 것이냐 하는 것입니다. 여기에 대해서는 온갖 아이디어들이 있을 수 있습니다. 밖에 나가 놀거나 여행을 하거나 다른 여러 방식으로 즐기는 것도 있을 수 있습니다. 종일 컴퓨터 앞에서 가상 게임을 즐길 수도 있습니다. 각자의 대답이 무엇인지에 대해 제가 답을 할 수는 없습니다. 다만 우리가 이런 문제를 논의할 때 단순히 먹을 것을 위한 일이 아니라, 심리적 차원에서 사람들이 어디서 인생의 의미를 찾을 것이냐는 측면도 중요하다는 점을 강조하고 싶습니다. 이미 지금 선진국에서는 경제적으로는 별 어려움이 없으면서도 정신적인 문제들 때문에 신음하는 사람이 많습니다. 심리적 불안이나 우울증 같은 정신 질환을 앓는 사람들 말이지요. 인생에서 의미를 찾는 데 어려움을 겪기 때문입니다. 이런 문제가 미래에는 더 심각해질 것입니다.

　　삶의 의미가 중요한 문제고 각자 답을 찾아야 할 문제라면 당신에게 삶의 의미는 무엇인가요?

(물을 한 모금 마시면서 잠시 생각을 한 후에) 저는 개인적으로 삶의 의미보다는 진실truth에 더 관심이 있습니다. 실상reality을 이해하는 겁니다. 나 자신과 세상에 대한 진실을 아는 것. 그게 제게는 가장 중요합니다. 아마도 그게 제 인생에 의미를 주는 것이라고 할 수도 있겠습니다. 그것이 저로 하여금 노력을 하게 합니다. 세상에 대한 진실을 이해하기 위한 노력…….

> 인간이 더 이상 우주의 중심도 아니고 특별한 지위를 주장할 수도 없
> 다면 세상에서 우리의 존재를 어떻게 정당화할 수 있을까요? 인간의
> '존재 이유raison d'être'는 뭐라고 생각하세요?

우리가 아는 최선의 과학적 지식에서 보자면 우주든 인류든 아무런 의미도 목적도 없습니다. 인류가 미리 예정된 중심적 역할을 수행하는 거대한 우주적 드라마 같은 것은 없습니다. 굳이 세상에서 우리의 존재를 정당화할 필요는 없습니다. 그저 이곳에 존재할 뿐이지요. 우리의 주된 목표는 생명 너머의 더 위대한 의미를 찾기보다는, 고통을 줄이고 우리 자신에 대한 진실을 아는 것이라고 말하겠습니다. 그 점에서 우리는 지금까지 큰 진전을 이루지 못했습니다.

> 당신은 당신의 책에서도, 방한 후에 한 다른 인터뷰에서도 인류의 미
> 래와 관련해 직면한 문제는 진정으로 자신이 원하는 것이 뭔지 모르
> 는 것이라고 했습니다. 하지만 자유, 평등, 행복 같은 것은 보편적 가
> 치에 대해 대체로 합의가 이루어진 것 아닌가요? 또한 많은 사람들은
> 지금의 불공정이나 불균형한 분배를 해결해야 할 보편적 사회문제라
> 고 생각하는 것 같습니다.

개인적으로 그런 가치들에 대해 충분히 공감합니다. 하지만 역사가로서 저는 그것들이 상대적으로 새로운 가치들이라는 사실을 지적해야만 할 것 같습니다. 그리고 그 가치들이 정말 보편적으로 인정되는지에 대해서는 우리의 현실을 보면 심지어 오늘날에도 의문의 여지가 있습니다. 게다가 이런 가치들은 어떤 기본적인 사회 조건들을 확보한다는 것을 가리킬 뿐입니다. 그것들을 인류의 삶의 목적으로 삼을 수

는 없습니다. 인간의 삶의 목적이 단지 평등하고 자유로워지는 것일까요? 아니면 평등과 자유를 이용해서 또 다른 무언가를 추구하는 것일까요?

가령 상대적으로 아주 자유롭고 평등한 사회가 있다고 가정해보지요. 그 사회에서 사람들은 자신들이 이해하는 한 최고의 행복을 추구할 자유를 누린다고 칩시다. 그러고 난 다음에는요? 이 사회의 사람들은 무엇을 추구해야 할까요? 실제로는 스웨덴부터 한국에 이르기까지 최소한 일부 사회들의 경우에는, 역사상 이전의 수많은 사회들보다 기본적인 사회 조건은 더 잘 충족된 상태에 있다고 할 수 있습니다. 하지만 바로 이 사회들이 지금은 지구 생태계를 재앙적인 방향으로 이끌고 있습니다. 왜냐하면 그 사회의 시민들이 진정으로 인생에서 무엇을 원하는지는 모르고 살아가고 있기 때문입니다. 그 결과 그들은 극단적인 소비주의 이데올로기를 무의식중에 그대로 받아들인 상태에서 과다한 소비생활에서 의미와 행복을 찾고 있는 것처럼 보입니다.

앞으로 삶의 의미를 찾는 것이 중요한 문제가 될 거라고 한다면 종교적 사고의 부활을 뜻하나요?

전통 종교보다는 새로운 종교들이 일어날 가능성이 높습니다. 유대교, 기독교, 이슬람교 같은 전통 종교들은 21세기 현실에 점점 적실성이 떨어지고 있습니다. 사람들은 혼돈스럽고 급변하는 세상에서 안전을 찾으려는 희망에서 아직도 전통 종교들에 매달리고 있습니다. 하지만 성경은 인공지능과 생명공학 기술에 관해 해줄 만한 적실한 이야기가 별로 없습니다. 왜냐하면 성경을 기록한 시대의 사람들은 알고리즘과 유전자에 대해서는 몰랐기 때문이지요. 19세기 산업혁명이 사회주의와 같은 신흥 종교(자신들은 '이데올로기'라고 불리는 것을 선호하겠지만)의 출현을 낳은 것처럼 21세기 새로운 산업혁명은 아마도 추종자들에게 모든 오랜 보상들—번영, 정의, 행복, 심지어 지상의 낙원—을 약속하는 새로운 종교들의 출현을 낳게 되지 않을까요. 이번에는 초자연적인 존재의 도움에서가 아니라 기술의 도움을 통해 실현한다는 약속으로 말이지요.

> 당신을 '트랜스휴머니스트transhumanist' '포스트휴머니스트post-humanist'라고 부르는 사람도 있더군요.

어떤 점에서는 맞고 어떤 점에서는 틀린 말입니다. 맞는다는 말은 이런 점에서입니다. 지난 300~400년 동안 인류에게 지배적인 이념은 휴머니즘이었습니다. 인간 존재가 우주의 중심이고 모든 권위는 인간의 느낌feeling에서 나온다는 거지요. 정치적 권위를 결정하는 데에 있어서도 유권자들이 가장 잘 안다는 것을 전제로 했고, 경제에서도 고객·소비자가 항상 옳다는 것을 전제로 했지요. 사람들의 느낌이 최고의 심판자였고, 그런 점에서 늘 인간이 중심이었습니다. 하지만 이제 중심은 인간으로부터 이동하고 있습니다. 제가 포스트휴머니스트라는 점은 그런 뜻에서입니다. 휴머니즘의 시대, 역사에서 인간이 중심으로 여겨지는 시대는 갔다는 뜻입니다. 그다음 역사의 단계에서는 두 가지가 연관돼 있습니다. 첫째, 권위가 인간에서 인간 밖의 시스템으로 이동한다는 겁니다. 빅데이터와 알고리즘으로 이뤄진 시스템 말입니다. 두 번째로 제가 포스트휴머니스트라는 뜻은 '휴머니티humanity, 인간 됨' 자체가 변하고 있다는 점에서입니다. 생명공학, 컴퓨터공학과 더불어 인간의 몸과 뇌가 바뀌고 있습니다. 이제 사이보그와 인공지능을 만들 수 있게 됐습니다. 인류가 지구 상에서 등장한 지 수천 년이 지나 이제 새로운 시대가 열린다고 할 수 있습니다. 호모 사피엔스가 아닌 새로운 존재가 등장하게 된다는 뜻입니다.

하지만 이와 동시에 제가 포스트휴머니스트라 불리는 것에 경계하는 이유가 있습니다. 저는 앞에서 말한 그런 변화에 그렇게 열광적이지도 긍정적이지도 않다는 사실 때문입니다. 대체로 포스트휴머니스트 사상가들은 이런 변화가 아주 좋은 것이고 더 적극적으로 촉진해야 한다고 생각합니다. 생명공학 기술을 통해 인간을 업그레이드하고 사이보그를 만들어야 한다고 보는 거지요.

하지만 저는 그런 것에 대해 그들보다는 비판적인 편입니다. 그런 움직임이 일어나고 있다는 현실에는 동의하지만 아주 조심해야 한다고 봅니다. 우리가 더 강력한 시스템을 구축하게 됨으로써 더 큰 힘을 가질 수는 있겠지만 그것이 더 나은 행복한 세상을 만드는 것은 아니기 때문입니다.

호모 사피엔스의 시대가 저물고 있다면 그다음 새로운 종의 출현을 구분하는 기준은 무엇인가요?

확연한 구분 선은 없습니다. 호모 사피엔스가 새로운 종 혹은 완전히 다른 생명의 형태로 진화하는 것은 급작스러운 혁명적 변화가 아니라 수 세기는 아니어도 최소한 수십 년 동안 단계적인 과정을 거치게 될 가능성이 높습니다. 새로운 종을 구분하는 것은 최소한 신체와 정신적 능력의 변화가 될 것입니다. 아마도 근본적으로 다른 종류의 존재(예를 들어 사이보그와 인공지능)는 비유기적 몸체를 갖고 있을 수도 있습니다. 그러니까 지금처럼 유기적 몸체를 가졌거나 현재 알려진 물리적 실체에 자리 잡기보다는 주로 가상적인 실체에 자리 잡게 될 가능성이 높다는 거지요.

> 기술의 혜택이 부의 불평등과 결합하면서 인간의 우열이 더 노골화되는 새로운 계급사회를 낳게 될 거라는 우려에 대해서는 어떻게 생각하세요?

그 문제에 대한 해답을 갖고 있지는 않습니다. 하지만 그런 두려움은 아주 현실적인 것이라고 생각합니다. 새로운 기술의 부상, 특히 생명공학 기술과 인공지능은 역사상 가장 불평등한 사회로 귀결되고 말 수 있습니다. 고용 시장에서 알고리즘이 인간을 대체하면서 점점 더 많은 부가 점점 더 소수알고리즘을 통제하는 사람들의 손에 집중될 것입니다. 생명공학 기술은 역사상 처음으로 경제적 불평등을 생물학적 불평등으로 전화하는 것을 가능하게 할 겁니다. 그것은 무척 두려운 일입니다. 하지만 미리 좌절해서는 안 됩니다. 그 문제는 우리가 직면하게 될 위험한 가능성들 중의 일부일 뿐입니다. 불가피한 결과는 아닙니다. 우리가 현명하게 행동하면 이런 위험한 결과를 피할 수 있다고 생각합니다.

> 인공지능의 발달 전망을 두고 당신은 의식과 지능의 '디커플링 decoupling. 절연'을 이야기했습니다. 그럴 경우 의식은 없어도 지능이 뛰어난 '초지능superintelligence'의 출현은 얼마든지 가능하다는 얘기지요. 그렇다면 의식까지 갖춘 초지능의 출현을 뜻하는 '특이점 singularity'이 도래할 가능성은 어떻게 보나요? 그런 인공지능이 인류에게는 위협이 될 수 있다는 호킹 박사의 경고에 대해서요?

의식이 없는 초지능만으로도 인류에게는 거대한 위협이 될 수 있습니다. 인공지능이 택시를 몰거나 질병을 진단할 때도 의식까지 있을 필요는 없습니다. 그런 '무의식 인공지능'은 수십억의 사람을 고용 시장에서 내몰 수도 있습니다. 마찬가지로 그런 의식 없는 인공지능이 부주의하게 (혹은 부주의한 지시를 따르다가) 인류의 파괴를 실행할 수도 있습니다. 이런 게 모두 인공지능의 의식 유무와는 상관없이 일어날수 있는 일들입니다. 따라서 저는 호킹 박사의 우려가 아주 정당하다고 봅니다.

남녀노소 모두가 미래를 불안해합니다. 기술 변화로 인해 일과 삶이 위협받고 있다고 느끼기 때문인 것 같습니다. 어떤 조언을 해주실 수 있겠습니까?

점점 빨리 변하고 혼돈스러운 세상에서 가장 중요한 것은 자신도 변화하고 학습하는 법을 배우는 것입니다. 이제 사람들은 더 이상 일생에 걸쳐 고정된 경력이나 고정된 직업 정체성을 기대할 수 없습니다. 자신을 반복해서 재발명해야만 할 겁니다. 이런 일은 아주 힘이 들겠지요. 왜냐하면 일정 나이를 넘어가면 사람들은 변화를 점점 싫어하게 돼 있기 때문입니다. 특히 자기 자신의 변화는 더 그렇습니다. 하지만 그렇게 하는 것을 배우는 수밖에는 다른 방법이 없습니다.

당신은 전통 교육은 쓸모없다고 했습니다. 만일 당신에게 자녀가 있다면 어떻게 키우고 가르칠 건가요? 전통적인 도덕적 가치와 덕목이 여전히 중요하다고 보십니까? 그렇지 않다면 대안은요?

이전까지 전통 교육은 학생들에게 평생에 걸쳐 도움이 될 정보와 옳은 대답, 일련의 기술과 정체성을 제공하는 데 초점을 맞췄습니다. 지난 시대에는 아마도 그걸로 충분했는지 모릅니다. 정보가 희소하고 세상이 상대적으로 느린 속도로 변했을 때니까요. 따라서 10대 시절에 배운 것들이 50세가 된 후에도 여전히 아주 유용했습니다. 하지만 지금은 정보가 넘쳐납니다. 세상은 너무나 빠른 속도로 변하고 있습니다. 30년 후에 어떻게 될지 아무도 모를 정도지요. 지금과는 완전히 다를 거라는 사실만 알 수 있을 뿐입니다. 10대가 지금 무엇을 배우든지 50세가 되었을 때는 아마도 소용없을 가능성이 높습니다.

그래서 저 같으면 정보 습득보다는 감성 지능을 발달시키는 데, '옳은 해답'을 고집하기보다는 질문을 하도록 하는 데, 일련의 정해진 기술과 정체성을 습득하는 것보다는 자신을 변화시킬 줄 아는 능력을 배우는 데 초점을 맞추고 싶습니다. 그런 측면에서라도 도덕적 가치는 아주 중요합니다. 강한 도덕적 기초가 없으면 그토록 혼돈스럽고 폭풍 속 같은 세상을 항해하는 것은 거의 불가능할 테니까요. 하지만 동시에 우리는 종교적 독단주의와 광신을 경계해야 합니다. 특히 혼돈의 시기에 사람들은 어떤 확고하고 절대적인 해답을 원합니다. 많은 종교가 자신들이야말로 신으로부터 직접 받은 무오류의 해답들을 제시한다고 하지만 사실은 그 역시 인간의 상상력의 산물일 뿐입니다. 과거 인류 역사에서 대부분의 윤리는 신이나 민족 같은 허구적 존재에 대한 믿음에 기초했습니다.

따라서 앞으로 강한 도덕적 기초를 만들어낼 때 결정적으로 중요한 것은 허구에서 실재를 명확히 구분하는 것입니다. 우리는 '무엇이 정말 실재하는 것인지what is really real' 물어야 합니다. 실재하는지 여부를 가려내는 최선의 시험 중 하나가 고통입니다. 어떤 존재가 실재하는지 알고 싶다면 자신에게 이런 질문을 해보시기 바랍니다. '그것은 실제로 고통을 느낄까?' 제우스 신전이 불타 내린다고 해서 제우스가 고통을 느끼지는 않습니다. 유로 가치가 폭락한다고 해서 유로가 고통을 느끼지는 않습니다. 은행이 파산한다고 해서 은행이 고통스러워하지는 않지요. 국가가 전쟁에서 패한다고 해서 국가가 실제로 고통을 느끼는 것도 아닙니다. (여기서 주어로 쓰인 것들은) 모두 단지 은유일 뿐이지요. 반면에 한 병사가 전투에서 부상당하면 그는 실제로 고통을 느낍니다. 투자자가 주식시장 버블이 꺼져 재산을 잃게 되면 고통을 느낍니다. 산업화된 대규모 공장식 농장에서 젖소가 갓 태어난 송아지와 분리되면 고통을 느낍니다. 이런 것은 실재하는 것입니다. 우리의 도덕은 어떤 허구에 봉사하기보다 실재하는 고통을 줄이는 것을 목표로 해야 합니다.

새로 나올 책 제목이 '내일의 역사The History of Tomorrow'더군요. 소개를 좀 해주실 수 있습니까?

제목이 그렇다고 해서 미래에 대한 전망을 담은 책은 아닙니다. 21세기에 인류가 직면할 여러 상이한 가능성들을 조망해보려는 시도입니다. 우리가 맞게 될 주된 기회와 위험과 도전 들은 무엇일까 질문하고 답을 제시해봤습니다. 특히 인공지능과 유전공학 같은 기술 발달에 초점을 맞췄습니다. 하지만 기술 도서는 아닙니다. 가령 인공지능의 기술적 측면을 천착하지 않습니다. 그보다는 신기술들의 부상이 담고 있는 정치적·사회적·문화적·종교적 함의들에 주로 관심을 뒀습니다.

첫 책 『사피엔스』에 이어 두 번째 책인 『호모 데우스』도 큰 주목을 받두 책이 이 정도로 성공을 거둔 것은 오늘날 인류가 직면한 가장 중요한 질문들을 다루고 있기 때문이라고 생각합니다. 그리고 그런 문제를 모든 사람들이 쉽게 다가가고 빠져들어 이해할 수 있도록 다뤘기 때문이라고 생각합니다. 기술은 이제 인간을 신적인 존재로 격상시키고 있습니다. 이것은 단순한 비유가 아니라 말 그대로 현실이 그러합니다. 우리가 전통적으로 신적인 능력이라고 여겨왔던 능력을 우리가 얻어가고 있는 겁니다. 특히 생명을 설계하고 창조할 수 있는 능력이 그렇습니다. 성서에서 신이 동식물과 인간을 자신의 뜻에 따라 창조했던 것과 마찬가지로 21세기에 우리는 아마 동식물은 물론 인간까지 우리의 바람대로 설계하고 만드는 법을 알게 될 가능성이 대단히 높습니다. 유전공학을 활용해 새로운 유기체를 만들어낼 것이고, 두뇌-컴퓨터 간 직접적인 인터페이스를 활용해 사이보그를 만들어낼 것입니다. 또 유기체와 비유기체를 부분적으로 결합한 존재는 물론 완전히 비유기체로만 된 존재를 만드는 데도 성공할지 모릅니다. 21세기 경제의 주요 생산품은 직물이나 자동차나 무기가 아니라 신체와 두뇌와 정신mind이 될 것입니다. 따라서 그런 막대한 힘을 가지고 무엇을 할지를 알기 위해서는 우리의 지난 역사와 현재 21세기에 직면한 선택지 모두를 이해할 필요가 있습니다.

바로 이런 이야기가 제가 두 책에서 시도했던 것들입니다. 『사피엔스』는 석기시대부터 오늘날에 이르기까지 인류가 지내온 역사를 축약하면서 보살것없는 유인원이 지구의 지배적인 존재로 바뀌어온 과정을 설명했습니다. 『호모 데우스』에서는 21세기 인류에게 무슨 일이 벌어질지에 대해 생각해봤습니다. 기술과 정치, 사회, 종교 간의 상호작용에 초점을 맞췄습니다.

저자로서 일찍 크게 성공한 셈인데요, 그 후 삶에 변화가 있었나요?

네, 확실히 그렇습니다. 저의 성공에 대해서는 아주 기쁘게 생각합니다. 이런 책을 연구하고 쓰기 위해서 대단히 열심히 노력한 후에, 그 결과물이 실제로 사람들에게 다가가 세상을 좀 더 잘 이해할 수 있도록 도움을 주었다는 사실을 안다는 것은 좋은 일입니다. 그렇지만 동시에 안 좋은 면도 있습니다. 이전보다 자유 시간이 훨씬 줄었고, 해야 할 일은 훨씬 더 늘었습니다. 세계 각지로 여행을 다니면서 거의 매일같이 인터뷰를 합니다. 그렇게 하면서도 예전에 비하면 더 많은 사람들을 실망시켜야만 합니다. 10년 전만 해도 제가 누구인지 아무도 몰랐고, 아무도 제게 어떤 것을 기대하지 않았습니다. 지금은 수많은 인터뷰와 강연과 프로젝트 요청을 받고 있습니다. 그중 95퍼센트는 거절을 해야만 합니다.

두 책 다 인류의 거대한 이야기를 다루면서 일반 독자들에게도 쉽게 읽힙니다. 글쓰기 비결이 뭔가요? 나름의 어떤 훈련을 거쳤나요?

책을 쓸 때 대학교수들이 아니라 우리가 살고 있는 세계를 이해하고 싶어 하는 탐구욕 있는 익명의 독자들을 염두에 두고 썼습니다. 종종 저의 독자를 지적인intelligent 10대로 상상합니다. 가령 자본주의경제나 뇌과학 같은 어떤 복잡한 주제에 대해 글을 쓸 때마다 이렇게 자문합니다. '17세 청소년이 이걸 이해할 수 있을까?' 그렇게 해서 제가 쓴 글이 자본주의를 17세에게 설명할 수 없다면 아마 저 자신이 그 주제를 충분히 잘 이해하지 못했을 가능성이 아주 큽니다. 대학교에서 학부생들을 가르치면서 저 자신을 훈련합니다. 수업 시간에 제가 자본주의 같은 것을 설명하는데 학생들이 이해하지 못한다면, 제가 생각을 더 열심히 할 필요가 있다는 뜻입니다.

> 최근에 〈파이낸셜타임스〉에 기고한 칼럼에서 페이스북의 새로운 사명 선언문을 비판한 것이 인상적이었습니다. 그 글을 쓰게 된 특별한 이유가 있나요? 알고리즘에 의해 우리의 삶이 조직화되는 것에 대해 우려하시나요?

그렇습니다. 저는 알고리즘이 우리 삶에 미치게 될 영향에 관해 대단히 우려합니다. 충분한 규모의 데이터와 충분한 능력의 컴퓨팅 능력이 합쳐지면서 기업과 정부는 곧 내가 나 자신을 아는 것보다 나에 대해 더 잘 알게 될 겁니다. 그렇게 되면 (우리 삶을 좌우할) 권위는 나로부터 알고리즘으로 옮겨 가게 될 겁니다. 알고리즘은 점점 더 내 욕구를 이해할 수 있게 되고 나의 결정을 예측하게 되고 심지어 나를 대신해 더 나은 선택을 하게 될 겁니다. 우리의 모든 이메일을 읽을 뿐 아니라 우리가 구입하는 것도 다 모니터링할 겁니다. 심지어 바이오메트릭 센서를 사용하면 우리 몸과 두뇌 안에서 벌어지는 것들도 실시간 추적할 수 있을 겁니다. 우리가 긴장했을 때는 혈압이 어떻게 되는지, 어떤 일을 실패했을 때는 두뇌의 어떤 영역의 뇌파 신호가 밝아지는지도 다 알 겁니다.

반면에 우리는 우리에게 일어나는 거의 모든 것에 대해 잊고 삽니다. 그 결과 정작 자기 자신에 대해 아주 부정확한 인상을 갖게 됩니다. 하지만 구글과 텐센트Tencent는 내 모든 것을 기억합니다. 무서울 정도의 정확성으로 우리가 진짜 어떤 사람인지 알 수 있게 될 겁니다. 이런 논리를 확장해가다 보면 결국에는 구글과 텐센트가 심지어 나의 이상적인 결혼 상대까지 정해줄지도 모르고, 이번 선거에서 누가 내 정견에 가장 부합하는 후보인지 결정해줄지도 모릅니다. 알고리즘은 이처럼 엄청난 잠재력을 갖고 있습니다. 동시에 그만큼 엄청난 위험을 갖고 있습니다. 알고리즘이 우리를 너무나 잘 알게 됨에 따라, 독재 정부는 자국 시민들에 대해 절대적인 통제력을 얻게 될 수 있습니다. 심지어 나치 독일보다 더한 힘을 갖게 될 수 있습니다. 그런 독재에 대해서는 저항이 아예 불가능해질 수도 있습니다. 심지어 민주주의국가에서도 사람들은 알고리즘에 따른 새로운 유형의 억압과 차별의 희생물이 될 수도 있습니다. 이미 점점 더 많은 은행과 기업, 기관 들이 알고리즘을 활용해 우리에 관한 데이터를 모으고 분석하고 우리에 관한 결정을 내리고 있습니다. 가령 우리가 은행에 대출을 신청하면 사람보다는 알고리즘이 신청서를 처리할 가능성이 높습니다. 알고리즘은 한 고객에 대한 수많은 데이터와, 그와 다른 수백만 명의 사람들에 대한 통계치를 처리합니다. 그것을 토대로 누군가에게 대출을 줘도 될 정도로 믿을 만한 사람인지 판단합니다. 그런 일은 알고리즘이 은행 직원보다 더 잘할 겁니다.

하지만 문제는 그 과정에서 알고리즘이 어떤 사람들을 '부당'하게 차별하더라도 알기가 어렵습니다. 은행은 대출 거부 사유를 알고리즘에 돌리겠지만, 알고리즘의 거부 사유에 대해서는 은행도 모를 수 있습니다. 알고리즘은 단지 앞선 기계적 학습에 기초해서 판정을 내릴 따름입니다. 과거 사람들은 여성, 게이, 흑인이라는 특정 집단 전체를 차별했고, 여성과 게이, 흑인은 이런 차별에 대항해 조직화하고 시위를 벌였습니다. 그러나 앞으로는 알고리즘이 누구를 차별할지 모르지만 당사자는 왜 그런지조차 알 수 없을 겁니다.

> 지난번 인터뷰에서, 어릴 적부터 가졌던 근원적 호기심을 가지고 끝까지 매달린 끝에 책을 썼다고 했습니다. 지금 가장 궁금한 것은 무엇인가요?

인간의 정신mind과 의식consciousness의 문제입니다. 우리는 두뇌를 이해하는 데 큰 진전을 이뤘습니다. 그러나 정신을 이해하는 데는 진전 폭이 아주 작습니다. 많은 과학자들을 포함해 많은 사람들이 두뇌와 정신을 혼동하는 경향이 있습니다. 그러나 실제로는 아주 다른 것입니다. 두뇌는 뉴런과 시냅스로 된 물질적인 네트워크입니다. 반면에 정신은 고통과 기쁨, 분노, 사랑 같은 주관적 경험의 흐름입니다. 과학은 두뇌가 어떤 식으로든 정신을 만들어낸다고 가정합니다. 그리고 수십억 개의 뉴런에서 일어나는 생화학적 반응이 어떤 식으로든 고통과 사랑 같은 경험을 만들어낸다고 가정합니다. 그렇지만 아직도 우리는 두뇌에서 정신이 어떻게 발현하는지에 대해서는 제대로 설명하지 못하고 있습니다. 어떻게 해서 어떤 때는 수십억 뉴런이 특정 패턴으로 전기신호를 내보낼 때 내가 고통을 느끼고, 또 다른 패턴으로 신호를 내보낼 때는 사랑을 느끼는 걸까. 여기에 대해 우리는 아무것도 모릅니다. 이것이야말로 우리가 생명을 이해하는 데 있어서 현재 가장 큰 빈틈입니다. 그리고 이것은 아주 위험한 빈틈이기도 합니다. 과거 수세기 동안 우리는 바깥 세계에 대한 통제력을 얻어왔습니다. 전 지구를 재편해왔습니다.

그럼에도 불구하고 정작 우리를 행복하게 만들지는 못했습니다. 오히려 어떤 면에서는 나빠졌습니다. 그 이유는 우리가 지구 생태계의 복잡성을 이해하지 못했기 때문입니다. 우리가 만들어낸 변화가 부주의하게 전 생태계를 교란했기 때문입니다. 오는 세기에 우리는 우리의 내부 세계를 통제할 수 있을지 모릅니다. 그렇게 해서 우리의 몸과 두뇌를 재편할 수 있을지 모릅니다. 그러나 그것이 반드시 우리를 훨씬 더 행복하게 만들지는 않을 겁니다. 더 나빠질지도 모릅니다. 왜냐하면 우리는 정신의 복잡성을 다 이해하지 못한 상태이기 때문입니다. 우리가 만들어내는 변화가 부주의하게도 우리의 모든 정신 시스템을 전복시키게 될지도 모르기 때문입니다.

저술 외에 각종 기고와 강연 활동도 많은 것 같습니다. 일상생활은 어떤가요? 규칙적인 리추얼 같은 게 있나요?

집에 있을 땐 보통 매일 비슷한 일과로 시간을 보냅니다. 일어나면 한 시간 명상으로 하루를 시작합니다. 그 후 아침 식사를 하고 약 예닐곱 시간 컴퓨터 앞에서 일을 합니다. 그다음 요가를 하고, 다음 한 시간 정도 개를 데리고 인근 숲으로 산책을 나갑니다.(어쩌면 개는 핑계일 뿐이고, 제가 컴퓨터와 이메일에서 벗어나 수목과 동식물을 좀 볼 시간을 갖기 위한 것입니다.) 그 후 또 한 시간 동안 좌정해서 명상을 합니다. 그 후엔 가끔 배우자와 같이 친구들을 만나거나 영화를 봅니다. 그다음 잠자리에 듭니다.하라리는 커밍아웃한 게이이며 배우자와 함께 산다. 배우자는 하라리의 일정과 대외 업무를 관리하는 매니저이기도 하다. 아시다시피 명상은 제 생활에서 중요한 역할을 합니다. 매일 두 시간 명상을 할 뿐 아니라 매년 30일에서 60일 사이 긴 명상 휴식을 위해 떠납니다. 저의 연례 휴가입니다. 저는 위파사나Vipassana 명상을 수행합니다. 고엔카S. N. Goenka. 버마 태생의 인도인으로 위파사나 전문가. 1969년 인도로 가서 명상 교육을 시작했고 여러 나라에 알려졌다라는 교사에게서 배운 것입니다. 위파사나에는 복잡한 철학이나 어떤 신비한 이론이 없습니다. 유일한 지침은 실체reality를 있는 대로 관찰하는 것입니다. 바로 지금 내 정신 안에서 무슨 일이 일어나고 있는지를 관찰합니다. 정신은 몸의 감각들과 끊임없는 접촉 상태에 있습니다. 매 순간 우리는 몸 안의 어떤 감각을 체험하고 정신은 그것에 반응합니다. 위파사나를 통해 몸의 감각들과 그것에 대한 정신의 반응을 질서 있고 객관적인 방법으로 관찰하는 법을 훈련합니다. 그렇게 함으로써 우리의 가장 깊은 정신적 패턴을 발견할 수 있습니다. 저로서는 이런 명상을 통해 직접 관찰할 수 있었던 것들이 어떤 기술의 도구보다도 훨씬 더 흥미로웠습니다. 명상은 현실에서 도피하는 것이 아닙니다. 오히려 실체에 더 가까이 접촉하는 것입니다. 제가 명상으로 이해하는 가장 중요한 것은 모든 고통의 깊은 원천은 우리 자신의 정신 패턴들에 있다는 겁니다. 내가 무언가를 바라는데 그것이 일어나지 않으면 정신은 고통을 일으키는 것으로 반응합니다. 그러니까 고통은 바깥 세계에 있는 객관적인 조건이 아니라 정신에 의해 일어나는 반응인 셈입니다.

만약 지금 20대로 돌아간다면 뭘 하거나 배우겠습니까?

2040년 고용 시장이 어떻게 변할지는 정말 아무도 모릅니다. 지금 젊은이들에게 뭘 가르쳐야 할지 안다고 자신할 수 있는 사람은 아무도 없습니다. 오늘날 존재하는 많은 일자리들이 2040년이면 사라질 것이기 때문입니다. 그 자리를 어떤 새로운 일들이 대신할지(만약 그런 일이 가능하다면) 모릅니다. 결과적으로 오늘날 학생들이 학교나 대학에서 지금 배우는 것들의 대부분은 40세가 됐을 때는 현실적인 관련성이 사라질 수 있습니다. 그렇다면 대신에 뭘 가르쳐야 할까요? 제가 줄 수 있는 최선의 조언은 개인의 회복탄력성과 감성 지능에 초점을 맞추라는 것입니다. 전통적으로 우리의 삶은 두 개 주요 부분으로 나뉘어 있었습니다. 학습하는 기간과 그 뒤에 이어지는 일하는 기간입니다. 인생의 첫 부분 동안에는 자신의 안정적인 정체성을 구축하고 개인적인 직업 기술을 체득했습니다. 두 번째 기간 동안에는 그렇게 확립된 정체성과 기술들에 의지해 세상을 항해하고 생계를 유지하고 사회에 공헌했습니다. 2040년이 되면 이런 전통적인 모델은 낡은 것이 될 겁니다. 인간이 이 사회의 게임에서 머무를 수 있는 유일한 방법은 평생 학습을 지속하고, 반복해서 자신을 재발명하는 것입니다. 2040년의 세계는 지금과 아주 다를 겁니다. 숨 가쁜 세계가 될 겁니다. 변화의 속도는 훨씬 더 빨라질 가능성이 높습니다. 계속해서 학습하고 반복해서 자신을 재발명하는 능력이 필요할 겁니다. 심지어 60세에도 그럴 겁니다.

하지만 대부분의 사람은 일정 나이가 지나면 변화를 싫어합니다. 보통 16세가 되면 좋든 싫든 자신의 모든 것이 한차례 바뀌게 됩니다. 몸도 바뀌고 있고 정신도 바뀌고 있고 관계도 바뀌고 있습니다. 모든 것이 변화 상태in flux에 있게 되지요. 자신을 발명하느라 분주합니다. 40세가 됐을 때는 더 이상 변화하고 싶지 않습니다. 안정을 원하게 됩니다. 그러나 21세기에는 그런 사치를 누릴 수 없을 겁니다. 어떤 안정적인 정체성, 어떤 안정적인 일, 어떤 안정적인 세계관에 집착하려 하면 뒤처지게 될 겁니다. 그런 당신을 지나쳐서 세계는 계속해서 질주할 겁니다. 이 끝없는 폭풍을 지나 항해를 이어가기 위해서는 대단히 회복탄력적이어야 하고 감정적으로 균형 잡혀 있어야 합니다. 문제는 그런 감성 지능과 회복탄력성은 가르치기가 어렵다는 겁니다. 책을 읽거나 강연을 듣는 것으로만 배울 수 있는 무엇이 아닙니다. 지금 우리의 교육 모델은 19세기 산업혁명기에 고안된 것입니다. 이제 파산했습니다. 하지만 그것을 믿고 대체할 만한 것을 지금까지 우리는 만들어내지 못했습니다.

지금 젊은이들에게 줄 수 있는 최선의 조언은 지금 성인(어른)들을 너무 많이 믿지 말라는 겁니다. 과거에는 성인들을 믿는 것이 안전한 방편이었습니다. 왜냐하면 그들이 세상을 아주 잘 알았고 세상도 천천히 변했기 때문입니다. 그러나 21세기는 다를 겁니다. 지금 성인이 이미 경제와 정치, 관계에 대해 무엇을 배웠든지 간에 얼마든지 시대에 뒤지게 될 수 있습니다. 그와 비슷한 맥락에서 기술도 너무 많이 믿지 말기 바랍니다. 기술이 당신에게 봉사하게 해야지 당신이 그것에 봉사하는 식으로 만들지는 마세요. 여기에 주의를 기울이지 않으면 어느 순간 기술이 당신의 목표를 지시하기 시작할 겁니다. 그래서 결국에는 당신을 기술이 제시하는 의제의 노예로 만들고 말 겁니다.

결국 자기 자신을 더 잘 알려고 하는 것밖에 다른 선택지가 없습니다. 내가 어떤 사람인지, 삶에서 진정으로 원하는 것은 무엇인지 아는 것이 중요합니다. 물론 이런 말은 책에 나오는 가장 오래된 조언이기도 합니다. "너 자신을 알라"라는 격언 말입니다. 이 오래된 조언이 바로 지금 21세기에서만큼 다급하게 요청된 적이 없습니다. 왜냐하면 이제 여러분은 "자신을 알라"라는 그 질문에 대해서도 강력한 경쟁자를 갖게 됐기 때문입니다. 구글과 페이스북, 아마존, 정부가 빅데이터와 기계 학습에 의지해 당신을 점점 더 잘 알아가고 있습니다. 구글이 당신 사신에 대해 더 잘 알게 되면 결국 당신을 통제하고 조종할 수 있습니다. (인생) 게임에 계속해서 머물러 있고 싶다면 구글보다 더 빨리 움직여야 합니다. 행운을 빕니다.

유발 하라리Yuval Noah Harari /역사가. 히브리대학교 역사학 교수. 옥스퍼드대학교에서 중세전쟁사로 박사 학위를 받았다. 인류학, 사회학, 생물학 등 여러 학문을 넘나드는 연구로 대단한 주목을 받고 있다. 세계적 베스트셀러 『사피엔스』와 『호모 데우스』『극한의 경험』 등을 썼다.

인간이란 자기 초월의 존재

이상희 고인류학자

자연과학에 대한 관심이 국내에서도 부쩍 높아졌다. 스타 저자나 강연자 중에도 자연과학 전공자가 많다. 과학을 전문으로 한 잡지까지 나와서 자리를 잡았거나 속속 창간을 서두르고 있다. 과학 분야의 출판물만 해도 이전에는 전문 학술서나 교과서류가 아닌 대중 교양서의 경우 번역서가 주종을 이뤘다면 이제는 분야별로 국내 학자가 우리말로 쓴 책들이 꽤 많이 눈에 띈다. 그중에서도 이상희 교수의 『인류의 기원』은 여러 면에서 돋보인다. 우선 일반 독자들에게 생소한 편인 인류학 분야 책이다. 게다가 저자는 현재 미국 대학에서 연구하고 강의하는 해외파이면서 처음부터 우리말로 쓴 글을 모았다. 외국어를 번역한 것보다는 한결 이해가 쉽다는 뜻이다. 이 책은 국내에서 먼저 인기를 얻은 데 이어 미국에서도 영문으로 출간될 예정이라고 한다. 인터뷰는 책이 나온 직후 저자가 서울에 왔을 때 머물렀던 호텔 인근 카페에서 진행됐다. 짧은 기간 빡빡한 일정을 소화한 후 출국을 앞둔 겨울 아침이었다. 이 교수는 검정 스웨터에 얇은 카디건 차림으로 내려왔다. "춥지 않으세요?"라고 묻자 "멀리 갈 것도 아닌데요, 뭐"라며 대수롭잖다는 듯 웃었다. 작지만 다부져 보이는 체구에 걸음걸이도 씩씩했다. 따뜻한 모닝커피를 앞에 두고 마주 앉았다.

이력이 특이하더군요.

네, 원래는 서울대 고고미술사학과를 졸업했어요. 85학번입니다. 교양과정 후에 전공 과정으로 들어갈 때 고고학과 미술사학으로 나뉘는데, 고고학으로 간 건 우연이었어요. 사실 학자로서는 대놓고 얘기할 건 못 되는데……(웃음) 저는 학자다운 무엇이 일찍부터 있었던 것은 아니에요. 가령 여섯 살 때 공룡을 처음 보고는 확 넘어가서 평생 저걸 해야겠다, 하는 식의 결심 같은 건 없었어요.

처음엔 피아노를 쳐서 음대를 가려고 열심히 연습을 했어요. 제가 학력고사 세대인데, 학력고사를 친 후에 실기를 봤어야 했어요. 그때 마침 피아노 실기를 앞두고 슬럼프가 닥친 거예요. 그런 상황에서 학력고사 점수는 너무 잘 나왔어요. 그러고 나니 아, 이제는 피아노를 그만두고 싶다는 생각이 불쑥 들더군요. 그때 음대가 아닌 다른 대학으로 눈을 돌렸어요. 일단 점수에 맞춰서 학과를 찾는데 고고미술사학과가 눈에 들어왔어요. 가나다순으로 맨 위에 있었으니까.(웃음) 또한편으로는 막연하게 이집트 피라미드 같은 걸 공부하면 멋있어 보일 것 같았어요. 대학 가면 그런 거 해야지, 하고 생각하고는 들어갔죠.

요즘은 남다른 이력이 더 주목받는 시대입니다. 학자답지 않게 비칠까 걱정은 안 하셔도 될 것 같은데요.(웃음)

그런가요? 저는 사실 TV나 다큐 같은 데 나오는 분들 보면 멋있게 한 우물만 팠노라고 하는 인생이 부럽던데, 저는 그렇지를 못했어요. 음대에 간다고 했을 때도 부모님은 반대하셨어요. 피아노를 하면 돈이 많이 든다고. 그래도 하겠다니까 결국 물심양면으로 성원해주시긴 했는데 고 3이 돼서 다시 제가 방향을 바꾼 셈이니까 "너는 왜 도대체 한 우물을 파지 않고 그러느냐" 하셨어요.

미술사 대신 고고학을 선공으로 지망하실 때는 어떤 생각이었지요?

미술사는 왠지 모르지만 제겐 너무 우아해 보이고 대단히 뛰어난 사람들만 하는 학문 같았어요. 저는 그만한 인문학적인 머리는 못 될 것 같았어요. 그래서 몸으로 때울 수 있을 것 같은(웃음) 고고학 쪽으로 갔어요. 그러고는 대학 4년 동안 정말 열심히 땅을 팠습니다.(웃음) 처음엔 삽질에서 그다음 꽃삽질로, 그다음 붓질로 차례차례 승진했어요.

네? 아, 승진 순서가 삽 크기로 결정되나요?

요즘은 다른데, 30년 전만 해도 우리 학과에 입학하면 저 같은 신참은 처음엔 삽도 못 잡았어요. 발굴터 안에서 선배들이 작업하면서 나오는 흙이 쌓이면 그걸 퍼 나르는 일부터 했어요. 거기서 능력을 인정받은 다음에 삽질을 할 수 있었고, 그다음에 3학년이 되면 꽃삽이 주어졌어요. 그러다 나중에는 (흙을 털어내는) 섬세한 붓질도 할 수 있는 단계가 되죠.

기억나는 발굴 프로젝트가 있나요?

맨 처음 작업하러 가본 곳이 서울 송파구의 몽촌토성 발굴이었어요. 1980년대에 아시안게임과 올림픽을 유치했을 때 한창 백제 붐이 일었어요. 그 전까지 주로 경주만 알려지다가 서울에서 큰 행사를 하게 되니까 백제 유적에도 관심을 쏟게 됐죠. 1985년에 몽촌, 1986년에 석촌동. 지금은 다 관광지가 됐지요. 그 발굴 현장에서 삽질을 했어요. 그 두 사업이 컸고, 전남 순천의 주암댐 수몰 지구 발굴도 했지요.
대학 졸업할 때 한국고등교육재단이라고 해서 옛날 선경지금의 SK에서 만든 장학 재단이 있었어요. 거기서 장학생으로 선발되면 5년 동안 유학 자금을 조건 없이 지원받을 수 있었어요. 당시로선 아주 좋은 조건으로 유학을 갈 수 있었어요.

삽질뿐만 아니라 공부도 잘했나 보네요.

시험을 잘 봤지요.(웃음) 그렇게 5년 장학금을 받게 되면서 어디 가서 뭘 공부할까 고민하던 중에, 제게 많은 영향을 주신 분이 지금 서울대 박물관장인 이선복 선생님인데, 당시 국내 고고학계 소장파 학자(75학번)로 학계 미래를 많이 생각하셨어요. 그분이 "너는 미국 가서 뼈, 화석, 인골 진화, 이런 걸 공부하고 오너라. 한국에 제대로 한 사람이 아무도 없으니"라고 하시더군요. 그래서 "네!" 하고 갔죠. 가서는 정말 피나는 고생을 했어요.(웃음) 왜냐하면 제가 고등학교 때도 문과였고, 대학도 (서울대 고고미술사학과가) 사회대도 아닌 인문대에 있었기 때문에 과학에 대해서는 훈련을 받은 기억이 거의 없었어요. 그런데 막상 유학을 가서 보니 고인류학은 기본적으로 과학이고 생물학인 거예요. 유전학이며 해부학이 다 그렇잖아요. 그걸 다 영어로 다시 공부하려니까 굉장히 힘들었던 거죠.

국내에서 했던 공부와는 많이 달랐나요?

대학 때는 '인류의 진화' 과목 정도 들은 게 다였어요. 선친께서 예전에 홍콩으로 출장을 가셨다가 『인류의 기원』리처드 리키의 저서이라는 책을 사다 주셨는데 그 책을 읽고 큰 감동을 받은 기억은 있어요. 그렇다고 해서 그 방면의 뭐가 돼야지, 생각한 건 아니었어요. 서울대에 인류학과가 있긴 했어도 사회대에 속해 있었고, 거기서 하는 것도 사회문화인류학이었어요. 가족과 친족, 상징과 의례, 종교 같은 민족학적인 것이었지요. 자연과학과는 거리가 있었어요.

일반 독자를 위해 인류학을 간략히 개관해주시겠어요?

인류학은 말 그대로 인류에 대해 탐구하는 학문인데 범위도 넓고 그만큼 애매하기도 해요. 어디든 갖다 붙이면 되니까요. 전통적으로는 앞서 말한 대로 사회문화인류학과 고고학, 형질인류학, 언어인류학, 이렇게 네 가지가 큰 줄기를 이룹니다. 사회문화인류학은 사회와 문화 전반을, 고고학은 옛사람의 자취나 흔적을 연구합니다. 형질인류학은 뼈와 거기에 붙어 있는 살, 특히 최근에는 거기서 나오는 유전자를 분석합니다. 언어인류학은 언어를 중심으로 문헌을 주로 연구하는 분야인데, 사회문화인류학과 비슷해요. 인간의 문화 활동 자체가 언어를 통해 이뤄지기 때문이죠. 여기서 말하는 언어는 사실 굉장히 포괄적이에요. 심지어 침묵도 포함됩니다. 사람이 언제 침묵하고, 그게 뭘 뜻하는지에 대해서도 연구를 하지요.

예전에 우리가 알던 인류학은 대체로 사회문화인류학으로 봐야겠군요.

네. 지금 설명해드린 것은 대체로 미국의 인류학 전통이고, 한국의 인류학은 일본 인류학 전통의 느낌이 강합니다. 일본 인류학은 다시 독일이나 유럽의 인류학을 받은 거지요. 유럽 인류학은 미국과 달리 (자연)과학의 느낌이 적고 마치 민속학 같습니다. 특이한 문화나 풍습 같을 주로 연구하지요. 게다가 일본 학계는 아주 작은 것까지 세심히 들여다보는 것을 좋아하잖아요. 그런 영향을 받아서 한국 인류학도 그

근간은 인문학적 성향이 강하죠. 여기에 미국 쪽 영향이 더해지면서 요즘은 포스트모더니즘 같은 것들을 많이 합니다.

미국과 유럽은 지금도 학풍이 많이 다른가요?

많이 달라요. 유럽에는 형질인류학이나 고인류학을 하는 사람이 정작 인류학과에는 적어요. 그런 사람들은 아예 해부학과라든가 의대, 연구소 같은 곳에 속한 경우가 많지요.

최근 들어서 새로운 성과가 많이 나오는 곳은 아무래도 '과학적'인 인류학 쪽이겠죠?

그렇죠. 사실은 그래서 지금이 고인류학의 존재 위기라고도 할 수 있습니다. 왜냐하면 여태까지는 인류학자들이 뼈와 화석을 중심으로 공부를 많이 해왔는데 지난 10년 내지 20년 사이에 유전학이 크게 떠오르면서 유전자를 통한 연구자들의 목소리가 커지게 됐어요. 게다가 10년 전까지는 유전자라고 해도 현생인류를 통해 과거로 거슬러 시간 여행을 하는 정도의 느낌이었거든요. 너나 나나 우리 같은 사람들 유전자를 통해서 과거를 추측 복원하는 수준이었죠.
하지만 이제는 옛날 인류 화석에서 직접 DNA를 추출해서 시퀀싱 sequencing. 염기서열 분석을 통한 유전자 해독을 해내는 단계까지 기술이 발전했어요. 그 결과 옛날에는 고인류학이라고 하면 자동적으로 화석이라고 할 성노로 능식화돼 있었던 데 반해 앞으로는 화석을 통한 연구가, 물론 아주 없어지지는 않겠지만, 예전 같지는 않을 것 같아요.
유전학을 하는 분들은 팀 단위로 일을 하거든요. 실험실에서 계속 기

인간이란 자기 초월의 존재   156

계를 돌리면서 아주 자연과학적인 방식으로 연구를 해요. 그렇다 보니 과연 고인류학의 연구를 전통적인 인류학과에서 계속 맡아서 할 수 있을까, 이게 큰 현안입니다. 그래서 미국의 경우 고인류학이나 형질인류학을 하는 사람들은 인류학과를 떠나서 다른 학과로 적을 옮기거나 인류학과 자체가 분할되는 경우도 많았어요. 학과를 인문적 인류학과 과학적 인류학으로 나누는 거지요. 지금이 굉장히 역동적인 변환기라고 할 수 있습니다.

그만큼 과학적 인류학의 성과 잠재력이 크다는 얘기겠군요.

그렇죠. 거기에 더해, 인류학계 저변에는 지난 20년 동안 쌓여온 반反과학적 정서가 있어요. 과학에 대한 반감 말이죠. 과학이 인류에게 도움을 주는 게 아니라 사회 지배계급의 이해에 따른 착취에 복무했다는 비판적 사고 말이죠. 산업주의와 연결된 과학에 대한 반감 같은 겁니다. 여기에는 포스트모더니즘 같은 사조도 한몫했습니다. 과학의 객관성이랄지 합리성에 대해 근본적인 의심을 품고 있었던 거죠. 그래서 (과학적인) 형질인류학을 하는 사람들은 학과 내에서 입지가 굉장히 불안했어요. 이 학자들이 다른 곳으로 많이 옮겨 가기도 했죠. 2000년 초까지만 해도 학과가 나뉘는 대학들이 조금씩 늘어나는 분위기였는데 2008년에 금융 위기를 맞으면서 좀 주춤해졌어요. 대학 내 구조 조정 과정에서 소수 학과가 되면 아예 없애버릴 수도 있으니까 그런 움직임이 조금 중단된 상황입니다.

선생님은 어느 쪽에 속하시죠?

저는 대학원 과정을 거치면서 지극히 과학적 사고를 훈련받았어요. 그 뒤로도 과학적 접근을 하죠.

미국으로 유학을 간 곳이 마침 그런 학파였군요.

네, 그렇죠.

그렇게 보면 운이 좋았던 건가요?

네, 그렇다고 할 수 있죠. 그때 어떤 일이 있었느냐면, 제가 박사 학위 논문을 성gender의 차이를 가지고 썼어요. 암수의 차이가 인류 진화 과정에서 어떻게 변해왔는지를 살펴보는 거였어요. 제가 그걸 주제로 삼겠다고 했더니 당시에 동료 학생 중 하나가 "뼈에서 어떻게 성별을 구분하지? 성별은 순수하게 사회적 개념인데" 이렇게 반문했어요. 당시 인류학계를 지배하던 사고가 '세상에 객관적인 자료라는 것은 없다'라는 거였거든요. 모든 것이 사회적이고 문화적인 거라는 거죠. 그런 입장과는 대화가 어렵죠. (과학적 접근을 취하는) 편에서는 암수가 실재한다고 보고, 문화로 보는 사람들은 그런 것은 객관적으로 존재하는 게 아니라 다 우리의 인식이고 개념이고 정의라고 보는 입장이니까. 그 두 입장 사이의 학문적 골이 참 많이 깊었어요.

지금은 어떤 입장이신가요? 점점 더 과학 쪽으로 가신 건가요?

그런데 제가 오히려 나이가 들면서 생각이 조금 달라지고 있어요. 제 생각에는 아마도 제가 원래 문과 출신이었기 때문에 유학 가서도 과학적 접근법을 더 열심히 공부했던 것 같아요. 생소했던 과학적인 사고를 체화하려고 무던히 애를 썼던 거지요. 그래선지 이제는 오히려 그 전의 (인문학도였던) 제 모습과도 만날 수 있는 계기가 되는 것 같아요. 옛날에 대학원 소장 학자 시절에는 과학적 합리성을 문제 삼는 사람과는 말을 안 섞을 정도로 귀담아듣지 않았거든요. 하지만 이제는 과학의 정치성이랄지, 저나 다른 사람이 하는 연구가 정치사회적으로 어떻게 영향받고 어떻게 영향을 끼치는지 둘의 역동 관계에 대해 훨씬 더 열린 마음을 가지게 되는군요. 요즘 그런 생각을 많이 합니다.

결과적으로는 인문적 접근과 과학적 접근 양쪽을 다 포괄할 수 있는 시야를 갖게 된 셈이군요.

네. 그렇다고 할 수 있어요.

연구는 실제로는 어떤 식으로 하나요? 지금도 현장에 나가서 삽질도 하나요? 아니면 연구실에서 실험을 주로 하나요?

물론 삽질을 전문으로 하는 사람도 있어요. 하지만 고인류학 하는 사람들 중에 그렇게 화석을 찾는 사람들은 아주 한정이 돼 있어요. 고고학의 경우엔 일단 어딘가를 파면 뭔가 나오거든요. 인간이라는 게 워낙 사방에 쓰레기를 남기고 다니는 종이기 때문에. 일단 뭔가 있겠다 싶어서 파보면 나와요. 하지만 의미 있는 화석으로 남은 경우는 극히 드물어요. 그러니까 판다고 다 나오는 게 아니라 거기에도 운이 따라야 해요. 그래서 화석을 파는 데 특화된 사람은 따로 있죠. 루시를 발견한 도널드 요한슨Donald Johanson이랄지 팀 화이트랄지 그런 사람은 평생 발굴 현장에서 살았죠. 형질인류학자들은 대부분의 경우 그런 발굴 전문가들이 파놓은 화석을 가지고 연구를 하지요. 저도 그중 한 사람이고요.

지난가을 방한하셨을 때는 중앙아시아 아제르바이잔에서 인골 발굴을 하다가 왔다고 들었는데 그 작업은 뭐죠?

아, 그건 화석은 아니고요, 그 지역의 중세 시대 뼈들이 출토되고 있는 곳이에요. 기원전 1, 2세기부터 14세기까지 해당되는데, 우리로 치면 삼국시대 같은 거죠. 어쩌다 우연하게 그곳 발굴 작업에 가담하게 됐어요. 한국만 해도 불과 25~30년 전까지만 해도 어디서 인골이 나오면 취급도 안 했어요. 혹시라도 나오게 되면 "아이쿠" 하면서 옆에 다시 파묻고는 소주병 갖다 놓고 그냥 넘어갔어요. 이제는 안 그러죠. 인골이 나오면 연구 자료로 취급을 하지요. 그런 인식의 전환이 거의 한 세대 만에 일어났는데, 지금 아제르바이잔이 우리 20~30년 전과 같은 상황인 거예요. 땅에서 인골이 나오면 치우거나 덮거나 하는데, 제가 그냥 그곳에서 나오는 뼈를 연구하는 사람으로 참가하게 된 거예요.

저로서는 나름 특별한 의미를 갖고 있는 게, 제가 여태 화석만 연구하다 보니 이제는 좀 새로운 걸 해보고 싶더군요. 마침 그런 기회가 왔다고 생각한 거죠. 그리고 고인류학적인 화두와도 연결되는 것이, 이 중동이라는 지리적 위치가 다양한 집단들이 계속 교차하면서 피가 섞인 지역이거든요. 사람들이 농경을 시작한 후에는 한곳에 정착하다 보니까 지금 사람들은 형질이 어느 정도 일정해요. 한국인은 대체로 한국인처럼, 남중국인은 남중국 사람처럼 생겼죠. 하지만 인류 진

화의 역사를 보면 대부분의 시간은 마구 돌아다니며 살았을 거거든
요. 따라서 우리가 그런 시대 인류의 고화석 형질을 연구하면서 한곳
에 오래 머물러 산 현대인의 형질과 비교하는 것은 좀 한계가 있지 않
을까 생각해요. 오히려 이동이 자주 교차하는 지역에서 형질이 뒤섞
인 집단의 형질과 비교해야 좀 더 정확한 결과가 나오지 않을까 싶은
거죠. 아제르바이잔이 딱 그런 곳이에요. 여기서 나오는 인골을 보면
흔히 말하는 유럽인·아시아인·아프리카인 형질이 다 섞여 있어요. 이
런 다양한 집단의 피 섞임이 어떻게 뼈에 드러나는지 들여다볼 좋은
기회이기도 하고요, 그래서 작업하고 있습니다.

그곳에서 나오는 것들은 화석이 아니라 뼈인가요?

뼈는 유기물인데 이게 무기물로 바뀌는 과정을 화석화라고 해요. 뼈
가 100퍼센트 돌이 되면 화석인 거죠. 지금 아제르바이잔에서 나오는
것들은 아직 뼈 상태예요. 대개는 통상 1만 년이 안 된 것들은 뼈라고
하지요.

유학 간 뒤로는 줄곧 미국에서만 살았나요?

네. 공부도 영어로만 했고요. 한국과는 별 접촉이 없었어요. 공부하는
동안에는 그곳 한국인들과도 잘 어울리지 않았어요. 박사 학위를 받
은 게 1999년인데, 그때 한국에 돌아가려고 보니까 국내 사정이 아주
안 좋았어요. 주변에선 그래도 어떻게든 짐을 싸 들고 들어가서 비비
다 보면 자리가 생긴다고들 했는데 그러고 싶진 않았어요. 그때 마침
지도교수가 일본 대학에서 박사후과정 연구원을 구한다고 해서 그리

로 갔어요.

1년 10개월 정도 있었어요. 저로서는 정말 좋은 경험이었어요. 물론 문화적인 경험도 좋았지만, 제가 간 곳이 마침 유전학 연구소였어요. 유전학자들이 어떻게 공부하고 사고하는지, 과제나 질문은 어떤 식으로 접근하는지 어느 정도 몸으로 느끼면서 볼 수 있었어요. 또 그런 접근법에는 어떤 한계가 있겠구나 하는 것까지 알게 됐어요.

유전학은 일본 사회하고 정말 잘 들어맞는 것 같아요. 맨 위에 보스가 있고 그 밑에 중간 보스가 두 명 정도 있고 그다음 서너 명이 있는 식이죠. 점심도 보스가 먹자고 하면 같이 먹고, 일사분란하게 질서가 잘 잡힌 곳이었어요. 유전학을 하려면 실험실을 계속 돌려야 하고 스위치도 정확히 껐다 켰다 해야 하는데, 맨 아래 사람이 그런 걸 맡아서 하는 식이지요. 반면 미국의 경우에는 물론 지도교수가 있긴 하지만 그 밑의 학생도 교수 밑에 있다기보다는 자기가 독립해서 길을 가기 전까지만 교수가 도와주는 정도예요. 일본은 보스가 되는 길은 지금 보스가 자리를 떠서 빈자리를 채우는 길밖에 없는 거예요. 중간 보스가 다른 데 가서 자기 그룹을 형성하는 것은 배반인 셈이지요. 은근히. 이렇게 짜인 조직에서는 학문의 발전이란 게 어렵지 않을까, 그런 생각을 했어요.

미국에서는 뼈만 연구했어요. 그래서 일본 가서는 처음부터 다시 했어요. 그래서 많이 울었죠.(웃음) 유전학이 그때 그렇게 득세할 줄 알았다면 미국에서 공부할 때 좀 해뒀을 텐데 하면서 말이죠. 1990년대만 해도 유전학이 있긴 했지만 지금처럼 헤게모니를 쥔 분야는 아니었어요. 게다가 저로서는 문과생으로 유학 온 처지에 뼈나 해부학 같은 공부를 따라가기에도 벅찼으니까요.

생물학은 공부를 했어도 유전학은 생각지도 못했어요. 그런 상황에서 일본에 가서 유전학을 접할 수 있었으니 저로서는 운이 좋았던 거죠. 반대로, 저를 받은 일본 교수는 뼈를 제대로 연구한 사람을 구해다가 자기가 배우려고 했던 거죠. 자기는 유전학을 하지만 인류의 진화를 제대로 공부하지는 않았으니까.

선생님 책을 보면 현대 인류학의 쟁점들이 다양하게 소개됩니다. 그 중에서도 인류가 어디서 기원했는지가 여전히 최대 관심사겠지요?

네, 현생인류가 어디서 왔는지가 인류학자로서는 가장 궁금한 주제지요. 여기에는 크게 아프리카 기원설호모 사피엔스는 6만~10만 년 전 아프리카에서 발생한 새로운 종이며 이들이 유라시아로 퍼지면서 다른 집단과의 경쟁에서 이겼다는 입장과 다지역 연계설현생인류의 조상은 하나가 아니며 다양한 집단끼리 문화와 유전자를 교환하면서 200만 년 동안 계속돼왔다는 입장이 맞서 있습니다. 인류가 한 곳에서 비롯했느냐 여러 곳에서 왔느냐, 그리고 한 곳에서 왔다면 그게 어디냐가 쟁점인데, 사실은 네안데르탈인의 문제라고도 할 수 있어요. 네안데르탈인을 현생 유럽인의 조상으로 볼 것인가가 쟁점이지요. 이건 아무래도 도표로 설명을 드려야겠군요.(벌떡 일어서서 카페 프런트로 가더니 냅킨을 가져와서 쓱쓱 그리기 시작한다.)
이렇게 유럽, 아프리카, 아시아가 있어요. 화석으로 보면 유럽 지역에는 현생 유럽인 이전에 네안데르탈인이 살고 있었던 거예요. 이 네안데르탈인이 현생 유럽인의 조상이냐 아니냐가 학계의 큰 쟁점이에요. 그것은 세상이나 학계가 유럽 중심으로 돌아가기 때문이기도 하고, 또 그 결과 네안데르탈인 자료가 제일 많아서이기도 해요.

반면에 아프리카 자료는 별로 없어요. 아시아도 이 지역(중국)에나 화석이 좀 있을까. 현생인류 직전 시기의 화석으로 많이 발굴된 게 유럽밖에 없고 그게 거의가 네안데르탈인인 거예요. 따라서 유럽의 경우 조상이 네안데르탈인에서 왔거나 다른 곳에서 온 것일 텐데, 지금으로서는 아프리카가 유력한 거죠. 만약 네안데르탈인에서 유럽인이 유래했으면 네안데르탈인처럼 생겼겠죠. 그런데 유전자분석을 통해 연구해보니 현생인류의 기원이 생각했던 것보다 비교적 최근이라는 게 밝혀진 거예요. 그뿐 아니라 기원이 아프리카였다고 나온 거예요. 그러니까 아프리카에서 최근에 확인된 현생인류의 조상이 유럽의 조상이기도 하고 아시아의 조상이기도 한 거죠. 이게 단일기원설이에요.

반면에 네안데르탈인이 지금 유럽인의 조상이었고, 지금까지 화석이 남아 있지는 않지만 아마도 아프리카와 아시아에도 그와 마찬가지일 것이라고 보는 게 다지역 연계설이에요. 원래 기원을 따질 때 유전학적으로는 돌연변이에 의한 다양성의 정도로 선후를 파악하거든요. 돌연변이란 게 무작위로 일어나기 때문에 시간이 흐를수록 더 많이 쌓이게 돼 있어요. 그 돌연변이의 수를 가지고 그 계통이 얼마나 오래됐는지 알 수가 있지요.

그렇게 계산해봤더니 현생인류의 돌연변이 수가 생각보다 별로 많지 않은 거예요. 우리 인류의 역사가 일천하다는 거죠. 그중에서도 변이가 가장 다양한 곳이 아프리카예요. 그러니 인류가 아프리카에서 유래했고, 여기서 가장 오래 살았겠구나 추정하는 거죠. 그다음이 유럽과 아시아 지역이겠구나 하고 본 거지요. 이렇게 유전학을 바탕으로 한 단일기원설이 한 20년 동안 주류 가설로 득세했어요.

그런데 2010년에 네안데르탈 게놈의 염기서열이 분석이 돼 나왔잖아요. 30억 개를 왕창 다 들여다봤더니, 우리 모두가 네안데르탈인 유전자를 조금씩 다 갖고 있더라는 거예요. 그 얘기는 최근에 아프리카에서 한 무리가 나와서 지구를 싹쓸이한 게 아니라, 다양한 무리가 계속 왔다 갔다 했다는 거죠. 지금 아제르바이잔 지역처럼 대륙을 넓게 오가며 계속 피도 섞으면서 살아왔다는 거예요. 그렇게 본다면 네안데르탈인은 현생인류와 다른 종이 아니라 같은 종인 거죠. 왜냐하면 서로 피를 섞고 멀쩡한 자손까지 낳았으니까. 다양한 인류의 무리가 한 종을 이루면서 굉장히 오랜 시간을 이어온 거라고 볼 수 있는 거죠. 그런데 그렇게 보자니 네안데르탈인하고 현생인류가 같은 종이라는 게 감정적으로 사람들에게 거슬리는 생각인 거예요. 그래서 지금은 '그래, 피가 섞이긴 섞였어. 하지만 그렇게 많이 섞이지는 않았고, 무시할 만큼 굉장히 조금 섞인 거야' 이런 정도로 잠정 결론을 내린 상태죠.

> 정리를 하자면, 하나의 종에서 시작됐지만 서로 다른 지역으로 넓게 뻗어나간 그룹들이 각지를 거점으로 공존하면서 서로 간에 접촉도 있었다는 거군요.

네, 그렇게 서로 섞였던 거죠. 만약 이 그룹들이 완전히 따로따로였다면, 그리고 그들 사이에 유전자 교류가 전혀 없었다면 서로 별개의 다른 종이 되고 마는 거거든요. 그렇지 않고 계속 섞였다는 거죠.

그러면 서로 사촌지간으로 볼 수 있겠군요.

네, 그때도 각 지역의 무리들이 흩어져 살았지만 교류가 있는 지금처럼 한 종이었다는 거죠.

그렇다면 인류라는 종을 구분하는 기준은 뭐지요? 다른 유인원들과는 종으로서 갈라진 지점이 있을 텐데요. 어떤 차이점으로 구분이 되지요?

그게 참, 문제가 되지요. 학술적인 종種의 정의는 유전자 교환의 가능성이거든요. 서로 유전자를 교환해서 다시 멀쩡한 후손이 나오면 하나의 종이고, 그렇지 않으면 한 종이 아니에요. 말과 당나귀가 서로 다른 종인 것은 둘 사이에 새끼가 태어나도 그 노새는 새끼를 못 낳기 때문이잖아요. 그런 식으로 서로 다른 종일 경우에는 자연 상태에서 서로 교배를 하지 않거나, 설사 교배가 된다고 해도 노새 같은 불임 후손만 나오는 거예요. 그런 식으로 종을 구분하거든요.
하지만 이런 구분 방식에는 결함이 있어요. 모든 생물체를 일일이 다 교배해볼 수도 없고, 가령 인간이 침팬지와 다른 종이라는 사실을 알기 위해 그런 방법을 써볼 수도 없잖아요. 윤리적으로도 문제가 있고, 여러 가지 비용이나 대가 측면에서도 불가능한 일이에요. 또 후손을 낳기만 한다고 되는 게 아니라 그다음 세대의 생식능력 여부까지 확인해야 하니까.
그래서 현실적인 종 구분의 개념은, 서로 유전자 교환을 못한다는 얘기는 유전자 풀이 완전 분리가 됐다는 뜻이고, 그럴 경우에는 서로 생김새도 다를 것이라고 보는 거죠. 그래서 일단 생김새가 다르면 다른 종이라고 해요.

생김새의 다른 정도는 뭘 기준으로 삼죠? 생긴 걸로 치면 원숭이를 닮은 사람도 있잖아요.

그런 문제가 발생할 수 있죠. 그런데 이 점을 한번 생각해 보세요. 우리가 인간이라는 종을 알아보는 눈은 공부해서 생기는 눈이 아니에요. 같은 인간끼리는 그냥 서로 직관적으로 알아봐요. 우리가 말이나 당나귀 같은 종을 분별해서 알아본다고 할 때에는 공부를 해서 아는 거거든요. 반면에 어떤 개체를 보고 자신과 같은 종인지 여부를 알아볼 수 있는 직관적인 눈은 거의 유전적으로 본능에 가까운 거예요. 그런 직관을 모든 동물이 가지고 있어요. 그래야 딱 봤을 때 저 개체를 먹을 거냐 도망갈 거냐 짝짓기를 할 거냐, 이런 판단을 곧바로 할 수 있거든요.

살아 있는 개체끼리 서로 같은 종을 알아본다는 건 그럴듯하게 들립니다. 하지만 고인류의 경우 화석으로만 남아 있는데 어떻게 알아보죠?

그래서 문제가 되는 거예요. 인류가 아닌 종이 고생물인 경우에는 우리가 읽어낼 수가 있어요. 말을 직접 알아보는 눈이나 말의 종을 알아보는 눈이나 말의 화석을 보고 알아보는 눈이나 다 우리가 말에 대해 학습된 눈을 가지고 보는 거죠. 하지만 인류의 경우 살아 있는 사람은 본능적으로 알아보지만 고인류의 화석은 학습된 눈으로 알아보는 거거든요. 그 두 눈 사이에 실은 차이가 있어요.

그렇더라도 인류에 대한 잠정적인 정의는 있어야 하지 않나요? 다윈의 경우 인류의 대표적인 특징으로 큰 두뇌와 작은 치아, 직립보행, 도구 사용을 꼽았다지요. 하지만 도구 사용만 해도 이제는 인간만의 특징으로 보기는 어려울 것 같은데요. 지금 학계에서 인류를 구분하는 기준은 뭐죠?

지금은 직립보행 정도를 꼽을 수 있겠습니다. 예전에 인간 고유의 특징으로 꼽던 언어나 도구 사용은 다른 동물들한테서도 발견되고 있지요. 도구만 해도 인간의 도구는 다른 동물들과는 달리 '학습된' 도구라고 차이를 두기도 했는데, 지금은 다른 동물도 학습을 통해 도구를 사용한다는 게 밝혀졌잖아요. 그래서 인간과 비인간의 차이가 옛날에 생각했던 것처럼 그렇게 특별하진 않아요.

계통적으로 봤을 때 인간을 어떤 한 종으로 규정하는 것은 참 어려워요. 아까 말씀드렸듯이 생물학적인 종은 교배 가능성을 통해 정의를 내리는데, 그것도 시간적으로 계속 거슬러 올라가다 보면 그 개념을 쓸 수가 없어요. 왜냐하면 계속 올라가다 보면 종이 끝나는 지점을 어떻게 특정할 수 있겠어요? 바로 위 세대와는 계속 이어질 텐데. 그래서 인류의 화석에서 종을 따질 때는 생물학적인 종의 개념을 쓰지 않고, 종의 시작을 어떤 분기점으로 봐요. 큰 흐름에서 갈라져 나온 시기.

옛날에 1960년대까지는 인류가 오스트랄로피테쿠스에서 호모 에렉투스로, 다시 네안데르탈인으로 그다음 호모 사피엔스로 진화해왔다고 생각했는데, 이제는 그렇게 한 종에서 다른 종으로 단절적으로 바뀌었다고는 생각하지 않아요. 만약 호모 에렉투스가 호모 사피엔스로 변했다면 그것 역시 호모 에렉투스인 거예요. 호모 에렉투스와 후대인 호모 사피엔스 사이에 차이가 있으려면 호모 에렉투스에서 두 종이 갈라져 나와야 해요.

종의 진화라는 게 단선으로 대를 잇다가 어느 대에서 다른 종으로 대체되는 게 아니라 긴 시간대에 걸쳐 전이 과정 자체가 두텁게 이뤄진다는 얘기군요.

그렇죠. 분기 과정이 나뭇가지 갈라지듯이 갑자기 쫙 갈라지는 게 아니라 물줄기처럼 나뉘어 흐르는 거예요. 이런 단계에서는 갈라진 줄기들 간에도 일정 기간 서로 유전자 교환이 일어날 수도 있죠. 그러다가 점차 확률적으로 유전자 교배의 가능성이 줄어들죠. 진화 과정이 오늘 어느 순간까지는 같은 종이고 내일부터 다른 종일 수는 없는 거예요. 이게 '양질 전환'의 부분에 해당하기도 하지요. 결코 단절적인 과정이 아니에요.

디지털시계처럼 1에서 2로 바뀌는 식이 아니라 아날로그시계 바늘처럼 연속적으로 진행된다는 거군요.

네, 그렇죠. 좀 조심스러운 비유이긴 한데, 저는 그 과정을 대머리로 설명을 하곤 해요. 우리가 볼 때 언제부터가 대머리고 언제까지는 대머리가 아니라고 할 수 있는 거죠? 대머리가 어떤 것인 줄은 분명히 아는데 시작 지점은 특정하기가 어려운 것과 마찬가지인 거죠.

언젠가 이마가 아주 넓은 외국인과 인터뷰를 한 일이 있습니다. 그 사람이 자신을 소개하면서 "I am balding"이라고 해서 서로 웃은 적이 있어요. 머리가 벗어진 정도를 진행형으로 표현한 건데, 진화도 그런 식이라는 말이군요.

(웃음) 그렇죠. 그래프의 세로축을 변화의 정도로, 가로축을 시간의 경과로 두고 보면, 초반에는 차이가 미미하고 뒷부분에서는 확연하지만 그 중간쯤에서는 한동안 이도 저도 아닐 수 있다는 거죠.

그 부분은, 창조론자들이 진화론을 반박할 때 "진화가 맞다면 왜 중간 형질이 없느냐"라고 반문하는 것이 생각나는군요. 어떤 종이 분기했을 때는 왜 그렇게 나뉘게 되는지에 대해서 어떻게 답할 수 있지요?

그것을 유전적 분리라고 해요. 어떤 유전자 풀이 있을 때 언제 어떤 이유에선지 두 집단 간에 유전자 교환이 더 이상 이뤄지지 않게 되는 상황이에요. 가령 몸집이 굉장히 작은 동물의 경우 대규모 지각변동 때문에 그 사이에 엄청난 협곡이 생긴다든가 다양한 원인에 의해 서로 고립이 될 경우를 생각해볼 수 있어요. 하지만 인간에게서는 사실상 그럴 가능성은 희박해요. 왜냐하면 인간은 기본적으로 엄청나게 돌아다니거든요. 전 세계에 걸쳐. 그렇게 분방하게 돌아다니다가 비슷한 무리를 만나면 애부터 낳고 보기 때문에 아마 그런 식의 완전한 고립이나 분리는 생각하기 어려워요.

다른 동물의 경우에는 여러 가지 그런 상황이 있어요. 재생산만 해도 기본적으로 에너지를 소모하는 일인데, 다른 종과 교배해서 새끼를 낳는 것은 장기간 투자를 요구하는 일이라 결과가 무위에 그쳐서는 안 되잖아요. 그래서 처음부터 다른 종끼리는 교배를 피하는 경우가 많아요. 보노보와 침팬지가 서로 다른 종이라고 보는 근거 중에 둘이 섹스를 못한다는 것도 있어요. 보노보는 체위가 다양하기로 유명한 데 반해 침팬지는 보통 하나예요. 체위가 안 맞아서 못하는 거예요. 아니면 생식기에 돌연변이가 일어나서 서로 안 맞을 때, 아니면 배란기나 교미기가 어떤 이유로 인해 서로 어긋날 때랄지. 하지만 인간에게는 이 중에 어떤 것도 해당되는 게 없어요. 그래서 저는 인류가 한 종으로 지낸 기간이 생각보다 훨씬 더 길었을 거라고 믿는 편이에요. 그러니까, 200만 년 전 아프리카에서 인류가 시작됐지만 그다음 전 세계 각지로 퍼져나가 살게 된 이후에도 항상 한 종이었고, 다양하게 무리를 지어 흩어져 살았다는 거죠.

그렇게 퍼져나가서 결국 세상을 지배할 수 있었던 인류의 특징은 뭐라고 보세요?

제가 생각하는 인류의 특징은…… '넘어섬'이라고 생각해요. 예를 들면 우리는 사회생활을 하는 중에도 다른 동물보다 훨씬 더 극진하게 사회에 의존해서 살아요. 태어난 순간부터. 가령 출산만 해도 인간은 그 과정이 대단히 힘들거든요. 인간이 아닌 다른 동물의 암컷은 보통 산통이 시작되면 혼자 조용한 곳으로 가서 일을 봐요. 그럴 땐 누가 가까이 가거나 하면 스트레스를 받아서 진통이 멈추거나 암컷이 새끼를 물어 죽이기도 해요. 하지만 인간 여성은 그 반대예요. 해산의 진통이 다가올 때 혼자 있게 되면 극심한 두려움을 느끼고 스트레스를 받아요. 아는 사람과 같이 있어야 하고 출산 때에는 누군가 아기를 받아줘야 해요. 이건 굉장히 특이한 사례라고 할 수 있어요.

흔히 인간의 사회성을 두고 친족 유전자를 나눠 갖고 있으니 사회를 이뤄 사는 것이라고들 해요. 하지만 좀 더 생각해볼 여지가 있어요. 다른 사회생활을 하는 개미는 클론복제품이나 마찬가지니까 차치하고라도, 인간과 가까운 영장류들만 해도 아들이 태어나면 자란 후에 그 집단을 떠나요. 그러면 그 사회는 서로 혈연관계에 있는 암컷 위주로 유지가 되고 수컷들이 왔다 갔다 하는 거예요. 그런 식으로 근친교배를 피하지요. 반대로 수컷이 무리에 남고 암컷이 떠나는 경우에는 혈연관계에 있는 수컷들 중심으로 집단생활을 하게 되고요. 그럴 경우 집단생활을 하면서도 개체의 이익과 집단의 이익이 늘 일치하지는 않아요. 그럴 때는 개체가 집단을 위해 자기 이익을 포기하는 경우가 있거든요. 그런 경우에도 궁극에는 같은 유전자를 나눈 집단을 위하는 행동이라는 설명이 가능해요.

하지만 인간의 사회생활은 그렇지 않다는 거예요. 혈연관계가 전혀 없는 다른 개체들과도 같이 살고 협력도 얼마든지 하거든요. 작년에도 그랬고 올해도 국내외에 대형 참사가 많았잖아요. 그런 사건·사고가 일어나면 항상 뒤따라 나오는 게 각종 미담들이에요. 자기와 유전적으로 아무 상관 없는 사람을 애써 죽이는 것도 인간이고, 아무 상관 없는 사람을 돕는, 극단적인 경우 자기 목숨까지 던지는 것도 인간이에요. 이런 건 다른 동물 세계에는 어디에도 없는 행동이죠.

인간은 생물학적인 논리를 넘어선다는 말이군요.

네, 그렇죠.

리처드 도킨스의 밈meme 이론도 그렇고, 인간이 생물학의 차원을 넘어 문화의 논리를 따르는 존재라는 점은 누차 얘기돼왔지요. 급기야

이제는 인류가 인간 종 자체를 바꿀 수 있는 단계가 됐다고도 하잖아요. 초인류를 주창하는 트랜스휴머니스트들도 있지요. 인류학자로서 이런 상황을 어떻게 보시는지요?

인류가 걸어온 과거 행로를 봤을 때 어느 정도는 예측 가능한 결과가 아닌가 싶어요. 예를 들어 요즘 미국에서는 부모를 몇 명까지 인정할 거냐는 게 이슈예요. 사실 부모나 양친이라는 말도 다시 생각해보게 된 상황인데, 남자와 남자 커플이 자신들 중 누군가의 정자를 가지고 다른 여성으로부터 제공받은 난자와 수정시킨 후에 또 다른 여자의 자궁에 착상시켜 태어난 아기는 부모를 몇 명으로 볼 거냐는 거죠. 생물학적인 부분도 논란거리지만 법적 친자 관계라든가 양육 책임권은 누가 질 거냐는 현실적인 쟁점도 있죠.

이제까지 가족 개념은 근대 핵가족을 바탕으로 한 것이었어요. 지금 우리는 그런 걸 다 넘어서고 있어요. 심지어 요즘은 자신이 길러온 반려견에게 유산을 물려주는 사람도 있잖아요. 혀를 차는 사람도 있겠지만 그게 바로 인간의 진화 방향에서 나온 당연한 귀결이라고 할 수 있어요. 인류가 점점 핏줄이나 친족 관계에서 벗어나는 쪽으로 진행해왔기 때문에 증여의 상대가 생판 모르는 사람일 수도 있고 강아지일 수도 있는 거지요.

앞으로는 로봇일 수도 있겠지요.

물론 그럴 수 있죠. 여태까지 계속돼온 진행 방향의 연장선에서 보자면 충분히 그런 일이 일어날 수 있겠죠. 요컨대 인간과 비인간의 경계가 점점 더 느슨해지는 쪽으로 진화해온 것이 인류의 특징이라고 생각합니다. 이건 단순히 현대 문명의 발달, 기계 발달의 차원으로만 볼 문제는 아니에요.

아까 인간 종의 특징으로 언어 이야기가 나왔는데, 다른 동물이나 곤충들의 소통과 인간의 언어가 다른 점 중 하나가, 분절음 같은 그런 특징을 떠나서 말의 내용으로 봤을 때 '지금 이곳'을 벗어난 이야기를 유독 많이 한다고 해요. 다른 동물들은 소통의 내용이 '여기 지금 먹을 것이 많아'라는 식이라면 인간 언어의 대부분은 '지금 여기'를 벗어난 얘기를 많이 한다는 거예요. 좋게 말하면 가정법, 나쁘게 말하면 거짓말을 많이 한다는 거죠.

> 상상력과 관계가 있겠군요. 좋은 의미든 나쁜 의미든 지금 여기에 없는 것을 생각해내고 이야기한다는 거니까.

그렇죠. 현실을 넘어선 보이지 않는 상상의 영역을 이야기한다는 거죠. 그래서 저는 요즘 그 '넘어섬'에 대해서 생각을 많이 합니다.

> 인간이 씨족이나 부족 단계를 넘어 국가를 형성하게 된 것이나 나아가 오늘날 국제사회나 인류를 이야기하게 된 것도 그런 넘어섬의 귀결이라고 볼 수 있겠지요.

그렇죠. 언제나 현재를 넘어 내일을 이야기하고, 내일을 넘어 10년 뒤를 이야기하고, 혹은 지금을 10년 전과 비교해 보고 하는 게 인간의 특징이라고 생각합니다. 그런 것이 언제부터 나타났느냐를 굳이 따지자면 이미 3만 년 내지는 6만 년 전으로 거슬러 올라가지요. 동굴벽화의 추상적인 무늬나 상징적인 문양의 화석 같은 것을 보면 그때 이미 예술 활동 같은 것의 흔적이 나타나거든요.

우리가 '원시'라고 부르는 그 옛날에도 그들 나름대로 초월을 꿈꾸고 형상화하려 했다는 얘기군요.

그렇지요.

그렇게 보면 지구나 인류의 역사를 길게 보는 빅히스토리 관점에서 고인류나 현대인은 비슷한 시대를 사는 것 같다는 생각이 들기도 해요.

네, 그렇죠.

아까 인간의 또 다른 특징으로 사회성을 이야기하면서 다른 사회적 동물들과는 다르다고 하셨는데요?

이른바 진사회성eusociality 동물이라고 하죠. 벌이나 개미의 경우 수컷이 자기 생식은 포기하고 집단을 위해 평생을 사는데 그런 동물이 어떻게 진화할 수 있었을까. 그때 나온 이론이 유전자 이론이었죠. 중요한 것이 개체가 아니라 유전자라면 개체 수준에서 자기희생적인 행동이 가능하다는 거죠. 『이기적 유전자』를 쓴 도킨스 같은 학자만 해도 개체는 그저 유전자가 잠시 몸을 담는 운반체에 불과하다, 우리가 살아가는 이유는 유전자의 자기 복제에 봉사하는 것이다, 라고 했어요. 다른 영장류만 해도 대개 혈연관계로 이뤄진 사회를 중심으로 살아가니까 그런 설명이 가능해요. 하지만 지금 인간은 그렇지가 않아요. 물론 지금 사회 상황을 두고도 해석이 다를 수 있어요. 아직 혈연주의나 정실주의가 작동하고 있으니까요. 최근까지 인간도 친족 혈연 사회를 이뤄 살다가 갑자기 근대화하면서 현대 사회질서 속에서 살게 되었지만 아직 친족 사회 때의 습관이 남아 있는 거라고 볼 수도 있겠지요. 하지만 그런 해석과는 달리, 진작부터 우리는 딱히 친족 사회를 이뤄 산 게 아니라고 볼 수도 있어요. 예를 들면…… (한참 생각한 후) 아직 제대로 정리가 되지는 않았지만 요즘 제가 많이 하는 생각이, 우리가 말하는 엄마아빠 개념도 사실은 혈연적인 것이라기보다 굉장히 문화적인 색채가 강한 관계일 수 있다는 거예요.

옛날에 친자가 아닌 양자 개념이 있었죠. 일본에도 친자가 아닌 밖에서 들인 수제자에게 가업을 물려주는 전통이 있다고 들었어요.

네, 음으로 양으로 많이들 그랬죠. 그런 경우가 아니더라도 사실 우리는 일반적으로 아빠가 누군지 정확히는 알 수가 없잖아요. 일일이 친자 관계를 검사해보고 같이 사는 건 아닌 게 대부분이잖아요. 그냥 같이 살고 있으니 그러려니 하고 살잖아요.

'그러려니' 한다는 게 사실은 생물학적인 데서 비롯한 게 아니라 제도적으로 정착된 거란 말이군요.

네. 소수민족을 연구할 때 봐도 엄마는 출산 과정을 통해 친자 관계의 사실 여부가 분명한 반면, 아빠의 경우는 엄마 곁에 같이 살고 있는 남자를 그냥 아빠라고 부르는 경우가 많아요. 그 사람이 실제로 아빠 노릇도 합니다. 우리도 집안의 자녀를 당연히 내 피가 섞인 자손이려니 하면서 함께 살고 애정을 주고 하잖아요. 저 아이가 정말 내 유전자를 받은 애일까 의심은 거의 안 하잖아요. 특이한 경우만 빼놓고는. 그런 걸 봤을 때 우리가 흔히 생각하듯이 옛날에는 아주 혈연적으로 탄탄한 친족 사회에서 살았는데 지금은 그것이 일거에 와해된 현대사회로 가고 있는 것이라는 생각 자체가 환상 아닐까 하는 생각이 들 때가 있어요.

그런 생각은 아이디어 수준인가요? 어디 논문으로 발표된 적이 있나요?

아직은 아이디어 차원이에요. 사실 이런 생각들은 과학적인 연구 훈련을 통해서는 나올 수가 없는 생각들이거든요. 저는 그전에는 화석이 있으면 그것을 토대로 과학적 가설을 세우고 자료를 찾고 검증하는 훈련을 주로 받았어요. 하지만 이번에 책을 쓰면서 상상의 나래를 많이 펼치게 됐어요. 이제는 지금 같은 생각도 하면서 이런 걸 논문이나 학술적인 글로도 발전시킬 수 있지 않을까, 거기에 필요한 자료를 찾을 수 있지 않을까, 그런 생각을 합니다.

재미있는 주제 같아요. 부족주의나 혈연주의도 생물학적인 필연이 아니라, 그때그때 권력이나 자원을 가진 사람이나 관계자의 이해관계를 중심으로 인위적으로 구축된 사회질서일 수 있다는 말씀이지요?

그렇죠. 일종의 '피의 내러티브'죠. '한 핏줄'이라는 것을 앞세워 인위적인 결속을 다지는 거죠.

민족주의가 근대국가의 산물이라는 유명한 이론(베네딕트 앤더슨의 저서 『상상의 공동체』 참조)도 있잖아요. 그 논리를 소급해 올라가면 부족주의나 친족주의도 어떤 작위성을 찾아볼 수 있겠다는 생각이 드네요.(독일 사회학자 막스 베버가 말년의 유작 『경제와 사회』에서 파고든 방대한 주제가 가부장제에서 근대 민족국가에 이르는 사회질서의 진화였다.)

그렇지요.

이번 질문은 앞서 말씀하신 인간의 사회적 본성에 관계되는 부분이기도 한데요. 이기적 유전자와는 별도로 인간의 이타성에 대한 연구 결과도 많이 나옵니다. 인류는 원래 이타적이었나요?

이타적인 면도 있지요. 훈훈한 내면을 보여주는 이야기도 있고……. 하지만 아수라장이 되기도 하고요.

요즘 유튜브 같은 데 올라오는 동영상들을 보면 다른 동물들도 이타적인 행동을 보이는 것 같아요. 약자에게 동정심을 발휘한다든지. 그런 걸 보면 이타성이라는 것도 인간의 고유한 품성이나 덕목으로만 보기는 어렵겠다는 생각이 들어요.

저는 사실 유튜브에 올라오는 동영상에 대해서는 의심을 하는 편이에요. 특히 인간의 손이 닿았던 동물의 행동은 진위를 좀 따져봐야 한다고 생각해요. 그리고 모든 동물에 있어서 새끼에게 보이는 반응만큼은 좀 별개의 문제로 볼 필요가 있어요. 이른바 '큐트 리플렉스cute reflex'라는 게 있어요. 어느 동물이나 새끼들은 상대에게 동정이나 호감을 자동적으로 유발하는 특징을 갖고 있어요. 그 덕분에 살아남을 확률이 높아진다는 거죠.

> 새끼 입장에서는 생존의 논리가 작동하는 것으로 볼 수 있겠지만, 어 쨌거나 포식자 눈에는 그게 무조건 먹이로 보이지 않고 배려나 아량, 동정의 대상으로 비친다는 거잖아요. 그럴 경우 우리가 생각하는 이 기적인 본능과 이타심의 경계가 확연한 건지도 의문스러워져요.

당장에 먹지 않고 좀 더 커진 다음에 먹으려는 거라고 볼 수도 있지 않을까요.

> 일종의 지연된 이기심이라는 말씀이군요. 물론 이타심 자체도 장기적 혹은 변형된 이기심으로 보는 입장도 있지요. 아무튼 그 전까지는 이 기심을 생물이나 생태의 기본 원리로 보다가 최근 들어서는 소셜미디 어를 비롯해 '사회성', 공존, 협력의 측면이 부각되면서 인간의 이타심 에 대해서도 다시 한 번 생각해보게 되는 게 아닌가 싶어요.

인간의 사회성에 대해서는 좀 더 말씀 드릴 게 있어요. 궁극적으로 출 산과도 연결되는데요, 인류의 머리가 상대적으로 큰 것을 두고도 결 국 어떤 생존을 위한 물리적 기술이나 자연 지식을 담기 위한 과정에 서 커졌다고 보기보다는 사회관계의 정보를 담기 위해 커졌다는 해석 들을 해요. 혈연이나 친족을 바탕으로 하지 않는 사회일 경우에는 그 런 정보들이 더더욱 중요해지겠지요. 우리가 엄마나 이모는 그냥 편하 게 넘어가도 먼 아주머니는 오히려 더 신경을 써야 하는 것과 마찬가 지지요. 그런 식으로 사회관계의 끝없는 정보를 담아두기 위해 머리 가 커졌다고 한다면, 역으로 머리가 커지기 시작했을 때부터 인간은 극히 사회적이었고 그때부터 이미 이타심을 보인 게 아닐까 생각해볼 수 있겠죠. 머리가 언제부터 커졌는지는 유골을 분석해보면 대충 알수가 있거든요. 500만 년 전부터 200만 년 전까지는 대체로 450~500시시 정도로 고만고만해요. 그러다가 200만 년 전부터 쑥쑥 커지기시작했거든요. 이게 출산의 사회성과 연결되는 부분이기도 한데, 우리 인간은 산모 옆에 누군가 있어야 하는 이유가 신생아의 머리가 산도産道보다 크기 때문이기도 해요. 그래서 출산 과정에서 아기가 어렵게 비집고 나와야 하는데, 원숭이의 경우에는 산모가 다리 사이로 새끼를 직접 받을 수 있어요. 하지만 인간의 아기는 출구가 좁다 보니까 몸을 골반 속에서 두 번 정도 틀어요. 그 결과 아기가 산도에서 나올 때는 산모의 시선을 등지고 있게 돼요. 그런 자세에서 엄마가 아기를 받으면 목이 꺾이게 되니까 누군가 다른 사람이 받아줘야 해요. 그런 식의 난산이 언제부터 시작됐는지도 알 수가 있어요. 호모 에렉투스 무렵부터 그처럼 어려운 출산이 시작됐다고 본다면, 여기서부터는 소설이긴 한데, 인간의 어려운 출산 - 두뇌 크기의 증가 - 고도의 사회성, 이런 게 다 함께 맞물리면서 호모 종의 진화가 시작됐다고 볼 수 있겠죠.

선생님은 책에서, 인류가 특징적으로 진화하는 과정에서 큰 두뇌보다 직립보행이 더 결정적이었을 거라고 했는데요.

네. 사실 예전에는 인류가 언제부터 직립을 했는지는 별로 안 중요했어요. 호모 사피엔스는 머리로 승부하는 종이라고 생각했기 때문이지요. 따라서 머리가 언제부터 커졌는지가 주 관심사였고, 나머지 특징들은 뒤따라오는 거라 생각했어요. 직립보행도 부차적인 특징으로 본 거지요. 지금도 그런 생각이 완전히 사라진 건 아니지만 흔히 인류의 진화 과정이라고 하면 네 발로 걷다가, 그다음엔 구부정하게 걷다가, 다시 60도 정도 굽은 자세로 걷다가, 나중에 와서야 똑바로 서서 걷는 식의 상상도를 많이 봤을 거예요. 그렇게 보자면 직립보행은 맨 나중에 생긴 부차적인 특징이 되지요.

하지만 330만 년 전 인류 초기 화석 루시가 발견되면서 생각이 바뀌게 됐어요. 이 화석을 보면 신체의 다른 것들은 다른 유인원과 다를 게 없어요. 머리도 조그맣고 몸집도 작고 팔도 길고 다리는 짤막해요. 그런데 여기에 직립보행의 특징도 있더라는 거예요. 처음 그 발표가 나왔을 때 아주 충격적이었어요. 그 전까지 직립보행은 200만 년 전 인류인 호모 에렉투스에 와서 나온 특징으로 간주됐거든요. 루시를 보니까 그게 아니라 도구나 언어 같은 특징이 나타나기 전에 직립보행이 우선했다는 거죠. 그 후로 1970년대를 기점으로 학계에서는 인류의 특징으로 가장 먼저 나타난 게 직립보행이라고 생각하게 됐죠. 인류가 맨 처음 출현했을 때 자세가 구부정했던 게 아니라 당당하게 걸었다는 거죠. 하기야 구부정한 자세로 어떻게 몇 십만 년 동안을 살아남을 수 있었겠어요. 그런 어정쩡한 자세로는 도망도 제대로 못 가고 잡혀서 유전자도 못 남겼을 텐데.

직립보행 다음의 진화 순서는 어떻게 되지요?

직립 후에 일단 손이 자유로워지면서 손에 관련된 도구의 사용이 등장했고, 도구를 사용하고 불을 쓰게 되면서 이빨도 점차 작아진 것으로 볼 수 있어요.

오래 걷기는요?

오래 걷기는 좀 더 나중이라고 봐야 해요. 그건 직립보행에서 시작됐다기보다 다리가 길어지면서 가능해진 현상이니까요. 양팔을 추처럼 흔드는 원리를 이용해 에너지를 효율적으로 활용하면서 오래 걸을 수 있게 된 거죠. 언어를 사용할 수 있게 된 것도 직립보행 덕분이었어요. 네 발에서 두 발로 걸으면서 배와 가슴 사이의 횡격막이 자유로워졌고, 그것을 발성하는 데 마음껏 쓸 수도 있게 됐지요.

언어가 점차 정교해지면서 복잡한 사회생활도 가능해지고 그에 따라 머리도 커진 수순인가요?

네, 그렇다고 할 수 있겠죠.

현대인의 뇌가 오히려 작아지고 있다는 주장도 있던데 사실인가요?

3만 년 전 네안데르탈인이 몸집으로 볼 때는 인류의 최대치였어요. 머리도 몸집도 제일 컸어요. 그 뒤 인류가 정착해서 농경 생활을 하면서 몸집은 오히려 작아졌어요. 영양이 부실해지면서 머리도 작아지고. 하지만 이 부분에 대해서는 저로서는 의문이 있어요. 증거로 볼 때 작아진 건 사실인데, 정말로 작아진 건지 샘플링의 문제인지는 잘 모르겠어요. 왜냐하면 점점 작아졌다는 연구 결과가 근거로 삼은 비교 샘플을 보면 네안데르탈인이 가장 많아요. 그때는 빙하기였거든요. 대체로 추운 지방 사람은 체중에 비해 머리가 커요. 반대로 더운 지방은 체중에 비해 머리가 작고. 그런데 빙하기 이후로 지구의 온난화가 진행됐잖아요. 따라서 머리가 작아진 것은 환경 변화에 따른 적응일 수도 있지요. 어떤 두뇌 활용이나 지력의 사용에 변화가 있어서가 아니라.

> 선생님은 책에서 "진화는 늘 가장 좋은 선택이라기보다 그때그때 적합한 선택과 적응의 결과였다"라고 썼지요. '그때그때 적합한 선택'이라는 게 결국에는 최선 아닌가요?

그 당시로 볼 때는 최선이라고 할 수 있겠지요. 하지만 절대적인 최선은 아닙니다.

> 최선의 적응이 계속 이어져왔다면 그것을 발전으로 볼 수 있는 것 아닌가요?

발전을 무엇으로 보느냐에 따라 달라지겠지요. 어떤 시점에서는 최선이라고 생각했던 것이 나중에는 그렇지 않을 수도 있거든요.

> 왜 그런 질문을 드리느냐면, 인류 문명이 진보했느냐 하는 것을 두고 지금도 논쟁이 붙기도 합니다. 계몽주의 시대의 인류 진보에 대한 낙관론은 세계대전 등을 겪으면서 수그러든 것 같은데, 그래도 현대 문명이 절대 빈곤을 낮추는 등의 뚜렷한 기여를 했다는 입장이 있는 반면 오히려 인간성이 위협받는 시대라는 입장도 있습니다.

다름과 틀림의 차이 같은 것 아닌가 싶어요. 인류의 삶이 변화한 것은 사실이지만 그 변화를 두고 섣불리 가치 평가를 해서는 곤란합니다. 절대적으로 좋은 선택도, 절대적으로 나쁜 선택도 없습니다.

> 스티븐 핑커 하버드대 교수는 『우리 본성의 선한 천사』라는 책에서 인류의 폭력성이 감소해왔다고 했지요. 전쟁이나 고문, 학살처럼 크고 작은 폭력이 감소돼온 통계와 자료를 제시하면서 인류가 그래도 나은 방향으로 가고 있다고 했지요. 어떻게 보세요?

그 책을 직접 읽지 않아서 잘 모르겠어요. 다만 주변에서 들은 이야기들을 전하자면, 근거로 삼은 데이터의 문제를 많이 얘기들 하더군요. 지금 우리 사회에 나타나는 폭력은 누구를 직접 죽인다거나 대량 살상 형태로 나타나는 것이라기보다, 최저임금제를 지키지 않는다거나 사람들에게 기초 생활 기반을 제대로 제공하지 않음으로써 일어나는 구조적인 폭력이라는 거죠. 그 결과 많은 사람들이 갑자기 죽는 게 아니라 서서히 불행하게 죽어가는 상태로 나타나는데 그런 것들은 수치로 계산이 안 되고 있다는 겁니다. 가령 보험 혜택을 받지 못한 사람들의 경우 적절히 치료를 받으면 일주일 만에 끝날 수 있을 병이 지병으로 옮겨 가는 식으로. 삶의 질이 나빠지는 과정에서 미시적인 부분을 잡아내지 못했다는 지적인데, 반대로 그런 비판에 대해서는 그래도 이제는 절대 빈곤도 없고 능지처참 같은 고문이나 참형은 사라지지 않았느냐 식의 반론이 오가는 것으로 압니다.

> 선생님은 어떤 입장인가요?

솔직히 저는 그 문제는 이래도 그만 저래도 그만이라고 생각합니다. 오히려 그런 문제를 둘러싸고 벌어지는 논쟁 과정에서 발견되는 사람들의 노스탤지어랄까요. 그러니까 '지금 우리는 잘 살고 있는 거야, 옛날보다는 나아졌어' 그렇게 확인하고 싶어 하는 욕망 자체가 제 눈에는 재밌게 여겨집니다.

아까 말씀하신 인간의 '넘어섬'과도 관련이 있겠군요. 실제로 인류가 진보했는지에 대한 평가는 입장이 갈리겠지만 그런 진보의 기대를 똑같이 전제로 한다는 점에서는 같지요. 얼마 전 캐나다의 토론 이벤트인 '멍크 디베이트Munk Debate'에서 인류의 진보 여부를 놓고 쟁쟁한 지식인들끼리 공개 토론이 벌어진 적이 있어요. 찬성 쪽에 스티븐 핑커 교수와 과학 작가인 맷 리들리가, 반대쪽에 유명 저자인 맬컴 글래드웰과 알랭 드 보통이 조를 이뤄 맞붙었는데 볼만하더군요. 거기서도 거론된 쟁점 중 하나가 인류의 농경문화인데, 그 전까지는 문명의 진보로 봤던 것이 요즘은 비판의 대상이더군요.

인류가 정착해서 농경 사회를 이뤄 살면서 많은 변화들이 생겼어요. 전염병도 많이 돌기 시작했고, 기근도 그때부터 시작됐죠. 수렵·채집 시절엔 주기적인 기근이라는 게 없었거든요. 하지만 농경 사회는 특정 작물에 의존하다 보니까 흉작이 되면 그해 집단의 생계가 통째로 위협받게 됐지요. 또 경작지에 묶여 살게 되면서 전염병이 돌아도 꼼짝을 못하고 당하게 됐고. 충치도 주요 작물을 통한 전분질 섭취가 높아졌기 때문에 생긴 현상이지요. 영양이 좋지 않아 사람들 덩치도 작아지고 평균수명도 낮아졌다고들 하죠. 적어도 다수가 풍요를 누리고 장수하면서 살게 된 것은 아니었어요.

결국 진화 과정에서 얻는 만큼 잃은 것도 있고 문제를 해결한 만큼 새

로 떠안게 된 것도 있다고 본다면 지금까지의 합산은 플러스라고 볼
수 있을까요?

그래도 플러스였겠죠. 그러니까 지금 지구 상에 인간의 개체 수가 이
렇게 엄청나게 많잖아요. 다른 동물들은 대부분 멸종 위기인데. 유인
원들만 해도 다 멸종 위기예요. 오랑우탄이나 침팬지나 다. 하지만 인
간은 어떻게 살아남든지 간에 현재 지구에서 최고로 성공한 종이라
고 할 수 있죠.

가장 큰 비결은 뭐라고 보세요?

가장 단순하게 대답을 한다면, 후대를 번식하는 데 있어서 양과 질을
모두 추구해서 성공한 결과라고 할 수 있습니다. 무슨 말이냐면, 진화
의 성공이라는 게 같은 유전자의 개체 수를 얼마나 많이 남기느냐에
달렸다면 새끼를 낳고 기르는 데 보통 두 가지 접근법이 있어요. 아주
많이 낳아서 생존의 확률을 높이거나 아니면 한둘만 나아서 제대로
잘 키우거나. 첫 번째는 개체 수가 많은 만큼 새끼당 비용은 낮게 들
어가는 경우고, 두 번째 경우는 비용이 아주 비싸게 들어가지요. 대
개 육식동물일 경우에는 비싸고, 초식동물이나 어류는 싼 전략을 택
해요. 영장류만 해도 새끼를 한두 마리밖에 안 낳아요. 새끼 양육에
비용을 많이 들이는 동물의 특징은 개체 수가 많지 않다는 거거든요.
하지만 인간은 그렇지가 않았어요. 적지 않은 수의 자식을 낳으면서
도 다 비싸게 키워냅니다. 그것이 가능하기 위해서는 다른 영장류의
새끼 양육법과는 아주 달라야 했어요. 암컷이 혼자서 출산과 양육
을 책임지는 게 아니라 공동육아로 갔습니다. 그 공동육아에 참가하

는 게 누구냐를 두고서는 논쟁이 있어왔지요. 그게 아빠냐 할머니냐는 거죠. 또 이모냐 언니냐를 두고 싸우기도 해요. 저는 답이 하나라고 생각하지 않아요. 인간의 특징 중 하나가 기가 막힌 유연성이기 때문에 그때그때 상황에 따라서 또 집단이 처한 형편에 따라서 그게 아빠가 될 수도 있고 삼촌일 수도 이모일 수도 있었다고 생각해요. 중요한 것은 공동육아를 통해 후손 번식의 질과 양, 두 마리 토끼를 다 거머쥐었다는 거죠. 그래서 이렇게 성공할 수 있었다고 생각합니다.

그러니까 재생산 과정부터 철저히 사회적인 것이 성공의 비결이었다는 거군요.

그렇죠.

'할머니 가설' 이야기도 재미있더군요.

네. 난자는 유효기간이 있기 때문에 여성은 폐경을 맞게 돼 있어요. 따라서 여성이 나이가 든 후에는 자신이 직접 출산하기보다 자기 딸의 아기를 돌보는 식으로 유전자를 위해 봉사한다는 게 '할머니 가설'입니다. 그런데 그런 인간의 노년기가 갑자기 늘어나게 된 시점이 3만 년 전 후기 구석기시대와 연결이 되는 거예요.
그래서 저는 이렇게 해석을 했어요. 빙하기에 인류가 어려웠던 것은 단순한 추위 때문이 아니라 추운 날씨가 계속될 경우엔 한번 적응한 상태로 계속 가면 되니까 큰 문제가 안 된다는 뜻 오히려 기후변화가 예측 불허였다는 사실 때문이 아닐까 추측해요. 간빙기도 있고 해서 춥다가 다시 따뜻해지기도 하면 거기에 맞춰서 몸이 계속 적응해야 하니까. 그런데 그런 변화에 대한 적응은 유전자에 입력이 돼 있을 수는 없고, 그때그때 상황에 맞게 유연하게 적응할 필요가 있었던 거예요. 그 경우에는 정보의 힘이 아주 중요해지죠. 그래서 좀 장난스럽게 얘기하자면, 노인들은 당시 인류 공동체로 볼 때 마치 컴퓨터의 하드드라이브처럼 기능했던 게 아닐까 싶은 거죠. 과거 정보를 축적한 세대로서. 3대가 같이 살면서 지식이 축적되고 전수가 되는 거죠.

그런 식으로 세대가 겹치면서 정보가 쌓이기 시작한 게 3만 년 전쯤이 아닐까 싶어요. 2004년에 그런 내용의 논문을 발표하면서 주목을 많이 받았어요. 그때 어떤 기자가 묻더군요. 그러면 "컴퓨터가 보급된 지금은 노년이 필요 없어지게 된 건가요"라고요.

지금은 노년뿐만 아니라 인간 자체가 용도(?)를 위협받는 상황 같은데요.

거기에 더해서 재미있는 점이, 지금은 평균수명이 길어져서 일흔, 여든, 아흔 살까지 사는 것도 아무렇지 않게 됐잖아요. 그럴 경우 네 세대가 같이 살아야 하는데 실제로는 그렇지 않다는 거예요. 늘 3세대 정도가 공존하는 것은 과거나 지금이나 비슷합니다.

인류의 기원과는 별도로 한국인들은 한민족의 기원에 관심이 많습니다. 구체적으로 바이칼 호를 발원지로 지목하기도 하는데, 그런 주장은 어떻게 보세요?

우리 민족도 어딘가에서 이동해서 왔을 것은 틀림이 없겠지만, 문제는 '기원'이라는 개념 자체가 사실은 그렇게 과학적이지가 않아요. 오히려 인문학적인 개념이죠. 마치 인류의 시조를 아담과 이브라고 하는 것처럼. 우리는 북방 민족에 대한 환상이 좀 있어요. 흔히 대륙을 누비던 기마민족의 기상 같은 것을 떠올리거든요. 하지만 그런 낭만적인 사고의 경향이나 희망이 앞서다 보면 정작 실증 자료에 대해 열린 마음으로 보지 못하는 경우도 있다고 생각해요. 저는 어떻게 보면 외국에서 연구를 해온 외부인이잖아요. 그래서 그런 문제에 대해 비교적 거리를 둔 시각에서 이야기할 수 있지 않을까 싶어요. 제 심증으로는 한반도에 흘러든 사람들은 동남아에서 온 무리가 주류 아닐까 생각해요.

이유는요?

현생인류가 퍼진 이동 경로를 이야기할 때 대개 해안을 따라 이동했을 거라고 봅니다. 보통 해안을 따라가다가 내륙으로 점점 퍼져 들어가는 식이지, 내륙을 통해서, 가령 굳이 힘든 히말라야를 넘어 동남아로 오는 것은 상상하기 어렵다는 거죠. 한반도도 예외가 아니지 않나 싶어요. 물론 100퍼센트가 다 그렇게 왔다는 것은 아니고, 사람들이 계속해서 왔다 갔다 이동하면서 이렇게 저렇게 섞였을 테지요. 제가 요즘 아제르바이잔에서 출토된 인골을 들여다보는 이유의 저변에도, 거기서 얻을 수 있는 정보를 가지고 동북아나 한반도, 일본열도에서 나온 인골과 비교했을 때 뭔가 들여다볼 수 있지 않을까 하는 기대가 깔려 있습니다.

지금 인류학계의 최대 관심사는 뭐지요?

네안데르탈인이에요. 언제나 네안데르탈이에요. 지금 데니소바인이 굉장히 뜨고 있는데 그 이유도 어떻게 보면 네안데르탈인과 관련이 있어서 그래요. 같은 시기에 다른 대륙에도 뭔가 있었구나 하는, 어떤 면에서는 뿌듯한 깨달음이라고나 할까요.

그리고 아마도 초미의 관심사라고 하면 학계 자체의 지각변동이에요. 솔직히 말하면 저를 포함해서 학계 사람들조차 아직 지금 일어나는 변화에 완전히 적응하지 못했어요. 화석을 기반으로 연구해오던 학계 가 이제는 유전자분석에 의해 방향이 출렁대고 있으니까요. 데니소바 에서 출토된 새끼손톱만 한 뼛조각 하나를 분석한 결과 데니소바인이 라는 민족 하나가 생겼잖아요.

유전학이 급부상했을 때 초기의 허니문 단계는 이제 끝났어요. 맨 처음 인간 유전자의 염기서열이 분석됐을 때만 해도 마치 모든 답은 유전학이 제시해줄 수 있을 것처럼 생각됐어요. 모든 병도 다 고치고 퇴치될 걸로 기대했지요. 하지만 지금은 좀 더 차분하고 성숙된 상황에서 유전학이 어떻게 고인류학의 한 부분으로 들어올 수 있을까를 주시하고 있어요.

아까도 말씀드렸지만 유전학은 기본적으로 접근법이 완전히 다른데, 그럴 경우 고인류학이라는 학문이 과연 인류학에 그대로 남아 있을지, 아니면 어쩔 수 없이 학계 간 융합 학문으로 다시 변해야 할지 기로에 서 있다고 할 수 있죠. 그렇게 되면 인류학도 유전학도 아닌 새로운 분야가 생기게 됩니다. 어차피 지금의 대학, 단과대학, 학과라는 단위는 옛날부터 그냥 내려온 구조예요. 하지만 새로 바뀌려면 그럴듯한 내안이 있어야 하지요. 그렇지 않으면 허술해도 그냥 있던 대로 가고 맙니다. 구관이 명관이라는 말도 있듯이……

개인적으로 지금 가장 궁금한 연구 주제는 뭐지요?

신기하게도 예전에는 굵직굵직한 문제에 관심이 많았어요. 그런데 최근 한 5년, 이 책의 글을 쓸 무렵부터는 한반도에 사람이 어떻게 나타났고 정착해서 살게 됐을까, 동북아의 현생인류는 언제 어디서 어떻게 나타났을까, 그 인류와 지금 한반도 거주민과는 어떤 관계가 있을까, 이런 문제들에 점점 관심이 많아지고 있어요.

특별한 이유가 있나요?

모르겠어요. 나이가 들어서 그런가 봐요.(웃음) 고향 회귀 본능? 향수병이라고 할까요?

책은 평소에 어떤 것들을 주로 읽으세요?

제 연구 분야의 특징 중 하나가 최신 연구 결과가 책으로 나오지 않는다는 점입니다. 대개 학회지의 논문으로 나오니까. 그러다 보니 평소에 책은 오히려 전공과 상관없는 것들을 읽습니다. 최근에 저도 이런 책을 쓰게 되면서 과학 교양서에 관심을 갖게 됐어요.

인류학에 관심 있는 독자들에게 교양서로 추천할 만한 게 있나요?

막 떠오르는 걸로는 소설이 있는데요. 메리 도리아 러셀Mary Doria Russell의 『스패로』라는 책이에요. 인류학과 직접적인 관련은 없는 공상과학소설인데요, 제 책에서도 언급한 책이에요. 크라피나의 식인 여부를 놓고 연구한 분인데, 고인류학 박사 학위를 딴 후에 교수까지 하다가 소설가가 된 사람이에요. 책이 나왔을 때 큰 인기를 끌었어요. 아마존에서 죽기 전 봐야 할 소설 100선에 들기도 한 책이에요.

무슨 내용이지요?

지구에서 출발한 인류가 어떤 행성에 가서 외계 지성체와 만나서 일어나는 일들을 그린 책이에요. 저자가 인류학자 출신이다 보니 웬만한 인류학책보다 훨씬 많은 영감을 줘요. 결국 인류의 진화도 만남의 이야기라고 할 수 있거든요. 인간 집단이 서로 다른 이상한 존재와 만났을 때 어떤 일이 일어나고 어떤 생각을 하고 어떤 오해를 하고 영향을 주고받는지에 관해 묘사했는데 아주 잘 썼어요. 이분이 박사 학위도 네안데르탈인으로 했거든요. 저 같은 동종 학계 사람이 읽다 보면 '아, 이건 여기서 모델을 따왔고 저기서 영감을 얻어 묘사했구나' 싶은 게 많이 보이죠. 그전에 제가 가르치는 인류의 진화 시간에 필독서로 권하기도 했어요.

혹시 다음 책 준비하시는 게 있나요?

아직 계획은 없어요. 서울에 오니 친구가 이런 말을 하더군요. 국내 포털사이트에서 '인류의 기원' 같은 키워드로 검색하면 너무 허접한 글들만 있다고. 저보고 블로그를 해서 검색 가능한 콘텐츠를 많이 올려달라고 하더군요. 그런 걸 좀 생각하고 있긴 해요. 당장에는 돌아가서 신학기 강의 준비부터 해야지요.(웃음)

이상희 / 고인류학자. 서울대학교 고고미술사학과를 졸업하고 미국 미시간대학교 인류학과에서 석사와 박사 학위를 받았다. 현재 캘리포니아대학교 리버사이드 캠퍼스 인류학과 부교수를 지내며 일반인과 전문가 모두에게 인류의 기원과 진화를 알리고 있다. 쓴 책으로 『인류의 기원』이 있다.

이상희

우리 안의 초사회성

장대익 진화생물학자

인문학과 자연과학을 두고 "두 개의 문화The Two Cultures"라고 부른 것은 영국의 과학자이자 소설가 찰스 퍼시 스노Charles Percy Snow였다. 두 문화에 속한 사람들 사이의 단절과 소통 부족이 세계가 공통으로 직면한 문제를 해결하는 데 가장 큰 걸림돌로 작용하고 있다는 개탄의 표현이었다. 반세기 전의 일이다. 이런 구분과 진단을 두고 논쟁은 계속되고 있다. 그래도 경계선은 적잖이 흐려졌다. 좀 더 정확히 말하면 자연과학의 약진이 두드러진다. '제3의 문화'를 주창하며 통합적인 학문을 지지하고 후원해온 존 브록만 같은 출판기획자도 역점을 두는 쪽은 자연과학적인 접근법이다. 국내도 전개 양상은 비슷하다. 진화생물학자인 최재천 교수가 '통섭'을 앞세운 이래 경계 넘기에 공세적인 쪽은 자연과학자들이다. 그런 흐름 속에서 최근 두각을 나타내는 차세대 학자가 장대익 교수다. 이력부터 남다르다. 카이스트 공대생에서 과학철학으로 전향한 데 이어 진화생물학으로 선회하더니 정작 학문적 탐침이 향하는 곳은 인간 본성의 문제다. 지금도 서울대 자유전공학부에서 진화학 및 과학철학을 연구하고 강의하는 한편 '인간 본성 및 생물철학'이라는 간판을 내건 연구실을 운영하고 있다. 그동안 생각을 정리한 『울트라 소셜』을 출간한 그와 이메일을 통해 문답을 주고받았다. 다른 글에서 볼 수 없었던 깊은 생각을 엿볼 수 있었다.

과학고를 나와서 카이스트에서는 기계공학을 전공하셨고, 서울대 대학원에서는 과학철학에 이어 진화생물학으로 옮겨 갔습니다. 지금은 인간 본성에 대한 탐구에 집중하고 계십니다. 어떻게 기계공학에서 인간학에 이르게 됐는지 소개해주시겠습니까?

장대익

그러게 말입니다. 제 인생에서 침팬지가 이리도 중요한 존재가 될 줄 짐작이나 했겠습니까? 원래 마징가 제트를 만드는 게 꿈인 공학도였지만 대학교에 들어와서 인생의 방황을 하게 됐었고, 그때부터 실존적 의미와 삶의 가치문제에 골몰하게 됐었습니다. 그렇다고 종교나 철학의 본류로 바로 뛰어들기는 약간 겁이 났고, 과학을 좀 했으니 과학철학으로 시작하자는 생각을 했던 것 같습니다. 소위 공돌이가 대학원에 가서 인문학을 공부하려고 하니 처음에는 많이 힘들었습니다. 일종의 언어 장벽 같은 것을 느꼈습니다. 각 분야마다 자신들만의 용어가 있으니까요. 하지만 열심히 읽고 토론하다 보니 곧 익숙해지더군요. 그러다가 대학 때 나를 괴롭혔던 실존의 문제로 다시 돌아가게 되었습니다. 물론 이번에는 칼을 갈고 간 거죠. 철학이란 질문을 날카롭게 만드는 기술이거든요. 제게 진화생물학은 실존적 물음에 대한 가장 합리적인 대답이었습니다. '우리는 어디서 와서, 무엇이며, 어디로 가는가?'라는 고갱의 질문을 저도 똑같이 했지요. 대학원 박사과정에서 생물철학이라는 분야와 진화생물학을 본격적으로 연구하게 되면서 많은 의문이 풀렸고 또 다른 흥미로운 질문들이 솟아올랐습니다. 그때부터 인간 본성에 대한 과학적 탐구를 시작했습니다. 교토대학교 영장류연구소에서 침팬지의 행동을 연구할 수 있는 기회도 있었고, 탁월한 진화학자들과 함께 지내며 배울 수 있는 시기도 있었습니다. 서울대에 부임해서는 '인간 본성 및 생물철학 연구실'이라는 이상한 이름의 연구실을 만들어 개념적·경험적 접근을 함께 하는 일종의 지식 실험을 진행 중입니다. 최근에는 사회성에 관한 몇 가지 초보적 연구에 매달려 있습니다만, 궁극적으로는 '인간 본성 연구소' 같은 것을 만들어 다양한 분야의 전문가들이 모여 인간의 도덕성, 종교성, 정치성, 문학성, 예술성 등에 대한 초학제적 탐구를 해보는 것이 꿈입니다.

『울트라 소셜』은 어떤 책이지요? 그동안 내신 책들 중에서는 어떤 의미가 있습니까?

대학원 시절 인간의 마음과 행동을 진화론적으로 이해해보려고 했습니다. 그때부터 '인간의 독특성uniquely human'에 대해 큰 관심이 있었습니다. 너무나 다양하고 기가 막힐 정도로 어마어마한 이 자연계에서 호모 사피엔스가 내세울 만한 특성이라는 것이 과연 있을까? 우리는 스스로 대단하다고 여길 수 있겠지만 자연계 전체의 관점에서 보면 극히 미약한 존재에 불과할 수 있거든요.(가령 무소불위의 세균을 한번 생각해보시기 바랍니다.) 그래도 한 가지만큼은 분명해 보였습니다. 이 지구 상에서 오직 호모 사피엔스만이 문명 같은 것을 진화시켰다는 사실이지요. 우리와 가장 가까운 사촌인 침팬지와 보노보만 해도 문명은 만들지 못했습니다. 개미들이 엄청난 집을 짓고 사는 것도 본능에 따른 활동 이상은 아닙니다. '어쩌다 사피엔스는 문명을 진화시킨 유일한 종이 되었을까?' 이 질문에 대한 과학적인 해답을 찾고 싶었습니다. 그러던 중에 심리학과 뇌과학, 영장류학이 한결같이 가리키는 사실에 주목하게 됐습니다. 인간이 영장류 중에서도 사회성의 측면에서 아주 특출한 존재라는 사실 말입니다. 그 뒤로 인간의 사회성에 대한 과학적 연구들을 섭렵하려고 노력했고, 직접 몇 가지 연구를 수행하기도 했습니다. 그 결과 인간은 단순히 사회적인 존재라기보다는 초ultra사회적 존재로 진화했다고 결론 내리는 편이 더 적절하겠다고 판단했습니다. 그래서 이 책도 쓰게 됐습니다. 이전 책들이 인간 본성에 대한 진화론적 탐구 일반을 소개하고 정리하는 것이었던 반면 이번 책은 '사회성'이라는 특정 주제를 천착해 학제적 연구 성과들을 세부 주제별로 정리한 것입니다. 그동안 제가 쓴 책 중에서 구체적인 실험 내용이 가장 많이 등장합니다. 그래서 다소 어렵게 느껴질 수도 있습니다만, 가설과 실험 설계, 결과 등을 적극적으로 따라가면서 의미를 추출해보는 것도 좋겠다고 생각했습니다. 외국의 베스트셀러를 보면 쉽게 쓴 책보다는 내용이 풍부하고 의미를 잘 짚어주는 책이 많습니다. 저도 인간의 사회성에 대해 그런 책을 쓰고 싶었습니다. 아직 국내 독자들은 좀 어렵게 느끼는 듯합니다.(물론 일차적으로 제 능력의 한계 때문이지만요!)

인간이 사회적 존재라는 말은 예전부터 있었습니다. 굳이 '울트라소셜'이라 칭한 이유는 무엇인가요? '하이퍼소셜'이라는 말은 봤습니다만, 독창적으로 쓰신 개념인가요?

아리스토텔레스가 일찍이 『정치학』에서 "인간은 본성상 사회적 동물이다"라고 규정했지요. 그 뒤로 인간의 사회성은 너무나 당연시돼왔고 이제는 별 감흥이 없는 화석 같은 명제가 된 감이 있습니다. 저는 이 책에서 이 명제의 풍부한 의미를 과학적으로 밝혀보려고 했습니다. '사회적 동물'이라는 말로는 성에 차지 않았습니다. 왜냐하면 다른 영장류들도 다들 조직 생활을 하는 사회적 종이거든요. 개미만 해도 '초유기체superorganism'라고 불릴 만큼 어마어마한 군집 생활을 합니다. 그래서 행동생태학자들은 개미에게 '진사회적eusocial'이라는 형용사까지 붙여줍니다. 인간에게는 다른 형용사를 찾아야 했습니다. '하이퍼소셜'도 생각해봤지만 이 조어는 '과도하게 더 나아갔다'(쉽게 말하면 '좀 나댄다')는 부정적인 뜻을 담고 있는 것 같아 보류했습니다. 그러다가 독일의 저명한 영장류학자 미카엘 토마셀로Michael Tomasello의 논문에서 인간을 "초사회적 동물ultrasocial animal"로 표현한 구절을 보게 됐고, 이거다 싶었습니다. 다만 저는 초사회성의 의미를 좀 더 특별하게 사용하려고 했습니다. 침팬지와 달리 문명을 만들 정도의 강력한 사회성이긴 하지만 아직도 사람과 집단에 대한 편견과 차별이 존재하기 때문에 완벽에 이르렀다고는 할 수 없는, 그 정도 수준의 사회성이라는 뜻에서 '울트라'라는 접두사를 붙였습니다.

초사회성이 왜 문제가 되지요?

초사회성이라고 하면 일단 좋은 의미로 받아들이기 쉽습니다. 하지만 강한 사회성은 문제를 일으킬 수도 있습니다. 가령 우리는 남의 생각이나 행동에서 크고 작은 영향을 받습니다. 대세를 따르고, 연예인을 따라 하고, 책의 한 구절 때문에 삶의 방향을 바꾸기도 하는 존재지요. 이 모든 것을 한마디로 '타인의 영향'이라고 한다면 이 또한 초사회성의 발현이라고 할 수 있습니다. 영장류 종들 중 가장 큰 조직을 이루고 살아야 했던 사피엔스에게 타인에 대한 민감한 성향은 생사가 걸린 문제였습니다. 이런 성향은 동조 현상('예스맨의 탄생')과 권위에 대한 복종 등으로 나타나기도 합니다. 줏대 없이 친구 따라 강남 가다 망할 수 있지요. 그런 현상들을 이 책에서 '초사회성의 그늘'이라고 규정했습니다.

요즘 우리가 힘들어하는 문제들이 대개 사회 속에서 일어나는 것들이고 보면 인류의 사회성은 도약의 발판이자 불행의 덫인 것도 같습니다. 집단이 협력해 문명을 낳았지만 계급 질서도 생겨났지요. 그렇게 보면 개인과 사회는 길항 관계에 있는 것 같습니다. 울트라소셜로 심화되는 것은 인간의 숙명일까요?

어떤 생명체가―그것이 어떤 행성에서 진화한 것이든―문명이라는 것을 만들었다면 초사회성을 가진 존재라고 할 수 있습니다. 공감, 협력, 이해, 배려, 전수의 수준이 문명의 역치閾値threshold value. 생물이 외부 환경 변화(자극)에 대해 어떤 반응을 일으키는 데 필요한 최소한의 자극 세기를 넘었다고 할 수 있으니까요. 그런데 우리 지구인의 수준은 그 역치를 이제 겨우 넘은 정도가 아닐까요? 그렇다면 다음 질문은 '되돌아갈 수도 있을까?', 즉 '욕망 충족만을 최고의 목표로 행동하는 침팬지의 세계로 퇴보할 수 있겠느냐?' 하는 것입니다. 그렇지는 않을 거라 생각합니다.(《혹성탈출―종의 전쟁》에서는 영장류 종들 중에서 인간을 가장 포악하게 그려 넣은 것 같더군요. 하지만 영장류에 관한 진실과는 거리가 멉니다.)
인류는 진화사에서 대규모 협력을 통해 이미 문명의 맛을 본 존재이기 때문에 야만 세계(가령 이기주의자들만으로 구성된 홉스의 '자연 상태'나 그 반대 변의 전체주의 사회)로의 회귀는 쉽지 않을 것입니다. 있더라도 특정 시기에 국지적으로만 일어날 것이라고 봅니다. 제가 책에서 우리 문명이 탄생기와 영아기, 유아기를 거쳐 사춘기에 와 있다고 비유한 것도 같은 이유에서입니다. 사춘기 청소년이 제아무리 질풍노도를 겪는다 해도 엄마 배 속으로 다시 들어가지는 않지요.

적정 수준 이상의 사회성 과잉은 오히려 곤혹스러움이나 문제를 일으키는 것 같습니다. 사회주의 이상이 현실적으로는 전체주의로 귀결된 역사적 경험을 봐도 그렇습니다.

흥미로운 지적입니다. 하지만 저는 사회주의와 전체주의를 곧바로 연결시키는 것에는 동의하진 않습니다. 개인의 이기적 심성을 활용한 사회주의도 가능할 것이기 때문입니다. 반면 전체주의는 개인주의를 허락하지 않는다고 봐야 합니다. 규모가 큰 집단주의라고 해야겠죠. 최근에 한평생 개미를 연구해온 두 석학(베르트 횔도블러와 에드워드 윌슨)이 쓴 『초유기체』라는 책이 번역 출간됐습니다만, 개미의 초유기체적 사회는 사람으로 치면 어떤 유형의 사회일까요? 저는 그것이 전체주의, 즉 특정 개체나 시스템 자체를 위해 구성된 사회라기보다는 오히려 개별 구성원 모두의 적합도가 높아지는 고도의 개체주의일 수 있다고 봅니다.

그런데 정말 놀라운 것은 그 모든 것이 본능instinct에 의한 것이라는 사실입니다. 하지만 인간 사회는 그런 본능으로만 작동하지 않습니다. 우리는 고도로 발달한 뇌를 갖고 있기 때문에 더 복잡할 수밖에 없습니다. 그래서 인간 사회에서 독재나 전체주의는 종종 출현할 수 있고 실제 생겨나기도 했지만 영구히 지속되기는 불가능합니다. 전체주의는 인간의 진화된 사회적 욕구를 억압하기 때문입니다. 인간의 뇌는 그런 억압을 회피하고 개선하도록 프로그램되어 있습니다.(그래야 조직 사회에서 생존 자체가 가능했을 테니까요.) 그런 의미에서 전체주의는 '사회성의 과잉'이라기보다는 오히려 '사회성의 갈취'로 이해하는 게 더 적절하지 않을까 생각합니다. 즉, 우리의 진화된 공감·협력·배려·이해심을 갈취하는 심리 테크놀러지가 만들어낸 괴물이 바로 전체주의라고 할 수 있습니다.

인류는 사회성의 진화와는 다른 한편으로, 특히 근대로 와 '개인'에 눈뜨면서 그 방향으로 전진해왔습니다. 개인 기본권 보장, 핵가족화를 거쳐 오늘날 싱글족의 증가, 혼밥·혼술 문화 확산을 보면 그렇습니다. 과거 물리적 공동체로서의 사회는 이제 가상공간의 편의적 소셜 라이프로 바뀌어가고 있습니다. 그렇게 본다면 사회관계가 더 촘촘하고 복잡해지는 것에 비례해서 의식은 점점 개인화하는 것은 아닐까요?

예리한 관찰입니다. 우리 사회가 점점 더 초연결사회로 가고 있다고 생각합니다. 말씀하신 대로 '물리적 사회관계'는 더 촘촘해지고 있는 셈이죠. 그렇다면 인간 개개인의 사회성 총량도 증가한다고 할 수 있을까요? 제 책에 등장하는 주요 연구자 중에 옥스퍼드대학교의 진화심리학자 로빈 던바Robin Dunbar라는 인물이 있습니다. '사회적 뇌social brain' 가설을 주창하는 분인데요, 이분의 논지는 인간의 뇌가 커진 것은 그만큼 큰 조직을 관리해야 했기 때문이라는 것입니다. 돌려서 이야기하면, 적정 규모 이상의 조직(친구 150명 이상)을 관리하다가는 뇌가 폭발하고 만다는 뜻이지요. 즉, 우리 뇌의 용량과 사회성 총량은 양(+)의 상관관계가 있다는 것입니다. 저는 이게 진실이라고 받아들입니다. 페이스북, 인스타그램을 비롯해 각종 소셜미디어가 온라인상에서 우리의 사회자본을 소모하면 다른 곳에서 쓸 사회자본은 부족할 수밖에 없습니다. 사회성도 일종의 돈 같은 것이지요. 100만 원어치의 사회자본이 있다고 할 때 페이스북으로 80만 원을 써버렸으면 남은 돈은 20만 원밖에 없습니다. 가령 200년 전으로 돌아가봅시다. 그때는 한 사람이 나서 늙어 죽을 때까지 사회자본을 쓰고 얻는 곳은 태어난 마을에 불과했습니다. 하지만 지금은 다르고, 앞으로는 더욱 달라질 것입니다. 우리의 사회성은 너무나 다양하고 이종적인 네트워크 속에서 유통되고 있습니다.

문제는 우리가 모든 네트워크에서 동일한 크기와 강도로 사회자본을 사용할 수는 없다는 데 있습니다. 뇌가 폭발하니까요! 뇌의 용량은 단기간에 변하지 않습니다. 따라서 저는 앞으로 우리 사회의 초연결성이 심화될수록 혼밥·혼술은 오히려 더 많아질 것으로 예측합니다. 요컨대 이런 변화는 개인성의 증가라기보다는 인간 사회성의 총량의 한계 때문이라고 생각합니다.

> 이번 책에서 지금 인류는 사춘기라고 쓰셨지요. 인간의 사회성을 인격적 성숙과 유사하게 보는 것 같습니다. 배려의 진화 같은 개념을 보면 인간성도 결국에는 좋아지는 쪽으로 나아간다고 말씀하시는 것 같기도 합니다. 철학자 피터 싱어는 인간의 도덕성(공감 능력)이 동물을 비롯한 다른 종으로 반경이 넓어진다고 했지요. 하지만 사회를 보면 집단끼리의 갈등이나 대립은 별로 줄어든 것 같지가 않습니다. 어떻게 봐야 할까요?

제 책의 에필로그에도 썼지만 강연 때마다 너무 낙관적인 것 아니냐는 질문을 받습니다. 저는 이 대목에서 인류 역사의 큰 흐름을 볼 필요가 있다고 답합니다. 과연 집단 간 갈등이 예전보다 더 많아졌을까요? 예전이 더 평화롭고 정의로운 사회였을까요? 저는 역사가 그 반대의 대답을 하고 있다고 생각합니다. 오늘날 우리는 미디어의 엄청난 진화 덕분에 전 세계에서 벌어지는 크고 작은 갈등과 분쟁을 연일 생생하게 전해 듣습니다. 그리고 우리는 인지 특성상 가까운 과거의 것을 더 오래된 과거보다 훨씬 더 생생하게 잘 기억합니다. 하지만 심리학자 스티븐 핑커가 『우리 본성의 선한 천사』에서 논증했듯이, 인류의 역사는 자비와 연민이 증가하는 쪽으로 이동해왔습니다. 과거의 분쟁과 갈등은 더 폭력적이고 잔인한 방식으로 해결되었고, 환산해보면 훨씬 더 규모의 살육이었습니다.

우리 사회의 갈등이 더 다양해진 것은 맞지만 우리의 공감 능력이 더 퇴보했다고 보기는 어렵습니다. 300년 전만 해도 여성, 흑인, 강아지는 공감의 대상이 아니었지만 지금 어떻습니까? 더 나빠지고 있다는 주장은 일종의 착시라고 생각합니다.

> 대중적으로는 다윈 시리즈로 필명을 알리기 시작하셨지요. 다윈이 위대한 학자임은 알려진 사실입니다. 개인적으로 매료된 특별한 계기가 있었나요?

다윈은 정말 매력적인 사람입니다. 그중에서 몇 가지만 말씀드릴까요. 우선 세상을 바꾼 천재 과학자 중에서 이렇게 인간적인 사람은 없습니다. 따개비라는 미물에 꽂혀 8년간 연구하고 1000쪽의 책을 내고야 마는 집요한 인물이지만(그에게는 틀림없이 편집증이 있었을 겁니다) 동료들에게 쓴 편지를 보면 "왜 내가 이런 걸 시작했는지 모르겠어요. 지루해 죽겠어요"라고 푸념(?)합니다. 어찌 사랑하지 않을 수 있겠습니까?

사실 18세 때 인생이 한번 꺾였던 사람이기도 하죠. 적성에 맞지도 않는 의대에 등 떠밀려 들어갔다가 결국 자퇴하고 낙향해서 빈둥댔던 청년이었거든요. 우연히 비글호를 타게 되면서 인생이 바뀐 거지요. 너무 소심한 사람이라 논쟁을 할 때는 동료를 대신 내보내기도 했고, 20년 동안이나 자신의 이단적 사상을 발설할까 말까 고민했죠. 자녀들과 아내를 끔찍이 챙겼던 남자이기도 하고요. 이러면서 세상을 뒤흔든 혁명을 일으키기란 거의 불가능할 텐데 그걸 해낸 사람이니 매력적이랄 수밖에요. 세상을 뜨기 2년 전까지도 책을 냈어요. 무슨 책인지 아세요? 자신의 텃밭에 살고 있는 지렁이들이 토양을 어떻게 바꾸는가를 탐구한 거였어요. 손자하고 같이요. 『종의 기원』의 저자가 쓴 마지막 책의 주인공이 지렁이라는 생각을 할 때마다 고개가 숙여집니다. 저 같았으면 '자연계에서 인간 진화의 의미' 같은 거창한 주제를 다룬 역작을 썼을 것 같거든요.(또 다른 천재인 아이작 뉴턴이 말년에 『요한계시록』 주해서를 쓰면서 살짝 이상해진 것을 떠올려보세요.) 이런 게 다 다윈 선생의 매력입니다. 어찌 매료되지 않을 수 있겠습니까?

다윈에 관해 일반 대중이 오해하고 있거나 제대로 알려지지 않은 면이 있다면?

역사학자들을 궁금하게 만들었던 것 중 하나가, 왜 다윈이 1838년쯤에 이미 『종의 기원』의 중심 아이디어를 깨달았는데(이게 그의 비밀 노트에 정리되어 있었거든요) 20년이 지난 1859년에야 책을 출간하게 되었는가 하는 질문입니다. 왜 오래 묵혀뒀느냐는 궁금증이죠. 그동안은 "소심해서" "완벽주의자여서" "보수적이어서"라고 답변들을 했습니다. 최근에는 그게 아닌 것 같다는 연구가 나왔어요. 다윈이 남긴 메모와 편지 등으로 생애를 연구하는 학자들이 있거든요. 그들 중 〈다윈 서신 프로젝트Darwin Correspondence Project〉의 편집장을 지낸 존 밴 와이 John van Wyhe 박사의 연구에 따르면, 다윈은 1838년 이후 몇 번이나 출간 기회를 적극적으로 엿보고 있었다는 겁니다. 그때마다 상황이 여의치 않았을 뿐이었다는 거죠. 결코 완벽주의자여서 20년을 숙성시켰거나 너무 소심해서 원고가 든 서랍을 꽁꽁 잠가놓았던 것은 아니라는 얘기입니다.

매우 복잡한 개인적 스토리와 논리가 있지만, 한마디로 요약하면 불
가능하다고 생각합니다. 저도 한때 유신론과 진화론을 화해시켜보려
고 매달린 적이 있습니다만, 10여 년쯤 전 '미션 임파서블'이라고 결론
내렸고, 지금도 이 입장에는 변화가 없습니다. 유신 종교와 진화론은
완전히 반대 방향의 세계관을 갖고 있습니다. 전자는 세상에 먼저 아
이디어신의 설계가 있었고 그 설계에 따라 인간을 포함한 자연계가 형성
되었다고 주장하는 세계관입니다. 반면 후자는 그런 지적 설계 없이
지극히 기계적인 알고리즘인 자연선택 과정을 통해 인간과 같이 복잡
한 생명체가 생겨났으며, 만일 신에 대한 감각이 존재한다면 그것 역
시 우리 뇌가 진화한 결과라는 세계관입니다. 서로 충돌하는 세계관
이지요. 지식인들 중에 과학의 세계와 종교의 세계를 분리해서 생각
하는 분들이 적지 않은데요(이런 입장을 흔히 '분리론' 또는 '두 세계론'이
라고 합니다), 이것은 너무 손쉬운 해결책입니다. 기독교 같은 유신 종
교들을 보세요. 거기에는 삶의 의미나 지침만 들어 있는 게 아닙니다.
수많은 사실적 주장이 들어 있습니다. 물론 과학도 형이상학적 전제
들로부터 자유롭지는 못합니다. 그러니 두 세계에는 접점이 있을 수
밖에 없고 거기서 충돌이 일어날 수도 있는 겁니다. 저는 진화론이 유
신론보다는 무신론을 압도적으로 지지하는 성숙한 과학 이론이라고
생각하며, 서로 충돌하는 사실적 영역에서 그동안 진화론이 압도적
승리를 기록해왔나고 생각합니다.

신학자들과 『종교 전쟁』이라는 책도 내셨습니다. 어느 인터뷰에서는

종교가 무용한 것은 아니지만 잘 길들일 필요가 있다고 하셨더군요. 길들여진 종교에 신성함을 느낄 수 있을까요? 그러느니 차라리 전투적 무신론자들이 일관성이 있는 것 아닌가요?

저를 살짝 코너로 모시는군요. 말씀하신 것처럼 『종교 전쟁』은 종교현상학자이신 김윤성 교수와 조직신학자인 신재식 교수와 함께 쓴 책입니다. 저는 거기서 과학적 무신론자로 등장합니다.(물론 지금도 그런 입장입니다.) 하지만 리처드 도킨스처럼 '전사'가 되고 싶지는 않았습니다. 밈의 세계에서 고삐가 풀려 날뛰는(표현이 좀 과격해졌군요) 종교적 야생 관념들을 잘 길들여domesticated 세속적 문화의 한 갈래쯤으로 연착륙시키는 게 가장 좋은 전략이라고 저는 판단하고 있습니다. 이게 잘되면 미래의 종교는 어쩌면 공동체성을 깊이 경험할 수 있는 좋은 동아리 정도가 될 수 있겠죠? 신성divinity을 종교에서 찾으려는 성향도 저는 습관이라고 생각합니다. 신에 대한 두려움에서 출발하는 종교적 경외감awe feeling보다 우주와 자연의 신비로움에서 오는 과학적 경이감wonderness, 저는 이걸 추구하고 싶습니다.

창조론이 과학 교과서에 실려서는 안 될 이유에 대한 글을 쓰셨고, 과학이야말로 오늘날 핵심 인문 교양이어야 한다고 하셨습니다. 과학의 한계나 문제는 없나요?

당연히 있습니다. 그 한계를 인정하느냐 않느냐가 중요한 차이입니다. 경전의 한계를 인정하지 않는 것이 종교라면 지식의 한계를 인정하고 집단적인 '반증의 칼날'에 과감히 자신을 드러내놓는 게 과학입니다.

인간의 본성에 관한 비밀을 다 알 수 있을까요? 알고 나면 무엇이 달라질까요? 신비로움이 없는 세상은 오히려 시시하지 않을까요?

일단 절대로 다 알긴 어려울 거라고 생각해요. 모르는 게 압도적으로 더 많습니다. 그러니 심심해질 일은 없을 겁니다. 오히려 인간 본성에 대한 지식이 쌓여도 우리 인간이 잘 변하지 않을 것이라는 점이 저는 너무나 신비합니다. 내 성격이 이렇게 더럽다는 사실을 알고, 왜 그렇게 더러운지에 대해서도 (과학적으로) 이해했어도 그걸 바꾸는 일은 또 다른 문제입니다. 물론 이해를 통해 행동을 개선하는 전략(이걸 흔히 '넛지nudge'라고 하죠)이 최선의 전략일 겁니다.

원래 글쓰기에도 관심이나 욕심이 있었나요?

대학원생 때부터 잡지나 신문에 글을 쓸 수 있는 기회가 있었고 그때마다 열심히 해봤습니다. 글쓰기가 주는 지적 보상이 있는 것 같아요. 그리고 그것은 타인의 칭찬보다는 나의 내적 만족과 관련이 있는 것 같습니다. 내 의도대로 내 생각을 스스로 표현하고 나만의 기호의 세계를 창조할 수 있다는 것은 자율성과 유능함을 증진시켜주는 심리적 보상 체계입니다. 거기에 독자로부터 공감까지 얻게 되면 금상첨화죠.

읽기와 쓰기와 관련해서 갖고 있는 습관이나 리추얼 같은 게 있습니까?

책을 읽을 때 서론과 결론부터 천천히 읽어보고 맨 뒤에 나오는 색인을 훑어봅니다. 본문에 가서는 저자와 다음 날 대담이 잡혀 있다고 상상하고 읽어 내려갑니다.(대담으로서의 독서) 또 한 가지는 이 책의 내용을 학생들에게 소개해줄 것을 염두에 두면서 읽습니다.(전수로서의 독서) 주도적 독서법으로는 이것만큼 좋은 것을 아직 발견하지 못했습니다. 속독만큼 멍청한 독서는 없다고 생각합니다. 책은 '슬로 싱킹slow thinking'을 위한 최적의 도구거든요.

쓰기의 리추얼이라면…… 제목을 어떻게든 먼저 써놓고 글을 써내려갑니다. 물론 문단이 늘어나면서 처음 제목이 바뀌지만, 제목 없이 시작하는 글은 완성이 계속 늦어지거나 미완으로 끝나기도 합니다.

지금 개인적으로 가장 궁금한 것은 무엇입니까? 왜 그것이 중요하다고 보시는지요?

왜 우리 사회는 가치가 다양하지 못할까? 가치가 획일화된 사회에 살면서 너무나 많은 사람들이 고통을 느끼는 것 같습니다. 빈부 갈등, 남녀 갈등, 노사 갈등, 이념 갈등, 교육 갈등, 종교 갈등 등등, 모든 갈등이 이런 문제와 관련돼 있습니다. 인간 사회 어디에나 이런 문제가 있겠지만 우리 사회는 가치의 획일화 정도가 매우 심한 곳이라는 생각이 듭니다. 그래서 심리적 차원에서 이 문제를 들여다보고 싶고, 국가 간 비교도 해보고 싶습니다. 원인을 잘 찾아야 적절한 처방을 할 수 있을 거라고 생각해요.

지금 가장 기대하거나 주목하는 학자는 누구입니까? 왜지요?

제 지적 관심이 상당히 산만해서 어느 누구를 깃대 위에 세우고 따라가는 스타일은 아닙니다. 최근 몇 년 간은 사회심리학 분야의 연구 성과들을 많이 공부했습니다. 하지만 저의 지적 영웅은 미국 터프츠대학교 인지연구소 소장으로 있는 대니얼 데닛Daniel C. Dennett 선생입니다. 주변에서는 이제 나이도 많이 들어 새로 나올 게 별로 없다고 말하는 분들도 있지만, 그분 밑에서 박사후과정과 안식년을 보낸 저로서는 데닛 선생이 몸소 보여준 '대가는 어떻게 생각하는가'와 같은 것을 조금이나마 가까이서 배웠다는 게 큰 행운이라고 생각합니다.

　　지금 가장 주목해야 할 학문이나 산업 분야는 어디라고 보시며 이유는 무엇입니까?

다들 '4차 산업혁명'이라는 유행어에 말려들고 있는 것 같습니다. 그에 대한 반작용으로 '아날로그의 반격'을 이야기하는 이들도 있는 것 같고요. 하지만 저는 이런 때일수록 인간의 마음과 행동에 대한 깊은 탐구가 필요하다고 봅니다. 다들 상품과 산업에만 관심이 있지, 그걸 만들어내고 사용하고 전파하는 사람에는 별로 관심이 없어요. 제가 앞에서 '인간 본성 연구소'를 만드는 것이 꿈 중 하나라고 말씀드렸습니다만, 거기서 우리의 마음과 행동에 대해 연구한 것을 가지고 조직 혁신과 상품 개발에 응용하는 일을 돕는 것도 제가 정말 하고 싶은 일 중 하나입니다.

　　요즘 인공지능 이야기를 많이 합니다. 낙관과 우려, 과장됐다는 진단까지 다양합니다. 어떤 견해를 갖고 계시는지요. 대학이나 교수직에 노 영향을 줄 거라고 보세요?

인공지능에 대한 질문의 8할은 다 일자리 문제 같아요. 그런데 저는 그 질문이 우리를 향해야 한다고 생각해요. 무슨 말이냐면, '내 말을 들어주고 다독여주는 로봇이 개발되면 우리에게 그것은 어떤 존재로 다가올까'와 같은, 우리의 진화된 마음에 관한 질문들을 해봐야 한다고 생각해요. 제 책의 마지막 챕터에서 인간과 기계의 교감 문제를 다루고 있는데요, 제 결론은 더 큰 문제가 그들인공지능, 로봇이 아니라 우리의 진화된 마음이라는 겁니다. 그들이 우리의 일자리를 대체할까를 이야기하기 이전에 우리는 어떨 때 행복하고 불행한가, 왜 그런가 등등을 고민하고 연구해야 할 때라고 봅니다.

끝으로 인간을 과학적으로 이해하는 데 꼭 읽어봐야 할 책 네다섯 권 추천해주시겠어요?

1.『코스모스』2.『이기적 유전자』3.『내 안의 유인원』4.『아내를 모자로 착각한 남자』5.『사피엔스』

"우리 개개인은 질풍노도의 사춘기를 거치면서 타인을 이해하고 공감하고 배려하는 법과 자신의 감정을 통제하는 법을 연습한다. 그 시기를 잘 거친 개인은 훌륭한 인격을 가진 시민으로 성장하지만 그렇지 않은 이들은 자신과 타인의 삶에 고통을 주는 존재가 되기도 한다. 아동기를 큰 문제 없이 잘 거쳤다고 해서 사춘기가 자동으로 잘 흘러간다고 할 수는 없다.

마찬가지다. 인류 전체가 문명의 탄생과 아동기를 잘 넘어갔다고 해서 사춘기의 성공은 보장되지 않는다. 물론 다른 종들이 감히 못한 사춘기 진입을 우리는 했지만 말이다. 그렇다면 호모 사피엔스는 이 사춘기 문턱을 잘 넘어 우주적으로 성숙한 초사회적 종으로 성장할 수 있을까? 아니면 이 문턱 앞에서 자기 파멸의 길로 들어서고 말 것인가? 이 엄중한 질문에 답하려면 인간 본성에 새겨진 초사회성의 비밀에서부터 출발해야 할 것이다."

—『울트라 소셜』마지막 단락

장대익/진화생물학자. 서울대학교 자유전공학부 교수. 카이스트에서 기계공학을 공부하고 서울대학교에서 생물철학으로 석사와 박사 학위를 받았다. 터프츠대학교 인지연구소 소장인 진화철학자 대니얼 데닛 교수 아래서 마음의 구조와 진화를 공부했다. 『울트라 소셜』 외에도 많은 책을 쓰고 옮겼다.

읽고 쓰는 인간

김명남

이기호

이충렬

번역가의 꿈

김명남 번역가

뛰어난 작가 뒤로 팬이 무리를 이루는 것은 다반사다. 하지만 번역자 주변에서 비슷한 현상을 목격하는 것은 흔치 않은 일이다. 작고한 이윤기나 현역 김석희 같은 걸출한 번역가야 그럴 수도 있겠다. 하지만 두 사람은 자기 명의의 소설 쓰기로 이름을 알렸거나 일을 병행했던 터이니 열외로 하자. 여기에 유독 번역가의 '본업'에만 충실하면서도 여느 유명 독립 작가 못지않은 팬덤을 거느리는 글쟁이가 있다. 본인은 글쟁이란 수식어가 언감생심이라며 손사래를 칠 것이다. 하지만 일간지에 등장하는 서평을 비롯해 군데군데에서 글 쓰는 사람으로도 미동하고 있음은 부인할 수 없는 사실이다. 10년 만에 90권 번역에 70권 출간. 이 정도면 양산이라 할 만하다. 진면목은 양이 아니라 안목 있는 독자들도 호평하는 생산물의 품질이다. 과학 전문 번역가 김명남. 책 좀 읽는다는 사람이라면 서가에 그의 이름이 올라 있는 외서 한 권쯤은 있다. 아니라면 앞으로 그리될 확률이 높다. 출판업계는 물론 독자들 사이에서도 줄기차게 호감을 쌓아가고 있는 그를 만났다. 북클럽 오리진이 막 시작할 무렵인 2016년 벽두였다. 번역의 세계가 무엇이고 거기에 생을 건 사람의 심사는 어떤 것이지 나는 내내 궁금했다.

신문기자에 온라인 서점의 편집자를 거치셨다고 들었습니다.

신문사는 아주 짧게 있었어요. 1999년 〈동아일보〉에 수습기자로 입사해서 근무는 2000년부터 했는데 그해에 바로 그만뒀어요. 수습 과정을 6개월 정도 거친 후에 '실전'에 투입됐는데 하자마자 그만뒀어요. 8개월 정도 했나?

기자 일이 맞지 않았나 보죠?

전혀요. 기자 일을 잘 몰랐던 거죠.

언론사 시험은 그냥 쳐본 건가요?

네. 저는 과학고 시절부터 계속 전공이 과학이었어요. 대학원을 졸업하고 공부는 더 못하겠고, 취직은 해야겠는데 뭔가 쓰는 일을 하고 싶더라고요. 그해에 〈동아일보〉가 전형에서 상식이랑 한문을 폐지했어요. 말하자면 논술 시험만 치면 되니까. 좀 수월할 것 같아서 봤어요. 사실 시험을 칠 때도 '나는 아닌 것 같은데' 하는 생각은 들었지만, 붙고 나니까 한번 다녀보자 싶었죠. 신문사에 잠시라도 다녀본 것은 좋았어요.

왜죠?

군대에 갔다 온 것 같았어요.(웃음) 그땐 너무너무 싫었는데 지나고 보니까 그게 아무나 할 수 없는 경험이고, 배운 게 너무 많았어요. 그 기회가 아니었으면 그런 건 평생 모르고 살았을 타입이니까. 사실 그런 사실을 알았기 때문에 기자 경험을 추구하지 않았을까 싶기도 해요. 다른 건 몰라도, 짧은 시간에 아주 버거운 과제를 줘서 해내게 하는 것 같은 건 그 나름의 훈련으로서 충분히 의미가 있었다고 생각해요.

지금 하는 일로 치면 마감 시간 훈련이 됐겠네요.(웃음)

그럼요. 빨리 쓰거나 천천히 쓰는 능력과는 무관하게 우선순위의 문제를 터득하게 되죠. 어쨌거나 마감 시간이 제일 중요하다는 것을 모르는 분들이 아주 많기 때문에 더……. 기자에게는 잘 쓰고 못 쓰고, 장문이고 단문이고를 떠나서 마감 시간이 우선이라는 게 박혀 있잖아요. 그때 입사 동기였다가 지금은 저처럼 전업으로 번역하는 친구가 있는데, 그 친구도 마감 시간 어기면 죽는 줄 알아요.(웃음) 기자 생활을 저보다 더 오래 했으니까.

편집부 생활도 해보셨나요? 저도 거쳤는데, 그게 글쓰기에도 도움이 많이 되지요.

그런 것 같아요. 자기 글을 남에게 교정당하는 경험도 기자 생활을 하면서 처음 겪는데, 바꿔서 남의 글을 자기가 다듬으면서 배우는 게 있죠. 그런 건 다른 사회생활에서 배우기 힘든 거죠. 그리고 제목을 한번 달아보면 글을 어떻게 써야 하는지 시각이 확 달라지잖아요. 요즘은 그런 걸 글쓰기 학원 같은 데서 돈을 주고 배우잖아요.

그러다가 바로 알라딘에 입사하신 건가요? 얼마나 계신 거죠?

알라딘은 2000년 8월에 들어가서 2006년 8월에 나왔으니까 꼭 6년이네요.

어떻게 해서 온라인 서점에 들어가셨죠?

제가 〈동아일보〉 입사 전 대학원에 다니던 1999년에 인터넷 서점이 처음 생겼어요. 알라딘이랑 예스24의 전신이었어요. 대학원생이고 원래 책을 좋아했으니까 온라인 서점을 처음 써본 거예요. 그때 그 온라인 서점의 감각에 반해서 고객으로 있다가, 기자 일을 그만두고 난 다음에 무슨 일을 할까 고민하던 차에 마침 알라딘 채용 공고를 본 거예요. 저는 다니던 회사 사표를 낸 몸이니까 여기 안 붙여주시면 안 된다고 사정해서 들어갔죠.(웃음)

그땐 뭐로 들어갔죠?

편집부라고 해서 아주 소박하고 순수하게 그 일을 하는 부서였어요.

온라인 서점에서 편집부라면 무슨 일을 하죠?

그땐 책 소개를 서점 편집부가 직접 썼어요. 요즘은 출판사에서 낸 보도자료를 가공해서 그대로 올리지만 그때는 보도자료를 보내주는 출판사가 없기도 했고. 그냥 새로 나온 책을 서점 직원이 한 권씩 사서 훑어보고 소개를 썼어요. 편집부 사람들이 분야별로. 누구는 사회과학, 저는 그때 외국 소설 담당이었어요. 그 일이 재미있고 좋았어요.

그럼 그때부터 번역 일을 같이 하신 건가요?

낮에는 회사에서 일하고 저녁과 주말을 이용해서 번역을 했어요. 그렇게 하니 나중에는 체력이 안 되더라고요. 저는 번역이 좋은데 1년에 한 권 정도로는 성에 안 차고. 결국 어느 순간에 결정을 해야겠다는 생각이 들어서 회사를 나오게 됐죠. 너무 좋은 직장이었지만. 선택한 게 2006년이었죠. 올해로 꼭 10년이 되네요.

　　　온라인 서점 편집자 일이 그 뒤 번역 일에도 도움이 됐나요?

네. 그전부터 개인적으로 책은 아주 좋아했지만, 책 읽는 사람은 흔히 편견이 있잖아요. 인문, 사회나 문학 책만 좋은 책이고 자기계발서 같은 것은 좋지 않은 거라는. 그런 통념적인 생각이 현장에서 많이 깨졌어요. 직장 동료가 읽는 자기계발서 같은 책을 보니까 거기에도 굉장히 좋은 세계가 있고, 어린이책 같은 것도 마찬가지고. 제가 20대에 다른 데서는 접할 수 없었던, 그런 몰랐던 책의 세계를 굉장히 많이 알게 됐죠. 아주 소박한 독자 수준에서 좋은 책이란 게 뭔가 하는, 또 출판업계를 볼 수 있는 시선을 갖게 돼서 지금 번역가로 일하면서도 도움이 많이 돼요. 다른 분들은 그런 경험 없이 보통 대학원 졸업하고 나서 번역을 시작하는데 아무래도 좀 통념적인 시각을 갖게 되기 쉽거든요. 저처럼 '업자 마인드'를(웃음) 갖고 있으면 같이 일하시는 출판사 분들이 아무래도 편해하시죠. 우리 사정을 다 안다, 이런 분위기니까.

　　　일찍부터 번역가에 대한 꿈이 있었다면서요?

네, 중학교 때부터요.(웃음)

　　　그 나이에 흔히 생각할 수 있는 직업은 아닌 것 같은데요.

그냥 글이 좋았어요. 그래서 앞으로 크면……

보통은 글을 쓰고 싶으면 작가가 되고 싶다고 할 텐데요.

말하자면 문학소녀였고 백일장에 나가서 상도 받곤 했는데, 초등학교 때부터 '나는 잘 쓰지는 못하는구나, 상은 받지만' 하는 생각이 들었어요.

그 나이에 엄청난 자의식인데요.

그걸 알겠더라고요. 그런 자의식이 너무 강해서. 그래도 글에 대한 관심은 계속 있으니까. 저의 좁은 세계에서 그런 걸 할 수 있는 길은…… 또 영어도 좋아했으니까 영어를 계속 공부해서 영문학 교수가 되거나 영어 선생님이 되거나 여러 선택지가 있었겠죠. 그런데 그때부터 문학책 같은 걸 보면서 김석희 씨나 유명한 번역가들 이름이 머리에 입력이 돼 있었고 그런 직업이 있다는 것을 일찍부터 알고 있어서 그쪽으로 생각이 들었던 거죠. 하지만 그건 자격증이 있는 것도 아니고 어떻게 하면 되는 것도 아니니까, '아, 그냥 열심히 살다 보면 한 마흔 살이면 한 권쯤 번역할 수 있지 않을까' 이렇게 생각했어요.

그런데 이미 70권이나 했으니…….

하하. 그렇죠. 전 이미 인생 초과 달성이에요. (웃음)

흠모했던 김석희 선생과 결국 같은 길에 들어섰는데, 한번 만나 보셨어요?

작년에 〈한국일보〉에서 주는 한국출판문화상을 제가 받게 됐는데 거기 심사 위원이셨어요. 시상식장에서 뵙게 돼 너무 감격스러웠어요.

　최근에 소설도 다시 내셨죠.

네, 그것 보고 놀랐어요.

　왜요?

그분은 번역가로서 꼭대기에 올라가 계신 셈인데, 저 같으면 되게 조심스럽고 꺼려질 것 같거든요. 자기 검열이라는 게 있으니까요. 안 돼 봐서 모르겠지만.(웃음)

　아, 용기를 말씀하시는 건가요?

네.

　그래서 질문을 드리자면, 번역을 하다 보면 언젠가는 내 글을 써야지 하는 생각이 들진 않나요?

(약간의 주저도 없이 반 박자 빠르게) 없어요.

　전혀요?

(역시 조금의 틈도 주지 않고) 네.

아예 꺾어버린 건가요?

저는 별로 할 말이 없는 사람이라는 생각을 해요. 사람들한테 할 말이 없어요. 그러면 쓸 게 없는 거죠. 유일하게 번역에 대해서는 할 말이 있지만, 그것도 학술적인 의미의 번역론 같은 게 아니라서 또 별로 의미가 없고. 그러니까 별로 할 말이 없죠.

지금은 영어 번역만 하시죠?

네.

분야는?

시작을 과학책으로 했고 과학을 전공했으니까 과학책이 한 70퍼센트쯤 돼요. 나머지는 어린이책과 에세이가 30퍼센트 정도.

번역은 연초에 계획을 세워서 하나요, 아니면 그때그때?

사람마다 다를 텐데 저는 1년 정도 잡아놓고 해요. 올해 일은 다 차 있어요. 프리랜서는 그렇게 안 하면 너무 불안해서요.

일감이 들어오니까 가능하겠죠? 지금은 어느 정도 솎아낼 수도 있는 단계죠?

네, 잘난 척 같지만, 저는 이제 그럴 수 있어요. 제가 하고 싶은 책을 고를 수 있어요. 출판사들이 주시면 그중에서 할 수 있는 것. 그러니까 계획을 잡을 수가 있죠.

올해는 몇 권 내실 계획이죠?

일단 일곱 권쯤?

10년 동안 70권을 내셨다고 했으니까……

실제로 번역은 80권 조금 넘게 했어요. 출판사에 들어가서 출간 안 된 것도 있고. 책으로 나온 것만 딱 70권이에요.

10년 사이에 90권을 번역하셨다면 연 아홉 권꼴이네요.

네, 매년 아홉 권씩.

처음부터 그 정도였나요? 아니면 속도가 더 붙어서 갈수록 많아진 건가요?

속도는 오히려 떨어졌죠. 체력이 떨어지니까. 20대 때보다는.

작업 시간은 하루에 얼마나 되나요?

저는 회사원이라 생각하고 주 6일, 9시에서 6시까지 일해요. 정확히 여덟 시간을 근무시간이라 생각하고 일하려고 해요. 물론 변동은 많이 있죠. 시간을 앞뒤로 밀고 당긴다든지 하는 것은 프리랜서의 장점인데, 그래도 어쨌든 총 여덟 시간은 확보해서 아침부터 저녁까지 일하고 있어요.

일과는 정해져 있나요?

아침 6시에 일어나려고 하는 편이고, 요가를 해요. 매일은 아니지만. 그리고 제가 일산 호수공원 바로 앞에 사는데그 후 다른 곳으로 이사, 한 시간 정도 호수 주변을 산책하죠. 매일. 프리랜서니까 산책을 아침에 할 수도 있고 저녁에 할 수도 있지만. 매일 하는 빼놓지 않는 일과는 산책과 일, 두 가지예요.

그 외에는 사람을 만나거나……

사람은 거의 안 만나고요, 그다음 날 일할 것을 읽죠. 다음 날 뭐 할 건가 준비하고요.

그건 일이 아닌가요?

그건 일이 아니죠.(웃음) 그다음 날 일할 걸 미리 읽어놔야 그다음 날 딱 일을 시작할 수 있으니까. 아니면 일에 필요한 독서를 하든가 추리소설, 신문 같은 걸 읽죠.

여덟 시간 일한다는 건 정확히 번역에만 집중해서 일하는 시간이 그렇다는 건가요?

네, 타이핑하는 시간이죠.

그 *번역 일을 위한 책이랑 즐기기 위한 책은 구분이 되나 보지요?*

저는 즐기기 위한 책이랑은 완전히 구분이 돼요. 제가 추리소설을 굉장히 좋아하거든요. 일본 추리소설을 많이 읽는데 그런 건 진짜 기분전환용 독서죠. 일할 때 필요한 책들도 읽어요. 다른 과학책이나 참고용 도서 같은 것들.

그 *그런 책들은 공부를 위해 틈틈이 읽어두는 식이군요.*

네, 그리고 제가 신문에 한 달에 한 번 북 칼럼 쓰는 게 있는데, 그걸 쓰려면 적어도 두 권은 읽어야 해요. 어떤 책을 쓸 수 있을지 알 수 없으니까 적어도 두 권은 읽게 되죠.

그 *일상이 거의 읽기군요.*

네.

그 *원래 책을 많이 읽는 집안이었나요?*

아빠엄마는 그냥 굉장히 평범하셔서 따로 독서가 취미거나 하진 않았는데, 엄마가 책을 엄청 많이 사주셨어요. 제가 어릴 때부터 책을 좋아하니까.

김명남 227

집에서 몇째죠?

딸 둘인데 첫째예요.

동생도 책을 좋아했나요?

아니요.(웃음)

그러면 집에서 유독 혼자만 책벌레였나 보네요?

네. 아기 때부터 책을 읽어주면 저는 집중해서 듣고 그러니까 엄마가 좋아서 계속 책을 사주는데 동생은 책을 장난감으로 여기고는 가져가서 찢으려고 그랬대요. 그때부터 다르구나 생각하셨대요.(웃음)

읽고 쓰고, 그 뒤로 백일장 나가서 상도 받고?

사회 부적응 문학소녀 그런 거죠.(웃음) 영어 공부를 좋아했어요. 그때는 사실 영어 말고 다른 외국어는 잘 모르니까. 팝송 많이 듣고 영어 공부 열심히 했죠.

그런데 어떻게 과학고를 갔죠?

아, 저는 중학교 때 생활이 좀 힘들었거든요. 사회성도 없고…….

책에 너무 빠져서 그랬나요?

그건 아니고, 제가 학생회장 같은 걸 했는데, 회장을 하면서 '아, 나는 이런 걸 못하겠구나' 하는 자각이 든 거예요. 사람들 만나고 나서고 하면서 자기 주도성 같은 건 별로 없는 굉장히 수동적인 사람이라고 느꼈어요. 뭔가 내가 잘할 수 있는 건 공부 이런 건데, 그런 걸 좀 편하게 하면서 학교생활을 하려면 특수고가 좋을 것 같더라고요. 선생님들 압박도 좀 덜할 것 같고……(웃음) 만약 요즘 같은 외고가 있었으면 갔을 수도 있는데 그때는 외고가 그렇게 좋지는 않았어요. 제가 부산 출신인데 마침 그때 부산과학고가 새로 생긴 거예요. 그래서 한번 쳐보자 싶었는데 붙었죠.

과학고는 좋았어요?

아주 좋았어요. 굉장히 좋았어요. 2년밖에 안 다녔지만. 집 나와서 기숙사 생활 하는 것도 너무 좋았고.(웃음)

왜 2년이죠?

과학고는 2년 하고 나면 3학년은 안 하고 카이스트에 진학할 수 있거든요. 다른 대학은 안 되고. 카이스트 시험 쳐서 붙으면 갈 수 있었죠.

영특했나 보네요.

아뇨, 그런 건 아니고.(웃음) 과학고에서 제일 좋았던 건 기숙사 생활하고 남녀공학인 점도 좋았지만, 여중에서 못한 경험이었으니까, 무엇보다 좋았던 것은 세상에 똑똑한 애들이 이렇게 많구나, 나는 똑똑한 것도 아니었구나 하는 것을 일찍 깨달은 거죠. 만약 제가 일반고에 갔으면 대학에나 가서 깨달았겠죠. 고등학교 가서 보니, 뭐 공부 잘하는 애들 수두룩하고 저는 아무것도 아니더라고요.

책 좋아하고 문학소녀였으면 왜 인문대나 영문과로 갈 생각은 안 했지요?

고등학교 다닐 때도 사실 영어 공부를 제일 열심히 했거든요. 재미있으니까. 다른 친구들보다 수학, 과학은 못하기도 했고. 그래서 인문계로 전학해서 영문과 같은 데를 진학할까 생각도 했어요. 하지만 서울대를 못 가면 집에서 사립대를 보낼 형편은 안 되니까 그런 위험을 감수하기는 싫고, 과학고 2학년만 마치면 바로 갈 수 있는 곳을 찾은 거죠. 그때만 해도 지금과는 달리 '대학 졸업 후에 뭘 할까' 이런 생각까지는 안 하고 가던 때라서…… 놀러 간 거죠 뭐.(웃음)

카이스트 가서는 어땠어요?

카이스트도 굉장히 좋았는데, 입학 후에는 본격적으로 생각해보니 과학을 계속할 재능은 안 되는 것 같았어요. 그래서 과학사를 공부해야겠다고 결심했죠.

그건 인문적인 거니까.

네. 제가 잘하는 것을 살리면서 두 가지를 할 수 있을 것 같았어요. 하지만 카이스트에는 과학사 학과 같은 게 없었어요. 교양과목 교수님만 있었던 거예요. 당시에 김동원 교수님이 강사셨는데, 그분한테 찾아가서 이것 하고 싶다고 했더니 그분이 저를 조교 비슷하게 써주셨어요. 2학년 때부터 3, 4년 동안 그분이 주시는 책 읽고 하면서 과외로 과학 서적을 좀 읽었죠.

좋아하는 작가가 있나요?

다양하게 좋아하는 편이에요.

최근에 좋게 생각하는 작가라면?

최근이라면 단연 앤드루 솔로몬이라고, 작년에 번역돼 나온 『부모와 다른 아이들』 저자예요.

그 사람 책도 번역하고 싶겠네요?

아 ─ (얕은 숨을 몰아쉬면서 이번에도 반 박자 빠르게) 당연하죠! 하지만 그분이 10년에 한 번 책을 한 권씩 쓰기 때문에 제게는 영영 기회가 안 올 것 같아요. 팬으로서 번역을 한번 꼭 해보고 싶은 마음은 있죠.

그 저자의 어떤 점이 좋죠?

첫 책 『한낮의 우울』이 너무 좋았는데, 요즘은 그렇게 스타일리스트의 문장을 쓰는 작가가 거의 없잖아요. 요새 논픽션들은 대개 저널리스트가 취재해서 쓰는 경우가 많고, 경우 문장 같은 것보다는 잡지의 특집 기사를 확장한 듯한 논픽션을 많이 읽게 되는데, 갈수록 그래요. 하지만 이 저자는 정말이지, 루소가 책을 썼을 것처럼 그렇게 책을 쓰는 사람이에요. 에세이스트로서 논픽션을 쓰는 사람, 그게 너무 좋아요.

하나의 완결적인 작품으로 쓰는?

네. 자기 이야기. 세상을 취재해서 쓰는 것이긴 하지만 모든 것을 자기 이야기로 쓰는 사람. 그 인간 자체의 매력이 근저에 있는 거죠. 그게 굉장히 스타일리시하고 화려한 문장으로 나오는데 거북하거나 책 두께가 부담스럽거나 하지 않고 그 저자의 카리스마와 아우라에 흠뻑 빠져서 읽게 되죠. 그런 옛날의 책이 주었던 경험 같은 것을 줄 수 있는 훌륭한 작가죠. 그런 사람은 두껍게 쓸수록 좋아요. 하하.

좋은 영화는 상영 시간이 길수록 좋은 것처럼?

네네. 몇 시간이라도 상관없는 것처럼.(웃음)

특별히 많이 번역한 저자가 있나요?

많이는 아니고, 리처드 도킨스 책을 두 권 번역했어요.

스티븐 핑커 하버드대 교수 책은 작년에 한국출판문화상 받은 『우리 본성의 선한 천사』 하나뿐이었나요?

네. 지금 하나 더 하고 있어요. 글쓰기 책인데 『The Sense of Style』이라고.

아, 그 책을 맡으셨어요?

네, 올해에 나와야 하는데…… 일정이 막 밀려가고.(웃음)

동시다발로 진행을 하나 보죠?

그건 아니고, 한번 할 때는 한 책만 하는데 출판사 사정이나 일정에 따라 달라지기도 하고 그래요.

올해 번역하시는 책 중에 나름의 기대작이라면?

여러 개가 있는데요, 하하하. 사실 이런 얘기는 저만 재미있는 얘기일 수 있는데……(웃음) 한 일주쯤 뒤에, 치마만다 응고지 아디치에라는 나이지리아 여성 작가가 테드TED에서 인기를 끈 강연이 있거든요, 그걸 소책자로 만든 게 있는데 그게 나올 거예요. 제목이 '우리는 모두 페미니스트가 되어야 합니다'입니다.인터뷰 후에 책이 출간됐고 국내에서도 큰 관심을 끌었다.

어떤 책인가요?

아주 우아하고 아름다운, 간결하고 짧은 21세기 페미니스트 선언서예요.

21세기 페미니즘이라…… 궁금하군요.

페미니즘이면서도 굉장히 쉽고 다정하게 쓴 책이에요. 그래서 스웨덴에서는 이 소책자를 16세 고등학생 전원에게 선물로 나눠줬어요. 남자들도 부담 없이 읽을 수 있을 정도로. 그 글이 너무 좋아서, 소책자는 우리나라에서 내기 어려운데 제가 창비와 인연이 있어서, 내면 좋을 것 같다고 해서 내게 됐어요.

21세기 페미니즘이 뭔지 간략하게 소개해주실 수 있나요?

사실은 오히려 기본으로 돌아가는 건데요, 그러니까 페미니즘이 단순히 여권신장이나 이런 게 아니라 우리가 젠더를 생각하는 태도 자체의 변화가 필요하다는 얘기예요. 여자만 변하거나 제도만 변해서 되는 게 아니고 정말로 모두의 생각이 변해야 한다는 걸 얘기해요. 그래서 남자도 페미니스트가 되어야 한다고 초대하는 거예요. 그 이유 중 하나는 지금의 젠더에 대한 고정관념이 남자에게도 너무나 구속으로 작용하는데, 가령 남자는 울면 안 된다는 식의 남성성의 굴레 같은 게 있죠, 그런 걸 굉장히 이해하기 쉽게 설명을 해줘요. 나이지리아 상황에 빗대서 이야기하는데 우리나라랑 똑같아요.

어떤 부분이 똑같죠?

거기에도 문화적으로 여성들에게 요구하는 규범이 있는데, 여성은 여성다워야 하고 요리 잘해야 하고 남자보다 잘나면 안 되고, 이런 걸어릴 때부터 여자아이에게 가르친다는 거예요.

그 점은 가부장제 사회에 공통된 것 같은데요.

메시지 자체는 특별하지 않을 수도 있는데 그 사람이 아주 훌륭한 작가거든요. 소설도 굉장히 좋아요. 그러니까 어떻게 보면 뻔한 메시지를 너무나도 포용력 있는 목소리로 전달하는데, 글 자체가 굉장히 좋은 거예요.

감화력이 있나 보죠?

네, 테드 강연이 워낙 좋아서 그 강연 일부를 팝 가수 비욘세가 자기 노래에 피처링해서 썼어요. 그 정도로, 표현하신 것처럼 사람을 감화시키는 힘이 있어요, 그 글에.

그런 글은 번역에도 신경이 많이 쓰이겠네요?

네, 그래서 초조해요. 하하.

초조하단 건 왜죠? 어떻게 평가받을까 해서요?

뭐, 저에 대한 평가는 상관이 없는데, 더 좋은 분이 번역을 하면 좋지 않았을까 하는 생각 때문이지요. 제가 틀린 걸 지적받을까 봐 걱정하는 게 아니에요. 아무래도 글로는 말의 맛을 100퍼센트 살리기 어려우니까…….

그 점이 번역자로서는 늘 고민일 것 같아요. 내 글이면 내가 제일 잘

아는 것이기도 하고 내가 책임지면 되는데, 번역은 발신자가 따로 있
다 보니까 그 결과물에 대해 누구라도 토를 달 수 있잖아요.

그렇죠. 그래서 그런 사정에 대처하는 방식도 번역가마다 다양한 것
같아요. 제가 아는 노승영이라는 분은, 그래서 살아 있는 저자의 책만
번역하신다고⋯⋯.(웃음)

직접 물어볼 수 있으니까?

네, 아주 많이 물어보면서 작업을 하세요. 이메일을 주고받으면서까지.
근데 저는 완전히 반대예요. 저는 제가 어떤 면에서는 저자보다 더 잘
안다고 생각해요. 저자가 준 퍼즐 조각을 맞추는 걸 너무 좋아해요.
저는 그런 이음매를 스스로 알아내는 과정이 제일 재미있거든요.

아까부터 이야기를 듣다 보니까 해석학자 같은 인상을 받습니다. 완
결성 있는 작품을 좋아한다는 말도 그렇고, 지금도 책을 작가와는 독
립된 텍스트로 보고, 심지어 작가 자신도 몰랐던 것을 캐내는 게 번역
이라고 말하는 걸 보면.

그래서 저는 늘 주장하는 게 있어요. 번역을 마친 시점에서는 저자보
다 그 책을 제가 더 잘 안다고 생각해요. 저자는 자기가 잘 모르고 쓴
표현 같은 것도 있고, 저자가 모르는 허점도 있죠. 하지만 저는 조사
를 하면서 번역을 하니까 그러다 보면 틀린 것도 당연히 많이 잡아내
고, 팩트 틀린 것은 부지기수고, 저자가 쓴 문장 같은 것도 저자가 어
떤 무의식에서 이렇게 썼을 것이라는 감이 와요. 물론 확인받을 수는

없지만. 그럴 때 '찰칵' 하는 그 순간의 희열이 있어요.

물론 그건 저의 생각이고, 다른 번역가는 다르게 생각할 수 있죠. 다만 저는 저의 번역을 변론할 수 있으면 된다고 생각해요. 그게 합리적으로 받아들여지면 좋은 거고. 모호한 부분은 계속 있겠죠. 완전히 겹치지는 않으니까.

자신의 번역도 진화한다는 걸 느끼나요? 초보 때에 비해?

그런 과정이 있어요. 처음엔 정말 멋모르고 했어요. 저는 뭐, 학원에도 다니고 했지만, 그런 데서 배운 거랑 상관없이 실전에서 한 몇 년은 실력이 늘어간다고 생각한 것 같아요. 그다음에는 혼자서도 계속 의견이 오락가락하다가 한 10년쯤 되니까 최근 들어서는 다시 '아, 발전하는 건 아니고 계속 그냥 변하면서 처리해 나갈 뿐이구나' 하고 생각하게 됐어요. 10년 전에 내가 좋은 우리말 문장이라고 생각했던 거랑 지금은 또 다르니까요. 영어라는 언어에 대한 이해도 달라지고. 깊어진 면도 있지만 달라진 면도 있고. 그래서 업무적인 요령은 훨씬 더 늘었는데, 번역 자체의 질이 더 나아졌느냐 하면 저는 그건 아닌 것 같아요.

누적 시간에 따른 번역의 질의 우열은 말할 수 없다, 변화는 있겠지만?

네. 그 변화란 것도 다른 텍스트를 읽으면서, 가령 우리말 소설 같은 걸 읽으면서 우리말의 목표가 달라진 것도 아주 크죠. 단적으로 얘기하자면, 글쓰기만 해도 저는 신문기자 시절에 배운 게 머리에 남아 있어서 무조건 단문이 좋다고 생각했거든요, 처음에는. 그래서 남의 글인데도 막 단문으로 끊고.(웃음) 하지만 어느 순간에 그게 달라져요. 단문도 물론 좋지만 장문을 잘 쓰면 더 좋다. 이런 식으로 생각이 바뀌고 나면 번역문도 최대한 살려서 긴 문장도 넣고 하지요. 앞으로 또 달라지겠죠. 지금도 제가 가진 문장의 맹점이 있거든요. 무의식적으로 자주 쓰는 표현이 있고. 그런 걸 계속 의식하고 깨야 제 번역이 안 늙을 것 같아요. 그러지 않으면 "아, 저 사람은 계속 저런 표현을 쓰네" 이런 말을 듣게 되면서 굉장히 심심한 번역이 돼버려요. 문장이 늙는 거죠. 어떻게 하면 안 늙고 일흔 살까지 이 일을 할 수 있을까, 그게 숙제죠.(웃음)

오랜 시간이 지나도 늙지 않는 상록수 같은 번역서가 목표네요.

네네, 그렇죠.

번역한 책 중에서 아쉽거나 후회가 되는 것이 있나요?

무지하게 많죠.(웃음) 그래도 저는 좀 덜한 편인 게, 과학책을 많이 했기 때문에 상대적으로 적은 편인데, 만약 문학책이었으면 더 많을 것 같아요. 단적으로는 비속어 같은 것만 해도 그렇죠. 10년 전 유행했던 비속어를 그냥 써버리면 10년만 지나도 자기부터 읽기가 싫어지거든요. 번역을 처음 할 때는 그런 걸 자유자재로 시의성 있게 끌어들여 번역하는 걸 잘하는 걸로 착각해요. 그런 것부터 시작해서 실수들이 많이 있죠.

제일 마음에 드는 책은 리처드 도킨스의 『지상 최대의 쇼』예요. 그 책은 결과물도 결과물이지만 영어 문장을 봤을 때의 느낌을 잘 살릴 수 있었어요. 번역하는 동안 '이 사람은 어려운 걸 정말 잘 읽히게 쓰는구나' 하는 느낌, 문장이 머리로 고민하지 않아도 저한테 딱딱 붙는 느낌이 들었는데, 그게 번역문에도 잘 살아 나온 것 같아서 좋았어요. 그게 책마다 다르거든요. 어떤 책은 영어로 읽었을 때는 너무 좋았는데 막상 제가 한글로 쓸 때는 덜거덕거리고, 거꾸로 영어는 그냥 그랬는데 (다른 번역가들이) 한글로 너무 번역을 잘하셔서 좋은 책이 되는 경우도 되게 많죠. 사실은 그건 약간의 사기인데.(웃음) 그런 것도 딱히 좋은 거라는 생각은 안 들어요.

아, 그래요?

못 쓴 건 못 쓰게 번역해야죠.(웃음) 월권을 하면 안 되죠.

아까 저자보다 내가 더 잘 알 수 있다고도 하셨는데, 최종 목적지인 독자한테 잘 읽히게 하면 그게 더 나을 수도 있지 않나요?

번역자는 영원히 저자 뒤에 있어야 해요. 제가 그렇다고 해서 '이건 필요 없어' 하고 형용사 하나를 빼거나 부사를 하나 넣는다거나 하면 안 되죠. 그런 걸 안 하는 수준에서 해석을 해야지, 그런 걸 하기 시작하면 좋은 번역가가 아니죠. 있는 그대로 번역해야죠.

네. 그래서 결국 영원한 만족은 없긴 한데, 나름대로 어떤 번역의 모토는 확실히 있어요. '손은 대지 않는다' '추가하거나 가필하지 않는다' '다만 내가 볼 때 가장 알맞은 문장으로 번역한다'……. 뭐, 어떤 출판사들은 번역서 가져다가 축약본을 내기도 하잖아요. 어떤 출판사 사장님은 번역자에게 많이 윤색해서 번역을 해달라고 요구하는 분도 있어요. 옛날에는 그런 식으로 더 좋은 책이 될 수도 있었어요. 하지만 저는 그건 아니 것 같아요. 남의 글이고 거기에 남의 자아가 들어 있는데 그러면 안 될 것 같아요. 그 사람이 한국어 못 읽는다고 그러면 안 되죠.(웃음)

아까 대표 번역서로 꼽은 도킨스 책은 조금 의외인데요. 보통 누가 봐도 대작이거나 고전, 베스트셀러를 내세우지 않나요?

제가 쓴 한국어 문장의 느낌이랑 영어책의 느낌이 별로 다르지 않아서 좋은 번역을 했던 것 같아요. 두 가지가 다를 수 있잖아요. 두 언어를 다 하는 분들은 차이를 느낄 수 있을 텐데, 그걸 최소화해서 좋은 것 같아요.

또 그런 식으로 뿌듯했던 책이 있나요?

『우리는 언젠가 죽는다』라는 책이 있어요. 이 책은 죽음, 노화 같은 것에 대한 과학적 팩트를 넣은 자기 회고 에세이 같은 거예요. 처음에 편집자는 과학 팩트가 많이 나오니까 제가 하면 좋지 않을까 해서 맡긴 거였어요. 막상 보니까 그 책은 문장이 너무 중요한 책이었어요. 굉장히 포스트모더니스틱한 면도 있고 단절적인 면도 있고. 그게 제겐 큰 숙제였는데 그래도 잘 나온 것 같아요. 그 책도 원서를 읽을 때의 느낌을 잘 살렸다고 생각해요.

한국출판문화상을 받은 『우리 본성의 선한 천사』는 대작인데, 어떻게 하게 됐죠?

그 책도 사실 내용보다, 핑커라는 저자니까 당연히 맡을 수 있다면 영광이었죠. 그래서 덥석 받은 것 같아요. 사실 그렇게 분량이 두꺼운 책은 전업 학자가 아닌 전업 번역자 입장에서는 좋지 않아요. 시간은 많이 걸리는데 소득은 적으니까. 핑커라서 했는데, 의외로 아주 수월하게 했어요.

얼마나 걸렸죠?

앞의 준비 과정이랑 교정까지 다 합치면 6개월쯤 걸린 것 같아요.

보통 단행본은 어느 정도 걸리지요?

평균 한두 달씩 잡아요. 1년에 아홉 권도 그렇게 대단한 건 아닌 게, 그림책 같은 것도 있거든요. 그런 건 일주일이면 하니까.

그 정도면 번역가 중에 꽤 빠른 편 아닌가요?

빠른 편이라고들 해요. 작업 자체가 빠른 면도 있겠지만, 아직 미혼인데다 부모님 모시거나 하는 일 없이 혼자 사니까. 따로 하는 부업이나 강의도 전혀 없고. 심지어 특별한 취미도 없고 하니까 가능한 측면이 훨씬 크죠. 다른 번역가들도 저 같은 환경이 구축되면 충분히 하실 수 있는 정도라고 생각해요.

번역가 중에 모범이나 준거로 삼는 분이 있나요?

번역의 내용에서는 없는 것 같아요. 번역은 너무나 개인적인 일이라. 저는 강주헌 선생님 번역이 굉장히 맘에 들어요. 그분 번역 강좌도 들었거든요. 처음 일 시작할 때. 사실 그런 데서 배워도 자기가 직접 번역할 때 롤 모델이 되는 것은 아닌 것 같아요. 개인마다 달라서. 다만 선배로서 저렇게 자기 관리를 해서 책을 잘 골라서 오래 하시는 분들이 있구나 하는 의미에서 존경하는 선배들이 계시죠.

실제로 번역으로 먹고살기는 힘들다고들 하잖아요. 어떤가요?

힘들죠. 가장의 직업으로 삼기에는 아주 힘든 것 같아요.

예전과 비교하면 사정이 어떤가요?

제 경우는 비슷하거나 조금 못해진 것 같아요. 단순 비교하기는 어려운 게, 제가 직장을 10년 더 다녔으면 얼마를 더 받았을지 알 수 없기 때문에. 그냥 기본적으로만 생각해봐도 직장 경력이 15년이면 지금 수입이야 턱도 없죠.

번역 쪽도 양극화 경향을 보이죠?

아무래도 그렇죠. 능력도 능력이지만 일단 이름이 알려지는 게 중요해요. 두 개가 일치하진 않잖아요. 이름이 알려진 분들에게 일이 계속 들어오니까.

그 반열에 들지 않았나요?

하하, 반열이라니까 좀 우스운데요. 일이 끊길 걱정은 안 해도 되는 것 같아요. 솔직히 말씀드리자면 저로서는 일을 좀 줄이고 단가를 높여서 여유 있게 일하고 싶죠. 하지만 그건 또 그 나름의 리스크가 크기 때문에 저는 아직 그렇게는 못하죠. 매년 아홉 권을 하는 게, 빨리 해서 그런 것도 있지만 그냥 회사원이라고 생각하고 기본적인 소득을 생각해서 그러는 것도 있어요.

번역서 이외 독서는 어떻게 하세요?

저는 인터넷 서점에서 일했으니까 어떤 게 지금 화제작이고 잘 팔리는지는 늘 알고 있어요. 또 신문사에서 일했으니까 북 섹션도 아주 열심히 보고. 기사를 보면 대충 느낌이 오죠. 이건 뭣 때문에 쓴 것 같다는 걸 알지요. 이건 그냥 화제성으로 썼다, 이건 의의로 썼다, 아 이건 진짜 기자가 재미있어서 썼겠구나, 이런 게 보이니까 골라서 읽죠.

국내 저자 중에 꼭 읽는 사람이 있나요?

서경식 선생님. 일본어를 번역한 우리글이긴 하지만 그분을 제일 좋아해요.

어떤 점이?

그분도 에세이스트인 게 좋은데요, 일단 자신이 아는 이야기만 한다는 점. 자신이 겪은 이야기만 한다는 점. 모르는 건 모른다고 말하는 저자라서요. 그분은 살아온 궤적이 너무나 특이하세요. 제가 이탈리아 작가 프리모 레비를 아주 좋아하는데 그분을 서경식 선생님 덕분에 알게 됐어요. 지금 가만히 생각해보면 서경식 선생님이 그런 레비 같은 분 같아요. 그런 분 책을 사람들이 많이 읽어야 하는데……(웃음)

과학 쪽은 어떤가요? 요즘 과학에 대한 국내 도서도 많이 나오는데.

과학책은 당연히 어떤 책들이 나오는지 다 보는데, 사실 저의 고루한 취향으로는 아직 딱히 만족스러운 국내서는 별로 없는 것 같아요. 왜냐하면 일단 국내서들은 칼럼 같은 걸 모은 게 압도적으로 많아요. 재밌게는 읽지만 인생의 책이 되기는 힘들잖아요. 그런 책으로서의 저자는 없는 것 같아요.

앞으로 도전해보고 싶은 게 있나요? 번역은 물론 계속 일로 하실 것 같긴 한데.

딱히 그런 건 없고요, 정말 좋은 저자에게 숟가락을 얹고 싶어요.(웃음) 정말 좋은 저자의 책을 잘 골라서 제가 훼손하지 않고, 절판 안 되고 10년, 20년 팔리는 그런 책을 만들면 좋겠죠. 그렇지 않고 금방 절판되거나 하면 제가 들이는 시간이 너무 허무할 것 같아요.(웃음)

절판된 책도 있나요?

한 20권 되는 것 같아요.

번역하신 책은 집에 모아두셨겠네요.

크.(웃음) 저의 '에고 셸프ego shelf'라 부르는 자아의 선반이 있죠.(웃음)

보고 있으면 뿌듯하겠네요.

사실 처음에 그걸 만든 것은 뿌듯하려고 만든 건 아니고, 독자들이 지적을 하잖아요, 이거 잘못된 것 같다고. 그렇게 해서 출판사랑 소통해야 할 일이 계속 생기니까 원서랑 번역서랑 나란히 꽂아두기 시작한 건데, 올해 책꽂이 하나를 다 채웠어요. 원서랑 번역서랑 140권이니까 뿌듯하죠.

오역 지적이 많이 오나요?

그렇게 많이는 안 오는데, 예전에는 역자 이력 옆에 메일 주소도 넣고 해서 바로 오기도 하고 출판사를 통해서 오기도 하고, 요즘은 SNS로 직접 오기도 하고. 그러면 확인해드린 다음에 제가 잘못이 있으면 적어놓고, 적어놓은 게 있으면 나중에 개정 쇄를 내거나 하면 반영하죠.

칭찬이나 감사 인사도 오나요?

네, 많이 와요.(웃음)

그럴 때 또 뿌듯하겠네요.

뿌듯한데, 사실 뿌듯한 것보다는 무서운 게 더 커요. 속으로 '잘 읽으셨겠지. 근데 틀린 것도 분명히 보셨겠지' 생각하죠. 사람들은 나쁜 말은 안 하잖아요. 돈 들여서 책 읽고 굳이 나쁜 말 하는 사람은 많지 않거든요.(웃음) 그래서 좀 겁도 나죠. 사실은 무반응이 제일 마음은 편한데, 그러면 안 되죠. 좋은 책은 반응이 많아야 좋은 거죠.

인터뷰 청했을 때 "지은 죄가 많아서 겁난다" 하신 게 그런 뜻이군요. 70군데나 뿌려놨으니 어디가 지뢰밭이 돼서 터질지 모른다는……. (웃음)

네. 그리고 제 머릿속에는 제가 잘못한 게 다 들어 있기 때문에…….

잘못한 게 들어 있다는 건 무슨 뜻이죠? 아쉬운데도 그냥 내보낸 걸 말하나요?

책은 한번 찍어내면 끝이라는 것 때문에 마지막 순간까지 최선을 다하니까 그런 건 별로 없는데, 나중에 돌아서서 잘못했다는 걸 깨달은 거죠. 예를 들어 10년 전에는 제가 그 영어 숙어를 몰랐을 수도 있는 거예요. 그래서 엉터리로 번역해놨다가 그 단어나 숙어를 새 책에서

보고 깨닫고는 5년 전의 일이 막 떠오르기도 하지요.(웃음)

그러고 보면 영어도 참 어렵죠? 공부를 따로 하시나요?

공부는 따로 하는 건 아니지만 제 책 말고 〈가디언〉이나 외국 신문 기사를 많이 읽으려고 해요. 또 가끔 출판사가 계약 전의 원고를 읽어보고 출간할 만한지 의견을 달라고 의뢰해 와요. 그러면 아무리 바빠도 웬만하면 하려고 해요. 다른 영어들을 많이 볼 수 있으니까. 아주 최근에 쓰인 살아 있는 글들. 그걸 따로 할 시간은 없으니까요.

정말 막힐 때는 어떻게 해요?

진짜 막히면 저자한테 물어보죠. 에이전시 등을 통해서. 친구에게 물어보는 경우는 거의 없는 것 같고…….

원어민이나 영문학자한테는…….

저는 과학책을 많이 해서 문장과 관련해서 막힐 일은 거의 없어요. 오히려 내용, 과학적인 팩트를 설명해놨는데 뭔지 모르는 경우가 있죠. 그건 제가 과학을 전공했으니까 아는 선배나 후배한테 물어보긴 해요.

과학 분야는 양날이 있을 것 같아요. 어떤 부분은 정확한 번역이 가능하니까 모호한 여지가 없을 수 있는데, 자칫 전문가들이 봤을 때 문제 삼을 여지가…….

전문가들은 책을 안 읽으시니까 괜찮아요.(웃음)

특히 개념이나 용어 같은 경우 새로 등장하는 게 많으니까.

맞아요. 사실 그게 제일 어려워요. 번역어가 없는 것. 요즘은 어지간하면 아예 영어로 써버리잖아요. '애플리케이션'이라고 하고.

어느 순간부터 우리가 번역의 기초를 놔버린 거죠.

네. 그게 마음에 너무 안 들지만 혼자 할 수 있는 데는 한계가 있으니까 갈수록 그게……

혼자는 불가능한 지경에 와버린 것 아닌가 싶을 정도예요. 벽돌에 해당하는 번역의 기본어들이 안 된 상태다 보니.

네, 맞아요. '에코eco' 같은 접두사나 접미사로 상용되는 단어들을 그냥 받아들이고 나니까 거기서 파생되는 단어들은 덩달아 그냥 하는 수밖에 다른 여지가 없어요.

최근에 재미있게 읽은 책으로는 어떤 게 있죠?

작년에 사망한 신경의학자 올리버 색스의 자서전 『온 더 무브』를 정말 재미있게 읽었어요. 글 잘 쓰는 과학자들은 말하자면 저의 밥줄인 셈인데, 그중에서도 가장 잘 쓰는 분이 돌아가셔서 많이 아쉬웠어요.

여러 권을 읽고 있는데, 스티븐 제이 굴드의 『생명, 그 경이로움에 대하여』는 올리버 색스 자서전에 나오는 책이에요. 자신이 너무 감동 깊게 읽은 데다가 이 책을 계기로 굴드와 친구가 되었다고 말한 대목이 있어서 다시 읽고 있습니다. 존 치버의 『존 치버의 일기』는 자기 전에 몇 쪽씩 읽고 있어요. 일기를 써야 한다고 생각한 지 몇 년째인데 실행을 못하는 저 자신을 타박하면서……

마지막으로 지금까지 번역하신 글 중에 가장 기억에 남는 문장을 소개한다면요?

데이비드 실즈의 『우리는 언젠가 죽는다』 중 프롤로그입니다.

이것은 내 몸의 자서전이고, 내 아버지 몸의 전기이고, 우리 두 사람 몸의 해부학이다. 내 아버지의 이야기이고, 아버지의 그 지칠 줄 모르는 몸 이야기이다.

This book is an autobiography of my body, a biography of my father's body, an anatomy of our bodies together—especially my dad's, his body, his relentless body.

두 쪽밖에 안 되는 이 프롤로그를 번역하느라 이틀이 걸렸던 기억이 있어서 잊지 못하는 문장입니다. 어떤 번역이든 처음 도입은 마치 시동을 거는 것처럼 가속이 붙지 않고 유달리 어려운 법인데, 이 책은 특히 그 도입의 시동 걸기에 아낌없이 시간을 쏟아 최선을 다했던지라 다시 하라고 해도 꼭 이렇게 번역할 것 같습니다.

김명남 / 번역가. 카이스트 화학과를 졸업하고 서울대학교 환경대학원에서 환경 정책을 공부했다. 〈동아일보〉 수습기자, 인터넷 서점 알라딘의 편집팀 장을 거쳐 어릴 적 꿈이던 번역가의 길에 들어섰다. 『칼 세이건의 말』『리처드 도킨스 자서전』『우리는 모두 페미니스트가 되어야 합니다』 등을 번역했으며, 『우리 본성의 선한 천사』로 제55회 한국출판문화상을 받았다.

소설가의 일

이기호 소설가

『웬만해선 아무렇지 않다』. 처음엔 그의 소설집 제목이 마음을 끌었다. 물론 『최순덕 성령충만기』라든가 『김 박사는 누구인가?』 같은 전작의 표제들도 다분히 기발한 것이어서 호기심을 끄는 데가 있다. 하지만 이번 제목은 특히나 요즘 뒤숭숭한 사회 분위기와 맞물려 느낌이 더 절묘했다. 나라 안팎에 걸쳐 하도 어이없는 사건·사고들이 속출하는 마당이니 이젠 웬만해서는 아무렇지도 않다는 뜻의 냉소의 말인지, 아니면 그런 험한 세상을 견뎌내기 위한 마음 다짐의 발언인지, 아니면 그 둘 다를 엎친 것인지. 그렇지 않아도 문단 내에서조차 잇따라 불거진 추문이 작지 않은 파장을 낳으면서 국내 문학계조차 잔뜩 위축된 상황이었다. 소나기는 일단 피하고 보자는 듯 출판사들도 신작 출간을 미루고 있다는 소문까지 들려왔다. 마침 책을 낸 그에게 인터뷰를 청했다. 지금 이 순간 세상의 탐침인 작가들은 어떤 눈으로 세상을 보고 읽고 느끼고 쓰는가. 그는 멀리 광주대학교에서 문예창작과 교수로 수업 준비에 여념이 없었다. 서울에서 뵙자는 말을 차마 할 수가 없었다. 아쉬운 대로 전화로 이야기하기로 했다. 대화는 생각보다 길어져 휴대전화가 뜨끈뜨끈 달아오른 것을 느끼고서야 한 시간을 넘기고 있다는 사실을 알았다.

이번 책이 몇 권째지요?

단독 저서로는 일곱 번째입니다. 단편집 네 권, 장편 두 권, 산문집 한 권을 냈습니다.

이번에는 아주 짤막한 소설들을 묶은 책인데요.

손바닥 장掌 자를 써서 장편, 엽편葉篇 소설이라고도 하지요. 원고지 11~12매 정도 분량입니다. 저보다 앞서 박완서, 정이현 작가의 책도 이런 식으로 낸 적이 있지요. 더 위로 거슬러 올라가면 90년대 중반에 최성각 선생의 『택시 드라이버』라는 책도 있고요. 제가 알기로는 본격적인 미니 픽션으로는 그게 첫 작품일 겁니다. 세계사라는 출판사에서 나온 걸로 읽은 기억이 있습니다. 그 뒤에 성석제 선생의 짧은 소설집도 있었고, 외국 작가들 것도 많고요.

요즘은 책이 나오면 저자가 열심히 뛰어야 한다던데요. 강연 같은 것은 많이 하셨나요?

한 번 했습니다. 예스24에서 소설학교 비슷하게 독자와의 만남을 겸해서 했어요. 출판사가 많이 애써주셨어요. 저는 직장이 광주에 있고 학교 수업도 있어서 많이 못 도와드렸어요.

학교에는 언제 부임하셨죠?

다른 학교 시간강사로 일하다가 지금 있는 광주대학교는 2008년 4월에 왔어요. 지금 직책은 부교수입니다. 네 과목 주 열두 시간 수업을 합니다.

글 쓰는 분들은 생계가 걱정인데 학교에 적을 두고 있으면 아무래도 좀 낫겠지요?

다른 직종에 비해서 좋은 직장인 것은 맞습니다. 하지만 저만 해도 전업 작가 시절을 거쳐봐서 아는데, 작품에 몰입할 수 있는 시간이나 사유의 자유로움이나 유연함 같은 면에서는 아무래도…… 장단점이 있죠. 물론 대학에 자리 잡게 된 것은 운이 좋았다고 봅니다. 작가들이 갈수록 더 어려워지는 상황에서 그렇습니다. 예전에는 직장과 글쓰기를 병행한 선배들이 많았는데, 갈수록 줄어들고 있어요.

이번 책의 짧은 소설들은 어떻게 쓰시게 됐지요?

〈동아일보〉에서 2년 전쯤 칼럼 기고를 제의해 왔어요. 2주에 한 번꼴로 에세이를 부탁했어요. 그때 제가 그런 것 말고 허구적인 글쓰기로 가보면 어떻겠느냐고 제안을 했죠. 분량은 칼럼과 같은 정도로 해서 써보고 싶다고 했어요. 처음엔 일종의 훈련을 한다고 생각했어요. 그러다가 2년 계속 진행되다 보니 50편 정도가 모였어요. 출판 제의가 와서 그중 40편을 추려서 내게 됐습니다.

수록된 작품들을 보면 시대의 만화경 같습니다. 직간접 체험에서 나온 것이겠지요? 취재를 따로 하셨습니까?

저도 초점을 그런 쪽으로 맞췄어요. 당대 이야기를 써야 한다는 생각을 했어요. 보통 소설이 장편이나 단편인 경우에는 어쩔 수 없이 느린 경우가 있어요. 시만 해도 빠른 편이거든요. 시대 상황이나 감수성을 포착해내서 바로 생산해내곤 하는데, 소설이라는 것은 당대를 그리더라도 템포나 발걸음이 느린 측면이 있어요. 하지만 이 글은 일간 신문에 내는 소설이다 보니 '지금 여기에서' 일어나는 일들, 이곳에서 현재 살아가는 사람들의 모습을 다양하게 그려보자는 생각에서 접근한 것이에요. 취재를 따로 나간 건 아니고, 제 주변 사람들을 만나면서 보고 느낀 것들, 들려준 이야기들을 복합적으로 수용했어요.

이전의 다른 작품을 쓸 때와는 특별히 다른 점이 있었나요?(그는 「작가의 말」에서 심경을 3행의 시조로 표현했다. "짧은 글 우습다고 쉽사리 덤벼들다가 / 편두통 위장장애 골고루 앓았다네 / 짧았던 사랑일수록 치열하게 다됐거늘.")

소설은 어쩔 수 없이 인물 싸움인데 그게 9할 정도가 돼요. 그러다 보니 캐릭터를 구축해내는 작업, 그러니까 캐릭터가 살아 있고 실존하는 옆의 사람처럼 만드는 데 공이 많이 들어갑니다. 자연히 인물에 대한 설명이나 묘사도 많아지는데, 이번엔 어쩔 수 없이 사건에 치중했어요. 그러다 보니 순간적인 몰입이랄까 그런 게 필요했어요. 쓰면서도 독특한 경험이었어요. 글 쓰는 스타일을, 몸을 완전히 바꿔야 했던 경험이었습니다.

작품은 작가의 손을 떠난 후에는 사람들마다 달리 읽히겠지요. 쓰신 입장에서는 전체적으로 무얼 이야기하고 싶었나요?

어쩔 수 없이, 우리 시대에도 많은 실패랄까 소외랄까요, 한쪽으로 밀려난 사람들 이야기, 직장에서의 은퇴가 됐든 혹은 우리 시대의 가치 지향에서 한쪽으로 밀려나거나 벗어난 사람들 이야기가 주를 이뤘어요.

독자 반응은 어땠나요?

제가 학생들이나 친구들로부터 들은 반응은, 출판사로부터 전해 들은 이야기도 비슷한데, 요즘은 스마트폰 때문인지 몰라도 긴 호흡의 픽션을 어렵고 힘들어하는 경향이 있는데, 우선 분량 면에서 짧다 보니 쉽게 읽어나갈 수 있었다는 반응이 하나 있었어요. 또 이건 거창한 문학의 심각함이나 진지한 주인공의 인물 이야기를 담은 것도 아니고 깊은 철학을 담은 이야기도 아니고, 내 이웃이나 내가 겪은 이야기 같아서 친숙했다는 이야기도 들었어요. 심각해지지 않을 수 있었다는.

심각해지지 않아서 좋았다고 하면 작가 입장에서 어떤 생각이 드나요?

이전에는 고민해서 쓰면 각자 다른 방식으로 읽고 다른 질문으로 이어지길 바랐어요. 그래서 그런(심각해지지 않아서 좋다는) 이야기를 들으면 한편으로는 맘속으로 아쉬운 면도 있고 내가 일부러 세태를 좇은 건 아닐까 하는 반성도 드는데, 처음에 책을 내자는 제의를 받고 원고를 모으면서 이런 생각을 했어요. 사람들이 더 이상 문학을 안 읽고 소설을 안 읽고 그래서 우리 문학이 쇠퇴하는 상황인데, 이런 글이 사람들한테 단순히 교과서에서 보던 것들, 진지하고 심오한 것이 주는 어려움 이런 것에 대한 편견이나 오해를 열어젖혀서 쉽게 다가갈 수 있고, 한국문학이 이런 색깔로 작동하고 있구나 하는 인상을 줄 수 있다면 한국문학으로 유입시키는 계기가 될 수도 있지 않을까.

그런 목표로 보자면 성공한 셈인가요?

계속해서 더 이어져야죠.(웃음) 부디 짧은 글로는 성이 덜 차서 다른 책들도 붙들고 읽게 됐으면 싶죠. 사실 그런 의도가 가장 큽니다. 저변 확대의 바람이 첫 번째 이유라고 할 수 있습니다.

국내 소설이 작년 표절 논란 이후로 좀 주춤하는 것 같습니다.(인터뷰 시점은 한강의 맨부커 인터내셔널상 수상 소식이나 최근 중견 작가들의 작품들이 연달아 나오기 전이었다.) 이전부터 소설의 시대, 문학의 시대는 갔다는 말까지 들리곤 했는데, 현역 작가 입장에서는 실감하십니까?

작년에 그런 면이 있긴 했는데, 출판계 전반에 상업적인 위축이 분명히 있긴 있었지만 좋은 작가들 책이 나오지 않은 건 아니에요. 요즘 젊은 작가들 책을 집중적으로 읽었는데 여전히 가슴이 울리고 좋았어요. 윤이형의 『러브 레플리카』도 나왔고, 신인 작가 최정화의 첫 책 『지극히 내성적인』, 최은미 작가의 『목련정전』 등등.
학교 선생 노릇을 하다 보니 근래 나온 책들을 바로 읽으려고 노력하는 편인데, 문학이 위축됐다고들 하지만 국내 작가들의 개성 있는 목소리들이 굉장히 많이 나오고 있거든요. 잘 소개가 안 돼서 안타까워요. 좋은 신인 작가와 작품들이 나오고 있는데 어떤 사건 때문에 외면하고 있는 것은 아닐까 하는 생각이 들어요. 이런 작가들 작품을 보면 비단 문학 전공자들 말고 일반인들도 많이 읽었으면 좋겠다는 생각이 듭니다. 어떻게 사는 게 더 나은 삶일까 고민하는 데에 어떤 책보다도 좋은 답을 줄 수 있을 것 같거든요. 그래서 더 안타까운 거죠. 한국문학의 위축이라기보다 오해가 작동하는 건 아닐까 싶어요. 책이 안 나온 거지, 작가들은 여전히 쓰고 있었고 작품을 생산해내고 있었어요. 그 결과물들이 아마 올해와 내년까지 계속 쏟아져 나올 것 같아요. 그래서 실상인즉 한국문학이 위축됐다고는 생각하지 않아요.

그렇지 않아도 최근에 『젊은작가상 수상작품집』이 이례적으로 판매 순위 상위권에 올랐더군요. 좋은 징조라고 봐야겠지요?

네. 퀄리티도 굉장히 뛰어나요. 일곱 편 정도가 들어 있는데 다 다른 이야기들, 색깔들을 보여주는 작품들이에요. 이건 정말이지, 제가 쓴 작품만 해도 만화경 시대 풍속도 같고 겉핥기 같기도 한 느낌이 있는데, 그런 본격적인 단편들은 우리 시대의 감성과 정서를 굉장히 잘 포착하고 드러내는 것 같아 한편으로는 놀랍고 부럽기도 하고 저를 더 고민하게 만드는 작품들이라고 생각했습니다.

다른 한편으로 요즘 웹소설 기세가 대단합니다. 신예 작가는 물론 최근에는 기성문단의 작가들도 작품을 연재하기도 합니다. 혹시 그런 쪽으로는 생각해보신 적은 없습니까?

저는 우선 능력이 안 될 것 같고요, 학생들을 보면 학교에서 문학을 공부하고 작가의 꿈을 두고 공부를 하다 보니 우리 시대에는 그쪽으로 나가려는 학생들이 꽤 많아요. 판타지, 로맨스를 지망하는 학생들이 많아요. 저는 그쪽도 좋다고 생각해요. 다만 걱정이 되는 것은 그쪽 글은 모니터로 화면으로 읽혀지는 문장들이잖아요. 그러다 보니 빠르게 속도감 있게 가게 되고, 사건 위주로 갈 수밖에 없어요. 그렇게 되면 인물에 대한 깊은 천착보다는 대중의 시선에 사로잡히게 되고 대중의 감수성에 영합할 수밖에 없는 기류가 분명히 있어요. 그래서 결과적으로 너무 비슷하게 한쪽으로 갈까 봐 걱정됩니다.

잘은 모르지만, 어쭙잖게 로맨스 소설 쪽을 들여다보면 어떤 공식 같은 게 있어요. 드라마에 흔히 나오는 재벌 3세와의 우연한 만남 같은.

작가 자신만의 것이 아니라 대중과 영합하는 지점들이 있어요. 그래서 천편일률적인 것이 나오는 부분이 있어요. 그런 쪽에서도 좀 더 다양한 시선으로 보는 작가들과 작품들이 나왔으면 하는 바람이 있는 거죠. 장르나 매체 환경 변화에 따른 젊은 사람들의 글쓰기 지향의 변화 같은 데 대한 거부감은 전혀 없어요. 그런 것을 통해서도 문학을 접할 수만 있다면 좋은 일이라고 생각합니다.

실제로 요즘 대학의 문예창작과 학생들의 다수가 방송 드라마나 영화 시나리오 작가를 꿈꾼다는 이야기를 들었습니다. 수업도 그쪽으로 해야 한다더군요.

저도 한 강좌 정도를 학생들이 원해서 그쪽으로 자유롭게 쓰라고 하고 생산물도 봐주고 있어요. 사실 어느 세대나 환경의 영향이 크지요. 우리는 자랄 때나 고등학교 시절 문학을 처음 접할 때 씨앗이 된 것이 문학작품이었어요. 그때는 조세희, 오정희, 김승옥 선생 같은 작가 작품을 읽었는데, 지금 대학생들은 『해리 포터』『드래곤 라자』『성균관 스캔들』 같은 로맨스 소설이 씨앗 된 친구들이거든요. 자신들도 그런 것을 써보려고 글쓰기를 시작한 세대지요. 이런 친구들한테 그건 안 된다, 이쪽으로 와라, 다르게 생각해봐, 하고 이야기하기는 곤란할 것 같아요. 그 친구들의 열정과 열망을 북돋워주는 게 맞는다고 봐요.

요즘은 소셜미디어와 더불어 만인 작가 시대라고들 합니다. 예전부터 전통적인 방식으로 글을 써온 작가 입장에서는 어떤 기분인가요? 공급자가 늘어나면 그만큼 경쟁자가 늘어나는 셈이니 불안하거나 불편하지는 않은가요?

제 생각은, 경쟁자가 많을수록 좋다고 생각해요. 정말 그런 부분이 있어요. 제가 처음 소설을 쓸 때나 문학 습작 시절 때 받은 인상이 있어요. 시는 좀 천부적인 재능이 필요한 것 같아요. 하지만 산문은 그렇지 않은 것 같아요. 거기에 투여하는 시간과 노력이 좌우하지 않나 싶어요. 제 경험을 보더라도, 저도 문예창작과 학생 출신인데 너무나 글을 못 쓰는 학생인 거예요. 입학하고 보니 정말 뛰어난 동료 선후배들이 많았어요. 그래서 너무너무 위축이 돼 있었어요. 결국 저로서는 달리 할 수 있는 게 없어서, 선배들에게 이끌려 할 수 없이 읽고 쓰는 시간을 거쳤어요. 남 못지않게 노력을 했는데도 잘 안 되더군요. 그런데 그런 세월이 6, 7년 쌓이다 보니 어느 순간부터 소설의 꼴이 갖춰지고 자기 문장이 나오기 시작하더군요. 그때 깨달은 것이, 산문이란 애쓰고 읽고 하다 보면 재능의 부분을 이겨낼 수 있구나, 하는 걸 느꼈어요. 그래서 처음에 소설을 쓸 때도 그랬고 지금도 그런 생각인데, 누구라도 소설을 읽고는 나도 쓸 수 있겠다, 내 이야기를 써보고 싶다는 욕망이 생겼으면 하는 바람이 강해요. 경쟁자라고 생각할 수도 있지만 저는 한번 같이 써봅시다, 하는 생각이 커요. 소설을 써보니까 자기 인생이나 삶에 대해 계속 반성하고 돌아보게 하는 지점도 있고 죄의식을 갖게 하는 지점들도 있어요. 이전에 한 가지만 바라보던 삶에 변화를 일으키는 지점이 있어요. 저는 소설을 쓰면서 제 삶에 대해 뭐랄까, 변화 같은 게 생겼어요. 그래서 다른 분들도 이런 식으로 그런 경험을 해봤으면 좋겠다는 생각이 커요. 실제로 제가 강의하는 곳이 야간대학원인데 직장인들이 많이 옵니다. 40대부터 70대까지. 이분들이 나름대로 사회적 기반을 갖추신 분들인데 경우가 참 다양해요. 어릴 적 못다 이룬 꿈 때문에 온 분도 있고, 지금 이걸 쓰지 않으면 안 되겠다는 생각 때문에 온 분도 있어요. 내가 지금 문학을 해서 대단한 성취나 결과물을 얻어내겠다는 것보다, 차분하게 삶이나 세계에 대해 이야기하고 싶은 분들이 꽤 많은 것 같아요. 저는 이런 분들이 많을수록 좋다고 생각해요.

소설을 쓰면서 체험했다는 변화는 구체적으로 어떤 거지요?

소설 한 편을 쓰고 나면 이전의 나와 완성한 후 지금의 내가 달라진 듯한 느낌이 꽤 있어요. 가령 내가 타인에 대해서 잘못 보고 있었구나, 잘못 생각하고 있었구나, 혹은 내가 스스로에 대한 어떤 욕망에 시달리고 있었구나, 이런 것들에 대해서 확연하게 느끼게 되는 것 같아요. 그러고 나면 그쪽으로 쉽사리 반복하지 않을 것 같은 그런 느낌이 들어요. 타인에 대해 오해하거나 폭력적이었던 것, 드러나지 않았던 생각이나 감정을 은밀하게 바라보게 되는 것 같아요.

점점 알고리즘에 따른 자동화의 시대로 가고 있습니다. 그러다 보니 예전처럼 매뉴얼 따라 학교 공부 열심히 했던 기계적인 모범생들은 점차 효용이 떨어지게 되고, 이제는 일탈자–예술가들의 시대가 온다고 합니다. 예전 인터뷰를 보니 학창 시절 후자 쪽에 가깝게 사셨다던데, 그런 것 같습니까?

그런 쪽에 가깝긴 했는데, 사실 겁도 많고 소심해서 아주 많이 일탈한 것은 아니고 그냥 곁돈 거라고 할 수 있어요. 우유부단하게. 완벽하게 떠난 것도 아니고 소속에 충실한 것도 아니고, 계속 왔다 갔다 경계를 오간. 지금 생각해보면 학생들로서는 선생들한테 이겨나가는 게 굉장히 중요하다고 생각해요. 돌이켜보면 완벽하게 이탈도 못했지만, 늘 궁금해했던 것이 있어요. 내가 왜 태어났지? 이 세상에서 뭘 하지? 그런 의문을 갖다 보니 계속 책을 읽게 되더군요. 천문학, 정신분석 사례집 같은 것도 읽고요. 예전에 좋아했던 책 중 하나가 뿌리깊은나무 출판사에서 낸 『민중자서전』이었어요. 아주 촌스러운 책들인데, 정말 시골에서 살았던 어르신 이야기들, 그분들이 구술한 것을 모은 자서전 시리즈였어요. 그런 것들은 전혀 실용적인 책들이 아니었는데 그런 책까지 읽으면서 질문했던 것 같아요. 내가 여기 있는 게 맞나? 나 자신이 끊임없이 뭔가 질문을 했던 게 저한테 도움이 됐던 것 같아요. 일탈도 아니지만, 결정적인 순간에는 용기를 낼 수 있게 했던 것 같아요.

저희 땐 취업 적령기가 있었거든요. 그런 것을 거슬러 넘어가고 나니까, 내가 좋아하는 걸 하고 살면 그렇게 살다가 실패한다고 해도, 설사 나중에 잘못된다고 해도 아르바이트를 하든 뭘 하든 어떻게든 살면 되지 하는 용기가 생겼어요. 우리 학생들은 지금 굉장히 불안해합니다. 불안을 조성하는 게 우리 시대의 시스템 같아요. 계속 불안하게 만들고 걱정하게 만들고, 그럼으로써 시스템 속에 편입하게 만드는 것이 아닌가. 그게 우리 시대 속성 같기도 한데, 저는 학생들에게 계속 이야기합니다. 그렇게 하고 싶은 걸 하고 살더라도 그냥 굶어 죽지는 않을 것 같다. 또 공부를 열심히 해서 공무원이 되거나 안정을 찾기 위해 뭔가를 하면 월급은 받겠지만 그렇다고 대단하게 좋은 삶을 누릴 것 같지는 않다. 그렇다면 자기가 원하는 걸 하는 게, 그 길을 끝까지 가보는 게 낫지 않을까. 그런 이야기를 많이 합니다.

그런 이야기를 들려주면 학생들 반응은 어떤가요?

하루이틀은 (수긍하고) 갑니다. 그러다가 다시 불안에 휩싸이죠. 그러니 선생으로서 저는 끊임없이 용기를 주려고 하죠. 자기 자신을 찾고 진짜 원하는 게 뭔지 찾아내도록 독려하죠.

학생들을 가까이에서 대하시는데, 지금 젊은 세대는 많이 다른가요?

저희 때가 훨씬 더 행복하고 안정적이었던 것 같아요. 특히 문학 환경은 지금이 최악인 것 같은 느낌이 들어요. 저희 때만 해도 문학이나 인문학에 대한 존중감, 자존감 같은 게 있었어요. 지금은 그런 것도 사라진 것도 같아요. 오로지 안정, 불안으로부터 탈출이 최우선적인 가치가 된 것 같아요. 이런 상황에서 그런 것을 이겨내고 문학의 길을 간다는 것은 학생들에게는 너무나 커다란 용기가 필요하지요. 물리적인 시간만 해도 그래요. 저희 때는 과외 같은 아르바이트를 조금만 해도 용돈을 해결할 수 있는 상황이었는데 지금 학생들은 끊임없이 일을 해야 하고, 공부나 해야 할 것들은 더 늘어나 있고, 그래서 좀 안쓰러워요. 가르치는 선생이나 기성세대의 한 사람으로서 미안하고 죄의식 같은 게 느껴져요.

'소설을 왜 쓰는가'라는 진부한, 하지만 작가로서는 숙명적인 물음에 어떤 답을 하시겠습니까? 어느 자리에서는 '몇 가지 욕망과 유혹' 때문이라고 하셨던데요.

처음 작품을 쓸 때, 그러니까 습작 시절이나 신인 작가 시절이나 그후로 10년까지는 그 질문을 반복해서 자문했어요. 왜, 무엇을 원해서? 그러면 몇 가지 답이 나오기도 하고 바뀌기도 하고 그랬어요. 그런 중에도 계속 일관된 것은, 소설을 쓰는 일은 내가 몰랐던 내 모습이 튀어나올 때가 있어서 그런 나를 계속 알아보기 위한 과정들이었다고 할 수 있어요. 혹은 이 세계에 대해 궁금했던 것들이 너무나 많았습니다. 소설 쓰기가 주는 어떤 쾌감도 있었어요. 하나의 새로운 세계 자체, 이전에 없었던 모습을 창출해낸다는 쾌감. 하지만 지금은 그런 질문은 사라진 것 같고요, 어느새 제가 관성화됐다는 면이 있다는 점에 대해서도 반성합니다. 그럼에도 불구하고 개별 소설을 쓸 때마다 드는 생각은, 그때그때 질문들이 생기기 때문이라는 거예요. 어떻게 사는 게 더 나은 삶인지 계속 궁금해하면서 쓰고 있기도 하고, 궁극적으로는 내가 과연 타인들을 이해할 수 있을까, 이런 것들을 완전히 이해할 수는 없겠지만 그렇더라도 한번 가보겠어, 이런 생각 때문에 글을 쓰려고 하는 것 같아요. 가령 제가 보는 잡지 중에 〈수사연구〉라는 월간지가 있어요. 현직 경찰들 이야기를 담은 잡지인데 국내에서 일어난 끔찍한 사건 현장검증 같은 것도 나와요. 그걸 보면 인간이 정말 끔찍하구나, 왜 이런 일을 저질렀지, 이런 사람에게도 어떤 사정이 있고 동기가 있었을 테지, 그게 뭘까 생각해보게 되고 소설화하려는 욕망이 생기기도 해요. 이런 건 영업 비밀인데.(웃음) 타인을 얼마나 이해할 수 있을까, 어떻게 바라볼까, 타인의 부름에 어떻게 응답할 것인가, 그런 질문이 계속 숙제로 남아 있어요. 그러니까 예전에는 오로지 내가 궁금해서 썼다면 요즘은 타인에 대한 궁금함이 더 커졌다고나 할까요. 타인에 대한 접근을 통해 그 안에 내가 보이기도 해요.

이 시대에 소설가는 '지사'가 아닌 '벤처'라고 생각한다고 하셨더군요.

그건 이 시대뿐 아니라 작가라면 응당 가져야 할 주요 덕목 중 하나인 것 같아요. 작가는 변해야죠. 변하지 않으면 도태돼요. 이전과 같은 작품을 써내면 작가로서 생명은 끝난다고 늘 생각해요. 제가 읽은 훌륭한 작가들은 끊임없이 작품 세계가 변했어요. 일종의 부정否定 정신이 있어야 해요. 단순히 세계나 사회에 대해서보다 자기 자신에게 부정 정신을 유지하는 게 중요하다고 생각해요. 계속 모험하고 변하고 낯선 것을 찾아 떠나는 사람이어야 작가라고 할 수 있습니다.

사람들이 소설을 왜 읽어야 하는지 묻는다면 뭐라고 하시겠습니까?

많은 분들이 이야기했고 저도 그 말에 동의하는데, 무엇보다 공감 능력을 키울 수 있게 하기 때문입니다. 그래서 글을 쓸 때 더 조심하는데, 우리가 다른 사람들은 어떻게 알고 있는가, 다른 사람은 어떤 것을 보면서 어떻게 느끼는가를 배울 수 있고 체험해볼 수 있는 것 중에 가장 좋은 장르가 소설 같아요. 소설을 읽는다는 것은 나 이외의 다른 사람과 더불어 세계에 살아가고 있다는 걸 인식하고 알아가는 훈련 과정이라고 생각해요. 독자들이 소설을 통해 그런 걸 체험한다는 걸 생각하면 작가로서는 거기에 굉장한 의무감이 따르죠. 진지하게 다가서야 하고, 조심하고 노력해야 하는 부분이 있죠.

소설도 시대와 환경에 맞춰 변해야 한다는 말에 동의하십니까? 그렇다면 어떻게 변해야 한다고 보시는지요?

좋은 작가들이 너무 많아서 함부로 이야기하기가 그런데, 그냥 제 경우를 얘기하면 될 듯싶습니다. 우선 요즘은 직접 체험의 폭이 이전에 비해 많이 줄었습니다. 인터넷도 있고 해서 말이지요. 소설을 쓸 때 훨씬 더 편하게 자료 조사나 간접경험도 할 수 있게 됐죠. 구글만 쳐도 금세 몰랐던 걸 알 수 있어요. 반면에 선배 작가들은 직접 가서 봐야 했고 부닥치고 만나야 했어요. 그런 노력을 거쳐 쓰인 소설과 간접 조사를 통해 책상머리에서 쓰인 소설은 뭐랄까 문장부터 다른 것 같아요. 전자의 방식으로 쓴 소설이 더 진정성이 느껴지는 경우가 많아요. 굉장히 어렵고 힘든 일이죠. 그럴 수밖에 없는 한계도 있고요. 이런 작업 환경의 차이가 요즘 작가를 더 나약하게 만들 수도 있고 안이하게 만들 수 있다는 생각을 합니다. 그런 것이 부족하다는 생각, 그래서 조심해야 한다는 생각을 늘 합니다.

극복하기 위해 어떤 노력을 하나요?

가급적 책상을 떠나서 사회에서 일어나는 일에 동참하거나 알려고 노력을 합니다만 잘 안 될 때가 많아요. 그래서 독서라도 다양하게 하려고 하는 편입니다. 문학을 문학책으로만 접근하기보다, 사회학책이나 일반 사람들의 생생한 목소리가 담긴 책들을 접하려고 노력하는 겨우 그 정도에 그칠 때가 많지요.

최근에 인상 깊게 읽은 책을 소개하신다면요?

아까 말한 『젊은작가상 수상작품집』을 인상 깊게 읽었고, 문학과지성사에서 나온 김현경의 『사람, 장소, 환대』도 좋았어요. 마사 너스바움의 『혐오와 수치심』이라는 책도 너무 좋게 읽었어요. 윤정란의 『한국전쟁과 기독교』라는 책도 저한테는 굉장히 인상 깊게 다가왔어요.

존경하는 작가가 있습니까?

오에 겐자부로도 좋아하고 『양철북』의 귄터 그라스도 특히 예전에 좋아했어요. 많이 읽었습니다. 한국 작가로는 대학원 지도교수님이 박범신 선생이어서 당연히 많이 읽었어요. 제 또래 작가들한테서도 영향을 많이 받습니다. 후배 작가기도 한 황정은 작가의 굉장한 팬이에요. 편혜영과 윤성희 작가 책도 얼마 전에 나왔는데, 멈춰 있는 작가들이 아니구나, 끊임없이 자기 갱신을 이뤄내고 있구나 싶어서 좋았어요.

글쓰기에 어떤 수칙이나 습관이 있습니까?

허구적 글쓰기라는 게 없었던 인물을 만들어내는 거잖아요. 물론 실존 인물이 모델이 되기도 하지만, 변형시키고 조각을 재조립하는 과정을 거치죠. 허구적 글쓰기는 온전히 그 사람의 목소리를 내야 하는 지점이 있어요. 마치 연기자처럼, 이기호가 그 사람을 내다보면서 쓰는 게 아니라 이기호가 그 사람이 돼서 나오는 문장이 있어요. 제 경우에는 약간 연기하듯이 무당이 접신한다고 할까요. 그렇게 잘되지는 않지만 그걸 하기 위해 조금이라도 다가가려고, 몰입하려고 작품 속에는 나오지 않는 정보도 다 섭렵을 하는 편입니다. 소설에는 인물의 혈액형이 B형이라거나 키가 몇이라는 이야기가 안 나와도 책상 앞에 적어놓고 씁니다. 이 사람이다, 주문을 외워요. 온전하게 그 사람 목소리의 소설이 되게, 그 사람이 바라보는 사물과 장소, 그런 걸 느끼게 하려고 노력합니다.

하루 일과를 물어봐도 될까요?

요일마다 좀 다른데요, 이틀은 오전 9시 강의에 맞춰 학교 나와서 6시까지 강의하거나 준비를 하거나 학생들 만납니다. 그 후로는 퇴근해서 집에서 아이들과, 아이들이 어리거든요, 밥을 먹거나 챙기고. 그러고 나서 아이들이 9시 반쯤 잠들면 다시 작업실(월세방)로 나가서 대략 11시부터 새벽 3시까지 글을 쓰려고 노력합니다. 다시 집으로 와서 잠자고 일어나서 오전 일과를 보거나, 오후에 수업이 있을 때는 늦게 일어납니다.

평생에 해보고 싶은 것 한 가지가 있다면요?

외국에 나가서 글 쓰고 싶은 욕구. 몇 년간 생각하는데 잘 안 되네요. 구체적인 장소를 염두에 둔 것은 아닌데, 그냥 한 1년 정도 아예 모든 것에서 차단된 채 아무도 모르는 곳에서 책 읽고 글 쓰고 싶다는 생각을 합니다.

이기호 / 소설가. 1999년 〈현대문학〉을 통해 작품 활동을 시작했다. 소설집으로 『웬만해선 아무렇지 않다』『세 살 버릇 여름까지 간다』『김 박사는 누구인가?』 등이 있고, 장편소설로 『차남들의 세계사』『사과는 잘해요』 등이 있다. 현재 광주대학교 문예창작과에서 학생들을 가르친다.

이기호

전기 작가의 운명

이충렬 작가

40년 전 일이었다. 대학교 3학년 때 부모님 사업이 어긋나면서 고국을 뒤로했다. 지구 반대편 남미를 거쳐 미국까지 흘러들었다. 가업에 매달려 살아야 했다. 하지만 국문과 중퇴 '문청'의 기질이 어디 갈까. 틈틈이 모국어로 글을 쓰고 1994년 〈실천문학〉에 단편소설도 발표했다. 멕시코 국경이 내다보이는 애리조나 주의 주도 피닉스. 이곳에서 잡화 가게를 하면서 미술에 관한 글도 썼다. 블로그의 글이 입소문을 타면서 국내 출판사 눈에 들었고 책까지 냈다. 본격적인 글쓰기를 시작하면서 눈을 돌린 곳은 전기 장르. 첫 책은 2010년에 낸 『간송 전형필』. 반응이 좋았다. 힘을 얻어 『혜곡 최순우—한국미의 순례자』를 냈다. 호평은 이어졌다. 이듬해에 나온 『김환기—어디서 무엇이 되어 다시 만나랴』에 이르러서는 예기치 않은 분쟁에 부닥쳤다. 유족과 미술관 측과의 마찰은 책의 절판으로 일단락됐다. 상심이 컸다. 꺾이지는 않았다. 더 큰 산으로 눈을 돌렸다. 고썼 김수환 추기경. 3년 노력의 결실이었다. 모은 사진만 수백 장에 초고 원고는 1만 장에 육박한다. 인간의 길과 신의 길을 동시에 걸어간 거인의 고뇌와 사색이 책 속으로 녹아들었다. 그는 큰 숙제를 마친 것처럼 홀가분하다고 했다. 탈고를 전후로 모두 세 차례에 걸쳐 만나 긴 여정을 들었다.

전형필, 최순우, 김환기에 이어 추기경 전기를 냈습니다. 어떻게 쓰시게 됐지요?

2012년 초쯤입니다. 그 전까지 문화계 인물만 쓰다 보니 매너리즘에 빠지겠다는 걱정도 있었어요. 그래서 사회적인 인물을 생각하게 됐습니다. 다른 한편으로는 지금 우리 사회에 어른이 드물다는 생각도 들었어요. 사회가 복잡해지고 어려워질수록 중심을 잡아주는 푯대 같은 분이 필요한데 이 시대에 부족한 것 아닌가 싶었습니다. 그 이유 중 하나가 그런 어른에 대한 정리 작업이 부족해서가 아닌가 싶었어요. 그렇다면 우리 현대사에서 어른이라 할 만한 분이 누가 있었나 생각했어요. 지금 관점에서 좌우에 치우치지 않는, 그러면서 시대가 필요로 했던 목소리를 낸 분. 여러 분을 찾아봤어요. 김수환 추기경이 떠오르더군요. 70년대부터 90년대까지 우리 현대사를 온몸으로 헤쳐나간 분. 아직도 많은 분들이 존경하는 것으로 알고 있어요. 그런데 그분의 무엇을 존경하는가 하고 물었을 때는, 저도 그렇고 대부분 민주화를 이야기합니다. 하지만 김수환 추기경이 기억에 남아 있는 이유는 단순한 민주화의 공헌 때문만은 아니라고 생각했습니다. 그 이면에 그분의 가치 체계가 있었을 거라고 생각했습니다. 그 부분이 정리가 잘 안 된 것 같았어요. 그걸 잘 끄집어내면 이 시대에 의미 있는 목소리가 되지 않을까 생각했습니다. 과거가 아닌 동시대에도 울림이 있는 목소리로 복원하는 것이 필요하겠다는 생각에서 도전하게 됐습니다.

가톨릭과는 어떤 연고가 있습니까?

제가 미국에서 40년을 살았습니다. 서울에 살 때 1968년 가톨릭 계통의 동성중고등학교를 나왔어요. 중 2때 학교에서 영세(세례)를 받았습니다. 가톨릭 신자이긴 하지만 70년대에 한국을 떠난 후 국내 가톨릭과는 접촉이 없었어요. 그래서 책을 쓰기로 한 뒤에 든 생각이, 추기경님의 자료나 책은 어떻게든 구할 수 있겠지만 저작권은 따로 어딘가에 있겠다고 생각했어요. 또 어떤 전기든지 집필할 경우에는 사진 자료가 가장 중요하다고 저는 봤어요. 집필 과정에서 감정이입을 위해서라도 그 시대를 담은 자료가 있는 게 좋지요. 나중에 독자들의 감정이입을 위해서도 마찬가지고요. 그분 사진은 어디서 구할 수 있을까 생각하다 보니 천주계 쪽을 접촉하게 됐어요.

아시다시피 천주교는 조직 위계가 강하잖아요. 접촉 창구가 어디인지부터 찾아야 했어요. 먼저 동성학교 교장으로 계신 박일 신부님을 찾아갔어요. 그분이 학교로는 저의 후배인데 동문이고 해서 물어보기가 쉬울 것 같아서였어요. 그분이 신부님 한 분을 소개해주더군요. 연세가 많은 분인데 찾아갔더니 추기경이 생전에 설립한 유일한 장학재단인 옹기장학회를 일러주셨어요. "그게 뭡니까?" 했더니, 추기경님의 세례명은 스테파노인데 마음속에 담고 있었던 아호가 '옹기'였다는 거예요. 몇 사람만 알고 있었대요. 왜 그런가 물었더니 옛날 천주교도들이 박해를 피해서 옹기장수로 연명했다는 거예요. 산으로 피신해 교우촌을 형성해서 옹기를 구워 내다 팔면서 바깥 상황이 어떤지 소식도 듣고 식량도 구하면서 생활했다는 거죠. 그래서 우리나라 옹기장의 선조는 상당수가 '김 마태' '김 베드로' 같은 천주교인들이에요. 이런 내용이 뿌리깊은나무에서 낸 『민중자서전』에 나옵니다.

옹기장학회를 수소문했더니 천주교 서울대교구 산하단체더군요. 박신언 몬시뇰 신부를 찾아갔어요. 그분이 당시에 성모병원 가톨릭 학원들 총괄하는 분이었어요. 제가 그전에 쓴 책을 들고 가서 설명을 했어요. 그동안 이런 작업들을 했는데 단순 영리 목적이 아니다, 지금도 인세의 절반은 해당 기념관이나 단체에 기부한다, 김 추기경 자서전도 장학 사업의 하나로 품어서 작업을 했으면 좋겠다, 하고 말씀드렸더니 (내가 쓴) 책을 놓고 가라고 하더군요. 한 달 반 후에 연락이 왔어요. 서울대교구의 홍보국장인 허영엽 신부를 만나래요. 가서 같은 설명을 했어요. 또 책을 놓고 가라고 해요. 두 달 후 연락이 왔어요. 무슨 협조가 필요한가 묻더군요. 다른 자료는 내가 구해도 되지만 사진 자료가 제일 필요하다고 했어요. 교구 측 말이 사진이 제일 많은 곳은 절두산순교성지박물관이라고 했어요. 나머지는 각 언론사나 서울대교구관, 한국교회사연구소에 좀 있다더군요. 그때부터 사진을 찾아다니기 시작했어요. 사진을 확보한 다음에는 참고 자료도 찾기 시작했어요. 기본적으로 대한민국의 모든 새 책은 물론 헌책방까지 김 추기경 관련서는 다 뒤져서 구입했어요. 논문도 검색하고요.

> 한 사람의 일대기를 복원한다는 게 무척 힘든 일일 것 같습니다. 그래서 국내에 잘된 전기 작품이 드물기도 하겠지요. 이번 집필 과정을 들려주시겠습니까?

맨 처음에는 기본 연보부터 작성했어요. 연도, 월, 일, 나중엔 시간까지 나오는 연보를 만들었습니다. 다섯 살 때까지 기록은 두 살 위 친형인 김동한 신부님이 해둔 게 있어요. 또 연보를 작성해가면서 그때그때 친구나 주변 사람들 중에 누가 기록을 남겼을지 가능성도 추적했어요. 형님 기록과 추기경 자신의 기록 외에도 주변 기록도 아주 중요하니까요. 열 살 때부터 신학교에 같이 다닌 중고등학교 동창들 중에 딱 한 분이 살아 계신데 그분도 찾아갔어요. 열두 살 때부터 신학교를 다녔으니 학교 자료 남은 게 있는지도 뒤지고. 70년대까지는 지학순 주교와 연결되는 부분이 있는데, 그분 책 세 권 중에서 구술 회고록이 한 권 있어요. 그런 것도 보면서 70년대 상황을 담고. 김 추기경 자신의 기억과 비교도 해보고. 그런 식으로 자료를 계속 쌓아갔죠.
작성하고 나니 처음에는 원고지가 총 8500매가 넘었어요. 비교적 오래 사신 편이고 하신 일도 워낙 많아선지 초고를 집필하는 데만 6개월이 걸렸어요. 그때부터 취사선택과 스토리텔링을 어떻게 끌어갈 건가 고민을 하기 시작했죠. '언제 어디서 태어났다'라는 것부터 쓸 수는 없으니까요. 그래서 맨 처음에는 몇 가지 상황을 설정해봤어요. 기록을 보니까 나이가 든 후에 생가터를 가신 적이 있어요. 그러면 거기서부터 이야기를 시작해볼까? 아니면 신학교 입학부터? 아니면 군위의 초가집이 복원돼 있으니 거기서 뒷짐 지고 회상하는 것부터 전개해볼까? 여러 구상을 해봤죠. 썼다가 버리기를 반복했어요.

몇 달을 주무르다 보니 어렴풋이 감이 생기더군요. 아, 사제의 삶은 떠남의 삶이구나. 가족을 떠나야 했고 교구도 5년을 안 있고 떠난다. 가방만 하나 들고서 늘 어디론가 떠난다. 그러고 나중에는 하늘나라로 떠나잖아요. 결국 떠남의 삶이 한 부분이겠구나 하는 생각이 들었어요. 실제로 김 추기경의 경우 가족과의 떠남이 굉장히 무겁게 받아들여졌어요. 사제의 길을 걷기 시작한 후에 내내 가족과 굉장한 거리를 두셨거든요. 그렇다면 떠남에서 시작해보면 되겠다 싶었어요.

맨 처음 집을 떠난 게 예비신학교 입학할 때였어요. 1932년, 만 열 살에 검은 두루마기를 입고 입학식에 갔어요. 검은 옷을 입는 건 '세상의 나는 죽는다'라는 뜻이거든요. 그때부터 가족을 떠나 기숙사 생활을 했어요. 이 부분이 상징적이겠다 싶어서 여기서 이야기를 시작했어요.

대작업이었겠군요. 모두 얼마나 걸렸지요?

보통 전기를 쓸 때 전업으로 몰두할 때는 한 권짜리인 경우 2년 정도 걸려요. 간송 전형필 전기는 7, 8년 걸렸어요. 그때는 전업이 아니라 낮에는 장사를 하면서 토막 시간을 활용해서 써야 했으니까. 그다음 혜곡 최순우는 2년, 김환기도 2년. 이번에는 3년 반 정도 걸렸어요. 지금은 제가 전업 작가로 일하니까 저녁 7시까지 글을 붙잡고 있을 수 있어서 그보다 줄일 수 있어요. 집필 중에도 계속 자료를 탐색합니다. 혹시 빠뜨린 것은 없는지. 필요하면 또 주문하고. 단 한 줄짜리 사실 관계를 확인하기 위해 자료를 주문한 경우도 많습니다.

예를 든다면요?

가령 전태일 열사가 분신했을 때에 대해 어느 신부가 기록한 걸 보니까, 평화시장 뒤 을지로 4가 국립의료원에서 성모병원으로 옮긴 것이 김 추기경의 배려 덕분이었다고 썼어요. 그 부분의 사실관계를 확인하기 위해 『전태일 평전』 개정판까지 찾아봤더니 그게 아니었어요. 추기경 이야기는 없고 전태일 열사의 어머니가 큰 병원에 보이고 싶다는 바람에서 이송한 것이었어요. 아마 그 신부 기록 하나만 보고 썼다면 저도 틀렸겠지요. 그래서 가능하면 김 추기경 이외 다른 사람이 기록한 사실관계에 대해서는 복수의 자료로 교차 확인을 거쳤어요. 그런 식으로 확인이 되지 않아서 본문에서 뺀 것도 많아요.

어떤 것들이 빠졌지요?

김 추기경과 시인 김지하가 굉장히 친하게 지냈고 서로 영향을 많이 주고받은 걸로 나와요. 김지하 시인이 원주교구 직원으로 월급도 받았고, 마산에서 결핵 치료할 때도 추기경을 만났고, 두 사람이 김민기, 양희은 공연까지 같이 봤을 정도였어요. 김지하는 세례 후에 견진성사까지 받았지요. 하지만 이번에 대부분 빠졌어요. 왜냐하면 김지하 시인이 몇 해 전에 모 일간지에 연재한 「김지하와 그의 시대」를 보면 김 추기경의 기록과 서로 배치되는 게 굉장히 많아요. 그런 경우에는 포함을 할 수가 없었어요. 누구 말이 맞는지 알 수 없으니까. 가령 마산에 있을 적에 김 추기경이 찾아간 적이 있는데 김 시인 말로는 자신이 공연을 보러 오시라고 해서 왔다고 했지만, 김 추기경 기록에 의하면 부산에 천주교 행사가 있어서 갔다가 김지하를 위로하기 위해 마산으로 갔다고 나와요. 또 김 시인은 두 사람이 만난 날 밤에 김 시인은 주로 시국에 대해 김 추기경과 이야기했다고 나오는데, 김 추기경은 김지하가 창원 가톨릭 활성화를 위한 이야기를 했고, 그걸 통해 그 지역 노동자에게 가톨릭을 어떻게 전교할지 생각의 계기가 됐다고 나와요. 김 추기경은 가톨릭의 관점에서 봤고, 김 시인은 김 추기경이 가톨릭에 갇혀 있다고 봤어요. 여러 부분에서 서로 기록이 다르게 나오니까 싣기 어려웠던 거죠.

이번에 처음 공개되는 일화도 있나요?

책을 쓰기 시작할 때 풀어야 할 큰 숙제가 세 가지 있었습니다. 하나가 당시 인터넷에서 떠돌던 김 추기경의 일본군 장교 입대설이었어요. 강제로 끌려갔다는 설과 자원입대설이 대립했어요. 제일 먼저 그걸 조사했습니다. 만일 자진해서 장교로 입대했으면 전기를 안 쓸 생각까지 했습니다. 맨 처음 동창들 자료를 조사했어요. 같이 차출된 동창이 모두 다섯 명 정도였어요. 그분들 전부가 1943년 12월에 조선총독부가 내린 학도병 미입대자 징집령에 의해 강제 입대 당했다는 사실을 확인했습니다. 단체로 1월 20일 배를 타고 일본 훈련소로 이동했어요. 그때 일본에 있던 전문대 이상 학생들도 다 강제징집 당했습니다. 이들에게는 일본에서 사관후보생 훈련을 시켰어요. 추기경은 일본 중부 마쓰모토훈련소에서 훈련을 받고, 도쿄에서 200킬로미터 떨어진 남단(괌과 도쿄 사이) 지치지마 섬에 배치받아 근무했습니다. 작가 한운사도 그때 일본 유학 중이었는데 사관후보생으로 끌려갔어요. 당신 기록을 보면 추기경은 부도라는 섬에서 전투병이 아닌 경비병으로 근무했습니다. 훈련소 생활은 2월에 시작해서 12월에 끝나는데, 끝나기 며칠 전 사상 검열에 통과가 안 돼서 일등병으로 지치지마 섬에 끌려갔다고 나옵니다.

예전에 민족문제연구소가 김 추기경의 전력을 문제 삼을 때 지치지마 섬에 장교 훈련소가 있었다고 썼어요. 추기경이 장교로 복무했다고까지는 안 했지만 거기서 훈련을 받았으니 장교가 된 것 아니냐 하는 뉘앙스였고, 그게 인터넷에서 확대재생산됐어요. 저는 미국이 상륙했을 때 그 섬의 상황을 파악한 문서를 찾아보면 되겠다 싶었어요. 마침 지치지마 섬에 상륙했던 미 해군 사령관이 남긴 비망록을 갖고 쓴 책이 있더군요. 거기에 김 추기경 이야기도 나와요. 나중에 미군이 점령 후 상황을 전하면서 '킴'에 대해 '법적으로 아직 사병technically still soldier'이라고 표현해요. 결국 장교가 아니라 일반 사병이었다는 거죠.

다음 의문은 추기경이 왜 독일까지 가서, 그것도 생소한 그리스도교 사회학을 공부했느냐는 점이에요. 추기경은 한마디로 정리했습니다. 일본 조치대학소피아대학교에서 공부할 때 스승이었던 게페르트 신부서강대 설립자가 추기경한테 어디로 가느냐고 묻기에 가톨릭 운동action을 배우러 벨기에로 간다고 하니, 게페르트 신부가 독일 뮌스터대학의 회프너 교수한테 가서 그리스도교 사회학을 배우라고 추천했다는 거예요. 추기경이 사제가 된 1951년부터 1957년 유학을 갈 때까지 〈가톨릭신문〉〈천주교회보〉 축쇄본을 보니 5회에 걸친 연재물이 있었어요. '가톨릭 운동을 위하여'라는 제목의 글인데, 추기경이 대구교구 주교 비서 시절에 썼어요. 그걸 보면 추기경이 '가톨릭 운동'에 대해 상당히 깊이 알고 있음을 알 수 있어요.

그렇다면 왜 이런 생각을 하게 됐을까. 다시 〈천주교회보〉를 찾아봤더니 그보다 얼마 전에 교황청에서 내는 〈피데스통신Agence Fides〉이 있는데, 거기 대구교구 통신원으로 추기경이 임명됐던 거예요. 〈피데스통신〉을 통해 유럽 가톨릭 운동 움직임을 잘 알았던 거지요. 당시 기사를 보면 우리나라에도 가톨릭 운동을 제대로 전개하려면 유럽에 사람을 보내 공부를 시키는 것이 좋겠다는 게 결론이었는데 2년 후에 자신이 가게 된 거지요. 그래서 의문이 풀렸습니다.

다음으로는, 왜 교황청에서 가장 늦게 만든 가장 작은 교구인 마산교구 주교를 그것도 2년 만에 서울대교구장으로 깜짝 발탁했나 하는 것입니다. 그리고 이어서 세계 최연소 추기경으로 임명한 경위입니다. 교황청은 그 부분에 대한 기록만큼은 공개를 안 해서 아무도 모릅니다. 추측만 할 뿐이죠. 교계 사람들도 궁금해해요. 다시 〈천주교회보〉(〈가톨릭시보〉로 다시 변경) 몇 년 치 기록을 다 찾아봤어요. 추기경이 마산교구장 주교가 되고 몇 달 후 한국주교회의가 있었어요. 거기에서 공동 부의장으로 선출이 됐어요. 당시 의장이던 윤공희 서울대교구장 서리 주교가 바빠서 교황청 회의를 못 가면 대리 대표로 김수환 주교가 간다는 기사가 있었어요. 실제로 그해, 1966년 9월 교황청에서 제1차 세계주교대의원회의를 열었어요. 교황이 소집한 회의였어요.

바로 그 자리에서 김 추기경이 두 차례에 걸쳐 회의의 흐름을 바꾸는 발언을 했어요. 두 가지 문제 중 하나는 당시 점점 가톨릭 신앙이 느슨해지면서 신도가 다른 종교를 가진 사람과 결혼하는 것을 인정할 거냐 말 거냐 하는 거였어요. 그 부분만큼은 유럽에서 보수적인 입장을 고수해야 한다는 주장이 강했어요. 한데 김 추기경이 10분 제한 시간 내 발언 시간에 8분 만에 일목요연하게 반박 발언을 끝냈어요. 그때부터 제3세계 주교들이 우후죽순처럼 일어나 폭넓게 인정하자고 발언했어요. 보수적 흐름을 진보적으로 바꾸는 단초가 되는 발언을 추기경이 한 거지요.

그다음 회의 때는 신학교 문제가 있었어요. 당시 제3세계 신학교는 대부분 유럽에서 지원했는데, 경제가 힘들어지니까 제3세계 신학교들을 독립시키자는 것이 안건이었어요. 이때도 김 추기경이 발언권을 얻어서, 한국의 경우 연 소득이 팔십 몇 달러밖에 안 된다면서 현실론을 폈어요. 그러자 다시 제3세계 대표들의 발언이 잇따랐어요. 그때 회의 문서 정리를 맡을 3인 중 한 명으로 임명이 됐어요.

그런 일련의 일들이 있을 때 교황청에 깊이 각인이 됐던 거지요. 추기경이 귀국해서 〈가톨릭시보〉 사장을 하면서 바티칸공의회 결과도 번역해서 실었어요. 말하자면 제2차 바티칸공의회 전도사였던 거지요. 교회 담장을 허물고 사회 속으로 들어가자는 거였어요. 바로 그다음에 서울대교구장에 임명이 됐어요. 그때 취임 일성이 "사회 속 교회"였어요. 그다음에 세계 최연소 추기경에 임명이 됐어요.

맨 마지막에 힘들어하신 시기는 '보혁' 갈등 때였어요. 추기경은 편 가르는 것을 싫어했어요. 국가보안법에 대해서도 북한과 대치하고 있는 분단 상황에서 완전 폐지는 위험하다는 생각이 확고했어요. 폐지보다는 독소 조항 개정으로 가야 한다는 입장이었지요. 이 부분에 대해 천주교 내외에서 비판이 생겨나고 좋지 않게 보는 지식인도 있었지만, 생각이 다른 것은 할 수 없다고 하셨어요. 오히려 비판으로 나를 돌아보는 계기가 되니 고맙게 생각한다는 말도 했어요. 그 무렵 보혁 갈등 가운데서 마음고생을 굉장히 많이 하셨어요. 이걸 어떻게 압축적으로 쓸 수 있을 것인가가 숙제였어요. 당시 주요 팩트 중심으로 정리할 수밖에 없었어요. 결국 판단은 독자들 몫이니까요.

책을 쓰기 위해 공부도 많이 했다고 하셨는데, 뭘 얼마나 하신 거죠?

추기경의 조부가 병인박해 때 순교자였습니다. 나머지 가족은 옹기촌으로 도망가서 옹기장이로 살았지요. 그때 추기경이 태어났습니다. 부모가 왜 산속으로 들어가서 옹기장이를 했는지, 그 후에도 왜 옹기장이로 살 수 밖에 없었는지 알려면 천주교사를 공부해야 했습니다. 그래야 추기경의 어릴 때 가난이 이해되거든요. 그다음 추기경이 예비신학교에서 배운 것을 이해하려면 당시 천주교 교리서를 공부해야 했습니다. 세 권짜리 주해서인『천주교 요리 상해』를 봐야 했습니다. 그다음 대학 신학교 갔을 때 추기경이 읽은 목록도 보면서 어떻게 영성을 쌓아갔는가를 살폈습니다.

어린 시절 알록달록한『효자전』(1927년에 회동서관에서 나온『육효자전』)을 찾아 읽기도 했어요. 김효증이란 사람이 어떤 장사꾼 집에 일꾼으로 들어가서 주인의 이쁨을 받아 딸과 결혼한 후에 큰 부자가 돼 부모를 모시고 살았다는 내용이 있습니다. 추기경이 스물다섯 살 때에 쓴 걸 보면 장가가야겠다는 생각을 해요. 대구에 나가서 어떤 집에 가서 장사를 배워서 내 점포를 차려 돈을 번 후에 홀어머니한테 효도를 하겠다고 생각했습니다. 그 생각의 바탕이『육효자전』이었던 거죠. 그 책 판본이 없어서 그걸 갖고 쓴 논문을 구해서 읽어야 했습니다. 이걸 읽은 사람들을 수소문해서 표지도 찾아서 책에 소개했습니다.

또 추기경이 유학을 가서는 그리스도교 사회학을 공부했습니다. 당시 지도교수가 요제프 회프너 신부였는데 그 방면의 최고 권위자였습니다. 그분 책 번역본을 읽어보기도 했습니다. 추기경이 유학하던 중에 교황청은 제2차 바티칸공의회를 엽니다. 전 세계 주교들이 모여서 교회 변화를 논의하는 자리였어요. 그때 나온 문헌을 그 후로도 김 추기경이 금과옥조처럼 생각했습니다. 70, 80년대 강론 때도 인용했지요. 그 책 번역본이 800쪽이나 됐는데 다 읽었습니다. 이해가 안 되는 부분은 해설서를 읽어야 했고요.

전기 인물은 어떻게 정하지요?

저의 독자적인 판단으로 택해서 써왔습니다. 국내 전기물이 평가를 제대로 못 받는 이유가 일종의 대리 집필이 많아서입니다. 좋은 사람을 추천받을 수는 있지만 부탁을 받아서 쓸 경우에는 전기 작가로서 생명력이 끝난다고 생각합니다. 저 나름의 기본 원칙이라면 사후 적어도 5~10년 이상 지난 사람을 택합니다. 어느 정도 시간이 지나고 열기가 가라앉고 차분한 마음으로 볼 수 있어야 한다고 생각합니다. 시간이 지나면서 묵히고 익히고, 작가적 성찰도 따라야 합니다. 제가 염두에 두고 있는 두 분은 다 사후 10년 정도 된 분들입니다. 그보다 시간이 더 지나면 잊힐 위험이 있습니다.

이전에 쓴 전기들과 이번 책의 차이점이라고 한다면요?

첫 책이 간송이었는데, 그때는 제가 알려지지 않은 작가라서 취재원 인터뷰에 애를 먹었습니다. 구구절절이 설명을 해야 했으니까요. 두 번째 전기가 최순우였는데, 그때는 제가 욕심이 과해서 너무 많이 설명을 하려다 보니 책 내용이 좀 어려워진 감이 있습니다. 김환기 전기를 쓸 때는 미술관 측과 뜻하지 않았던 분쟁도 겪고 하면서 교훈을 얻은 게 있습니다. 일단 유족이 싫어할 부분이 있는 개인의 삶은 아예 하지 말아야겠다 싶었어요. 하더라도 처음에 합의가 된 다음에 해야 겠다는 생각이 들었습니다.

그래서 이번에는 맨 처음부터 서울대교구에 얘기해서 인지시킨 다음에 자료 협조도 약속받은 후에 시작했습니다. 그래서 비교적 많은 사료 사진들을 볼 수 있었고, 그 덕분에 사진 자료를 통해 제가 대상에게 감정이입을 극대화할 수 있었습니다. 그런 점에서 제 나름대로 계속 발전해왔다고 할 수 있겠습니다. 제가 제일 두려워하는 게 매너리즘에 빠지는 것입니다. 독자들이 봤을 때 전작을 뛰어넘었구나, 못하지 않구나 하는 평을 듣고 싶은 게 작가로서 욕심이지요. 독자에 대한 책임감이 불안감으로 작용합니다.

그 전까지는 화가고 유물 수집가 같은 문화인이었지만 추기경은 성직자고 사회 지도자라는 점에서도 달랐습니다. 이분에게는 성과 속의 세계가 있었습니다. 사실 처음에 가장 걱정했던 것도 그 점이었습니다. 둘 중 어느 한편에 너무 치우치면 다른 한 면이 약해질 수밖에 없거든요. 결국 일부 천주교인들에게는 아쉬운 점이 있더라도 너무 종교적인 면에 치우치지 않는다는 원칙을 세웠습니다. 그러다 보니 다른 전기 작업에 비해 일이 두 배 세 배 늘었습니다.

　　자료 수집과 집필을 다 혼자 하셨습니까?

저는 시작부터 끝까지 다 제가 합니다. 보조 작가도 없습니다. 비용도 문제지만 관련 인물들을 만나서 묻고 하다 보면 이야기가 새끼를 칩니다. 그러니 직접 가지 않으면 안 돼요. 그래야 이야기도 정확해지고 풍부해지거든요. 심지어 사진 설명을 붙이는 작업도 전후 사정을 아는 제가 해야 했어요. 1년에 2, 3회씩 탈고하는 동안 10회 정도 국내에 들어왔어요.

사실 전기 작업의 어려움이 그런 점입니다. 자료나 취재 비용도 많이 들고 작업 시간도 빨라봐야 2, 3년은 걸립니다. 그렇게 해서 책이 나와도 많이 팔리지는 않지요 그러니 아무도 안 하려고 해요. 인정도 못 받으니 제대로 된 전기를 보기가 어렵지요. 저는 그저 이런 책이 우리 사회에 필요하니까 남기고 싶다, 그 생각만 합니다.

초고를 쓸 때는 쓰고 싶은 것을 다 씁니다. 시시콜콜한 것까지. 이번 책의 경우 초고 완성에만 6개월 이상 걸렸는데 원고지로 1만 장 가까이 나왔어요. 예전의 두 배 분량이에요. 출판사와 상의해서 두 권으로 줄였어요. 1만 매짜리를 4000매로 줄였지요. 그럴 땐 꼭 자식을 쳐내는 같아요. 누가 대신해줄 수도 없고. 외롭고 힘들다는 생각이 들지요. 그럴 때는 한 달쯤 그냥 쉬어요. 그러고 나면 버릴 게 보여요. 이번 책은 확인해야 할 역사적 사실이 많고 작가의 운신 폭이 적다 보니 더 힘들었어요. 모든 것이 사실에 근거해야 하니까요.

처음 일반에 공개된다는 부복 사진이라는 게 뭐죠?

3년 전 절두산에서 얼핏 봤는데 굉장히 작은 사진이었어요. 사진에 빛이 좀 들어서 상태가 좋지 않았어요. 처음엔 안 쓰려다가, 다시 보니 그 사진이 이때까지 공개가 안 됐고 그 순간 결심이 남달랐겠다는 생각에 살렸어요. 김 추기경이 신부 서품을 받기 전 사제가 안 되려고 한 일이 여러 차례 있었어요. 그런 점에서 부복은 복종의 의미가 있지요. 이때 옆에서 같이 사제 서품을 받은 정 몬시뇰도 그 사진은 없는 줄 알았다고 해요. 사진을 보더니 곧장 오른쪽이 김수환 추기경이라고 하더군요. 당시에는 부복 순서가 오른쪽이 연장자였다는 거예요. 그리고 김 추기경이 사제가 되기 1년 전에 무릎 꿇고 부제 품을 받는 장면이 있는데 그 사진도 이번에 공개했습니다. 또 추기경이 손이 닳도록 봤던 기도서, 맨 처음 신부가 될 적에 주변에 뭐라고 기도했으면 좋겠다고 카드에 적어서 나눠준 것, 성경 시편 51장 "천주여 나를 긍련히 역이소서(하느님 나를 불쌍히 여기소서)"를 적은 사진도 실었습니다.

집필 중에 가장 기억에 남는 부분이라면요?

제가 이번 책 쓰면서 가장 감동받은 부분이 있어요. 김 추기경이 용산의 홍등가 여인들을 찾아가서 위로한 사실입니다. 거기에 '막달레나의 집'이라는 쉼터가 있었는데, 처음에는 비공개 장소였어요. 그 시설을 운영하는 이옥정이라는 이름의 신도가 추기경님이 와서 위로해주시면 큰 힘이 되겠다고 편지를 썼는데 김 추기경이 직접 가겠다고 한 거예요.

새해는 바쁘니까 정월 보름이 여자들 새해라고 그때 수행 비서도 없이 가서 같이 시간을 보낸 적이 있어요. 몇 년에 걸쳐 갔는데 앨범을 보니 벽돌색 잠바를 입고 같이 찍은 사진이 있었어요. 그때 함께 윷놀이를 하는데 추기경에게 말판을 맡긴 거예요. 그렇게 놀다가 여인 중 한 명이 "김 추기경님이 말을 속이면 어쩌느냐" 하니까 김 추기경이 웃으면서 하신 말씀이 걸작이에요. "나도 따야지"라고 했다는 거예요. 추기경다운 유머라고 생각했어요. 물론 나중에 돈은 다 나눠줬어요.

전기를 쓰시면서 알게 된 추기경은 어떤 사람입니까?

두 가지로 이야기할 수 있겠습니다. 하나는 사제가 되기까지 최종 결심이 순탄치 않았다는 사실입니다. 마음속에 굉장히 갈등이 많았어요. 거기서 인간적인 면을 발견할 수 있었습니다. 그 모든 갈등을 견디고 대신학교에 들어간 순간부터는 신앙인으로 한길을 갔습니다. 그다음부터는 인간적 괴로움이 나타납니다. 고위 성직자, 그러니까 주교, 대주교, 추기경이 되면 교구 행정을 해야 하니까 그때부터 고뇌가 따릅니다. 친필 일기장 여러 부분이 공개가 됩니다. 교구 행정이라는 게 결국 예산 지원 배분에 따라 더 급한 데로 써야 하는데 불만이 따르기 마련이죠. 김 추기경은 "내가 은행이었으면 좋겠다"라는 표현까지 합니다.

그런 중에도 추기경이 끝까지 가장 큰 관심을 보인 것은 사회 약자와 가난한 사람이었습니다. 김 추기경은 그런 말을 했어요. "사람들이 나보고 자꾸 운동권이라고 하는데 나는 좌경이니 우경이니 생각해본 적이 없다. 나는 늘 약자 편이다. 우리 사회를 걱정해서 한 말이지 이데올로기가 아니다." 추기경은 우리 사회의 양극화를 걱정했어요. 결국에는 나눔과 베풂이라는 게 우리 사회에 부족한 것 아니냐, 그게 많았으면 좋겠다, 라고 했어요. 당신께서 각막까지 기증하고 떠나셨잖아요. 그 덕분에 다음 날 두 사람이 한 쪽씩 눈을 떴어요. 그래서 저도 이번 책의 마지막을 두 사람이 빛을 봤다는 문장으로 마쳤어요.

이 책을 쓰면서 저 자신을 돌아보는 계기가 됐습니다. 참 잘못 살아온 부분이 많구나, 반성도 많이 했습니다. 추기경의 기록을 보면 누구한테 싫은 소리 한 적이 거의 없었어요. 무엇보다 다른 사람 이야기를 끝까지 듣는 분이었습니다.

보혁 갈등은 지금도 덜하지 않은 상황 같습니다만.

그 점에서는 지금 시대가 그때와 크게 다른 게 없어요. 제가 추기경 전기를 쓴 이유이기도 해요. 그분은 우리 사회의 정신적 지도자이자 중재자로서 도저히 풀 수 없을 것 같았던 문제도 곧잘 풀곤 하셨어요. 그러면서도 갈등의 골이 깊어가는 것에 대해 그렇게 우려하셨어요. 지금 그분의 삶과 생각, 가치관을 돌아보는 게 오늘 우리에게 도움이 되지 않을까 생각합니다.

　　　2권을 보면 민주화 과정과 그 속에서 추기경의 역할과 고뇌가 상세히 기술됩니다. 집중 조명한 이유가 있나요?

추기경님은 민주화를 지원하는 일에 나설 때도 민주화 운동가여서가 아니라 교회의 가르침 때문이었어요. 제2차 바티칸공의회 정신 중 가장 중요한 것이 인간의 정의, 약자에 대한 배려였어요. 그런데 당시 사회는 그렇지 않았다는 거지요. 그래서 교회의 가르침에 대해 이야기한 것이었습니다. 박종철 고문치사 사건 때도 데모를 하자고 하지 않았어요. 당시 정권과 위정자를 향해 하느님이 두렵지 않느냐고 이야기했어요. 그게 교회의 가르침이었다는 거지요. 1970년대부터 일관되게 유지돼온 추기경의 생각이었습니다. 사람들이 추기경을 사회운동가, 사회개혁가로 보고 기대한 거지요.

　　　김 추기경의 이야기와 생각을 반영하려고 했다지만 저자의 시각이 반영된 것은 아닌가요?

물론 저도 인간이니까 취사선택이 개입할 수밖에 없지요. 전체 틀을 짤 때에는 작가로서 생각이 작용했다고 봐야죠. 그래도 집필 중에 놓지 않으려고 한 것은, 이 책에 담기는 것은 전적으로 김 추기경의 생각이어야 한다는 원칙을 지키려고 무던히 애를 썼습니다. 그래서 세세한 부분까지 인용으로 뒷받침했습니다. 저의 느낌이나 생각이 절대 아니에요. 책에 나오는 추기경의 생각과 말은 95퍼센트 이상 근거를 갖고 제시했습니다. 마음속의 생각까지 일기나 다른 자료를 통해 다 확인한 사실입니다.

말년에 외로움과 절대 고독을 토로한 대목이 인상적이었습니다.

늘 말씀하신 게 나도 인간이라는 거였어요. 추기경님은 섭섭한 것을 남에게 토로하지 않았어요. 자기가 안고 있어야 했지요. 그래서 불면증으로 끝까지 고생하셨어요. 당신이 가야 할 길이 십자가의 길이라고 여기고 계속 묵묵히 받아들이셨던 분 아닌가 싶어요. 자기변명을 잘 안 했어요. 갈등을 상의할 때도 없었고 늘 외로운 결정을 내려야 하는 자리였어요. 그걸 30년을 했으니 고독감이 짙을 수밖에요.

이제는 전기 작가로서 입지를 굳히셨지요? 유독 전기에 매달리는 이유가 있는지요?

두 가지입니다. 하나는 제가 외국에 살다 보니 소설은 역사소설밖에 쓸 수 없는데, 현재성이 없는 겁니다. 그래서 생각한 게 전기 장르를 해봐야겠다 싶었어요. 저는 자료 조사가 재미있습니다. 이런 걸 지겨워하면 못하는데, 저는 체질에 맞는다는 생각이 들었어요. 또 나이가 들고 보니 감성보다는 서사로 끌고 가는 긴 글이 맞겠다 싶었어요. 그런 점에서 저와 궁합이 맞는 장르입니다.

둘째로는, 우리나라에 전기문학이 너무 빈약해요. 외국 도서관에는 별도 섹션이 있을 정도인데. 기껏해야 유족의 의뢰를 받아 쓴 작품들이 많아요. 그런 책은 사람들이 쳐다보지도 않잖아요. 그래서 제가 인물을 발굴해서 써보면 어떨까 싶었어요. 잘될지도 모르고 무작정 썼어요. 써놓고 보니 간송 책이 생각 이상으로 큰 호응을 받으면서 힘을 얻었어요. 당시에 언론들도 높은 관심을 보여줬어요. 이어서 최순우 책이 나왔을 때도 관심들이 많았어요. 평도 좋았어요. 당시에 어떤 기자 말이, 이렇게 무명이 단번에 '저자 서클' 안으로 진입한 것은 드문 일이라고 하더군요.

문학에서 시와 소설은 인간의 사유로 들어가는 문을 열어주는 것이라고 할 수 있습니다. 그에 비해 전기는 인간의 삶에 대한 성찰, 역사에 대한 성찰로 진입을 돕는 도구라고 생각합니다.

그다음 계획이 있습니까?

지금까지는 다 사회적으로 높았던 분들을 다뤘습니다. 이제는 낮은 분을 해보려고 합니다. 지금 두 분을 생각하면서 자료를 모으고 있습니다. 한 분은 진짜진짜 낮은 분인데 삶이 큰 울림을 줍니다. 그다음은 음지에서 고생한 사람인데, 그러면서도 우리 사회에 꼭 필요했던 사람입니다. 집필 순서는 어떻게 될지 모르겠습니다.^{이후 국제법학자 백충현}의 전기를 냈다.

앞으로도 전기만 쓰실 생각인가요?

물론 소설집 같은 걸 내고 싶은 욕심은 있습니다. 하지만 틀림없이 실패한다고 생각해요. 『해리 포터』를 쓴 J. K. 롤링도 자기 이름으로 낸 소설은 실패했잖아요. 그런 실패는 독자에 대한 예의도 아니라고 생각해요. 제가 잘할 수 있는 것으로 찾아가고 싶습니다. 지금으로선 전기문학의 활성화에 디딤돌이 된다면 큰 영광이고 영예라고 생각해요. 앞으로 제가 얼마나 더 쓸지 모르지만, 아마도 다섯 권 이상은 힘들 것 같은데, 전기문학의 맥을 이어가는 누군가 나타났으면 해요. 개인적인 바람으로는 40대쯤 된 어느 문필가가 전기 작가를 하고 싶다면 제 노하우와 소스를 언제든지 공개할 용의가 있습니다. 전기 작가가 힘든 게, 한 2, 3년 고생해서 냈는데 별 반응이 없으면 힘이 빠집니다. 그래서 전기 작업은 작가가 미쳐야 합니다. 그런 쪽으로 뜻이 있는 분이 있으면 얼마든지 도움을 주고 인물에 대해서도 도와줄 용의가 있습니다. 저는 전기를 통해 사회가 성찰할 수 있다고 생각합니다. 나이팅게일을 통해 간호사들이 성찰하고, 아인슈타인을 통해 물리학자들이 생각하듯이 말이지요.

국내에서 높이 평가하는 다른 전기 작가가 있습니까?

안재성 작가입니다. 『경성 트로이카』 저자입니다. 주로 근대 인물, 사회주의 인물에 대해서 썼는데 필력이 대단합니다. 개인적으로 아는 사이는 아닌데, 제가 쓴 간송 전기가 나왔을 때 서로 통화한 적 있습니다. 책에서 김태준 이야기랑 잘 읽었다면서. 그 뒤로 그분 책을 꼭 사 봤어요. 스토리텔링이 탄탄해요. 자료 조사가 철저하고 사실에 입각해 씁니다. 감탄이 나올 정도입니다.

해외 작가 중에는?

이번에 노벨문학상을 받은 스베틀라나 알렉시예비치입니다. 자료 조사와 증언으로 책을 쓰는 능력이 탁월합니다. 다큐멘터리인데 무미건조한 게 아니고 그걸 가지고 스토리를 만들어내는 능력이 아주 뛰어납니다. 책은 재미있어야 한다고 생각합니다. 스토리텔링이 중요하지요. 결국 이야기를 끌고 가고 시대를 끌고 가는 서사의 힘이 작가에게 필요한 재능인데, 알렉시예비치는 체르노빌 원전 피해자나 전쟁 피해자들 목소리를 통해 인간과 환경에 대해, 체제에 대해 생각하게 합니다. 결국에는 성찰의 길잡이 역할을 하지요. 그런 면에서 대단하다고 생각합니다.

사실 전기를 읽어도 작가는 기억 못하는 경우가 많아요. 제가 쓴 간송 책도 좀 알려졌지만 정작 저자는 모르는 경우가 많아요. 이번 추기경도 마찬가지일 겁니다. 그래도 저는 전혀 불만이 없습니다. 저보다 대상 인물이 드러나는 것으로 만족합니다. 솔직히 전기를 문학으로 인정해주느냐 여부에 대해서도 큰 불만 없습니다. 그냥 내가 써서 독자들에게 또 하나의 삶을 보여드리는 것에 만족하고 즐거워하는 편입니다. 비록 과정은 힘이 들어도 말이지요. 제 일이고 길이라고 생각하니까요.

이충렬 / 작가. 1976년 미국으로 건너갔다. 1994년 〈실천문학〉에 단편을 발표해 등단했고 로스앤젤레스에서 격월간지 〈뿌리〉의 편집장을 지냈으며 〈한겨레〉 〈경향신문〉 등에 칼럼과 르포를 기고해왔다. 『아, 김수환 추기경』 『간송 전형필』 『혜곡 최순우 ― 한국 미의 순례자』 등을 썼다.

몰입하는 인간

강명관

유종호

이대열

나는 왜 공부하나

강명관 한문학자

이전에도 국내 한문학자들을 인터뷰한 적이 있다. 정민, 안대회, 허경진, 정병설 교수 등 네 명이 떠오른다. 조선 후기 우리 문학 연구에서 두각을 나타내온 학자들이다. 이들은 비슷한 시기를 연구하면서도 각자 대중을 상대로 한 글쓰기를 겸해왔다. 강명관 교수도 그중 한 명이다. '그중 한 명'이라면 뭔가 미진하다. 그중에서는 연배도 앞선 편이지만 연구에서도 자기만의 족적이 뚜렷하다. 일찍이 조선을 왕조나 지배층 중심에서 봐오던 시각에서 벗어나 여성을 비롯한 중인, 기생, 무당 같은 사회 약자 내지 하류층의 삶에 주목하는 한편 민족주의에 기초한 일제강점기하의 내재적 발전론을 비판해왔다. 우리 역사 속의 책과 지식문화에 관한 연구와 저술도 꾸준히 병행해왔다. 여러 갈래로 뻗친 그의 학문적 가지가 어떤 문제의식에 뿌리를 두고 있고 어디를 거쳐 어디로 향하는지 궁금했다. KTX를 타고 부산대 캠퍼스로 직접 찾아갔다. 학교 정문에서도 언덕길을 한참 올라가서야 일러준 연구동이 보였다. 약속 시간에 맞춰 전화하니 백고무신을 신고 마중을 나왔다. 신기해서 쳐다봤더니 이게 편하다면서 웃었다. 고무신에 이어 온돌방처럼 좌식으로 개조된 그의 연구실 풍경에 또 한 번 놀랐다. 신을 벗고 들어가 평상을 두고 마주 앉았다.

『신태영의 이혼 소송 1704~1713』이라는 책은 참 독특합니다. 어떻게 쓰시게 됐지요?

내 학문적인 관심이 좋게 말하면 넓지만, 있는 대로 말하자면 잡다합니다. 사실은 여성사나 여성 문학에도 일찍부터 관심이 많았어요.『열녀의 탄생』이라는 책도 10년 가까이 집필해서 내기도 했습니다.

강명관   295

처음부터 끝까지 혼자 써내려간 작업이었어요. 물론 그 사이에 다른 책도 썼지만. 이 책의 요지는 이런 겁니다. 남성 사족土族이 조선을 건국한 후 여성을 통제해나가는 과정에서 가장 중요한 방법이 여성들 머릿속에 남성이 원하는 생각을 집어넣는 것이었다. 그러니까 여성은 남성에게 성적으로 종속된 존재라는 점을 깊이 심어주고 그럼으로써 그것이 침범당할 때 스스로 목숨까지 버린다, 이런 생각을 집어넣은 것이었다는 얘기죠. 그걸 밝히는 데 한 10년이 걸렸어요. 그 작업을 마치고 나니까 의문이 생기더군요. 남성이 여성을 그런 식으로 끊임없이 재단해왔다면 여성은 그저 남성이나 남성 권력에 재단되기만 했던 수동적인 존재인가? 그럴 순 없잖아요. 그럴 경우엔 인간의 주체가 사라져버리니까. 그렇다면 여성은 어떻게 생각하고 저항하고 대응했던 가를 생각할 수밖에 없었죠. 사례를 찾아봤는데 참 드물었어요. 계속 실록과 자료를 보다 보니까 신태영이라는 여성이 이혼소송 사건에 연루된 게 있더군요. 이 사건을 미시사적인 방법으로 다뤄서 여성이 소수자로서 남성 권력 속에서 어떻게 적응하고 저항하고 대응해왔던가를 써봤어요. 그게 이 책입니다.

그 이혼소송 사건은 새로 찾아내신 건가요? 아니면 이미 알려진 것을 새로 해석하신 겁니까?

내가 쓴 대로 학계에 정식으로 보고된 적은 없었어요. 그냥 악녀로만 알려져 있었지요. 여성사 하는 분들은 신태영이라는 인물이나 이혼 사건에 대해서는 알고는 있었지만 학문적으로 엄밀하게 따진 것은 아니었어요. 재작년인가 3년 전쯤 전국역사학대회에서 제가 논문으로 보고를 했어요. 그다음에 책을 냈는데 그 중간에 어떤 분이 논문을 썼더군요. 읽어보니까 상세하진 않아요. 그 전엔『조선왕조실록』을 가지고 주로 이야기했는데 이번에 책을 쓰면서는『승정원일기』라든지『비변사등록』이라든가 문집에 있는 자료들도 깡그리 뒤져서 썼습니다. 사건을 본 관점도 달라요. 악녀로 본 게 아니라, 여성이 가부장제 속에서 어떻게 남성 사족의 권력 집행에 적응하고 대응했는지 살펴보려는 입장에서 썼어요. 여성에 대해서 쓴 책은 한 권이 더 있어요.『그림으로 읽는 조선 여성의 역사』라고 해서, 합쳐서 세 권을 쓴 셈이죠.

여성 연구를 처음부터 염두에 두신 것은 아니고요?

워낙 여러 가지를 동시에 연구하다 보니까. 처음엔 우리 한문학을 연구하려고 석사과정에 가긴 했는데…… 학부 때 부산대 국어교육과를 나왔는데 거기선 한문학을 가르치지 않았어요. 전부 한글로 된 국문학을 가르치고 한문학은 거의 안 가르쳤어요.
하지만 우리 문학 유산에서 한글로 된 것은 얼마 안 돼요. 아무리 빨라도 훈민정음 창제 이후란 말이죠. 고려가요라고 해도 몇 수 안 되고, 더 올라가도 신라 향가 몇 수밖에 없으니. 반면에 한문학은 고려시대만 해도 상당 양이 남아 있고 조선 시대에는 굉장히 많아요. 학부생 때 아무리 생각해봐도 우리 문학의 주류는 국문 문학이 아니고 한문학 아닌가 생각했어요. 그래서 한문학을 공부하겠다면서 대학원을 간 거죠.
『열녀의 탄생』의 후기에도 짤막하게 썼는데, 결국 우리 집안에 있었던 일이었어요. 큰누님이 상당히 똑똑한 여자였는데 집안의 남자 형제들과 비교해 봐도 굉장히 똑똑하고 공부를 잘했어요. 그런데도 아버지가 큰누나는 대학에 안 보냈어요. 괜찮은 대학에 합격했는데도 남동생 위해서 희생하라면서. 남자 형제는 중학교에 보내면서 말이죠. 초등학교 때 그걸 봤는데 굉장히 이상한 거예요. 어머니를 기억해보면, 일제시대에 외조부 따라서 후쿠오카에 살다가 해방 후에 귀국했는데 그때 일본 초등학교 선생님이 "하나코(당시 일본식 이름)야, 조선에 들어가지 마라, 가봐야 나라가 두 조각 나고 너는 공부도 못하게 될 거야"라고 했대요. "너는 머리도 좋고 똑똑하니까 일본에 남아 있으면 공부시켜줄게"라고 했다는 거지요. 일본인 교사가 보니 똑똑한 아이가 조선으로 돌아가는 것이 아까웠던 거죠.

나라가 조각난다는 것은 남북 분단을 이야기한 건가요?

그렇죠.

그때 그걸 내다봤다는 이야기네요?

일본인 선생님은 아무래도 식자층이니까. 당시 북쪽으로 소련군이 진군하고 남쪽에는 미군이 들어가는 것 보고 난 다음이니까 그런 감각이 있었던 모양이죠. 하지만 우리 외조부는 청송의 오랜 옛 잔반의 자손이었으니까 귀국할 수밖에 없었죠. 그래서 어머니는 따라 들어와서 열여덟에 결혼했어요. 그 이야기를 어머니가 돌아가시기 전에 들었어요. 그때 결혼하고 난 다음 일본으로 달아나려고 밀항선까지 타러 갔다가 도저히 우리 큰누이가 눈에 밟혀서 마음을 바꿔 돌아왔다고 하더라고요. 굉장히 고생만 하셨는데. 내가 어렸을 때 보더라도 아버지가 하는 일과 비교해 보면, 어머니 말을 들어야 집안이 잘될 것 같았어요. 그런데 그렇게 안 되더군요. 그 뒤로도 그게 늘 가슴에 밟히는 거예요. 큰누이는 분명히 똑똑했고 아버지가 밀어주면 잘될 것 같은데 왜 그렇게 안 하지, 그리고 어머니 말씀 들으면 잘될 텐데 왜 저러지, 이런 생각을 내내 했어요. 그때는 남녀 차별을 당연하게 생각했지만 사실 당연한 게 아니잖아요. 슬기롭고 똑똑한 사람이 있으면 그 사람의 합리적 견해를 따라야지, 성별로 차별하는 건 문제가 있다고 늘 생각했어요. 그러다 한문학을 공부하게 되니까 그런 걸 탐구해보고 싶었어요. 조금씩 자료를 모으고 연구하고 쓰기 시작하고 보니까 엄청나게 큰 문제였어요. 그렇게 해서 책도 쓰게 된 거지요. 여성에 관한 것은 앞으로 기생, 무당 같은 하위 주체 여성에 대해서도 글을 좀 더 쓰고 싶어요.

그 전에도 기생 같은 하위 주체에 관심을 써오신 편인데요. 그동안 작업의 갈래를 좀 짚어주시겠어요?

첫째는 몇 년 전에 쓴 『책과 지식의 역사』라는 게 있어요. 지식이 어떻게 생산되고 책의 형태로 유통되느냐의 문제를 다뤘어요. 고려 시대부터 조선 전기까지는 다뤘는데, 책을 낼 때 모두 다섯 권 내겠다고 했어요. 조선 전기 두 권, 후기 두 권, 애국계몽기(1876년 개항부터 1910년 한일합방까지) 한 권까지 해서 모두 다섯 권 내겠다고 했는데 그게 남아 있어요. 요즘은 생각이 좀 더 확장이 돼서 삼국시대와 고려 시대까지 합쳐서 냈으면 싶어요.

원래 이 책을 한참 쓰고 있던 2002년에 뇌경색이 와서 1년쯤 쉬었어요. 『책과 지식의 역사』를 쓸 때 원고지 6000매 정도로 몰아서 썼는데, 첫 권을 완성해서 출판사로 보낼 때 이 책은 잘 안 팔릴 것 같아서 신윤복의 그림에 관한 책 원고 700매짜리를 써서 같이 보냈어요. 출판사에서 신윤복 책부터 먼저 만들겠다고 했는데, 책의 품질을 높이기 위해 〈혜원전신첩〉이라는 30장짜리 도판의 원화를 찍기 위해 간송미술관에 갔더니 도판은 물론이고 이 그림으로 책을 못 낸다고 제동을 걸었어요. 당시 이 출판사는 '한국의 미美' 시리즈를 내고 있었는데 아무래도 간송 도움을 많이 받아야 할 처지여서, 책은 조판까지 되어 있었지만 못 내게 됐다고 전화가 왔어요. 그러고 나니까 『책과 지식의 역사』 1권도 내키지 않아서 다 중단시켰어요. 그래서 그 책과 나머지 세 권 정도의 원고가 그냥 13년간 연구실에 처박혀 있었어요. 그러다 재작년에 또 다른 편집자가 새로 출판사를 내면서 원고를 달라고 해서 나오게 됐어요. 1권만 나왔고 나머지 원고는 그동안 메모리가 상해서 새로 다시 많이 써야 했어요. 그 책이 몇 년 안에 다 정리되면 여섯 권으로 나올 겁니다. 그림 원고는 결국 다른 출판사로 넘어가서 '조선 사람들, 혜원의 그림 밖으로 걸어나오다'라는 제목으로 나왔어요.

『책과 지식의 역사』와 비슷한 주제의 책으로 『책벌레들 조선을 만들다』가 있는데요?

아 그건, 내가 쓰러질 무렵에 원래 원고가 6000매 정도 돼 있었잖아요. 그때 신동아 출판사에서 내가 그런 상태인 줄 모르고 원고 청탁을 해왔어요. 당시에 오른쪽이 마비돼 사班노 질 수 없는 상황이었는데. 의사 지시에 따라 집에만 무료하게 있을 때였어요. 책도 보지 말라고 했어요. 그걸 보고 집사람이 "손도 회복할 겸 청탁 원고를 써보는 게 어때요?" 했어요. 그래서 나온 게 「조선의 뒷마당 풍경」이었는데, 출판될 때는 『조선의 뒷골목 풍경』으로 개작이 됐죠. 그게 좀 많이 팔렸죠.

그 뒤에 〈주간동아〉에서 격주에 한 번씩 연재를 청했어요. 심심하기도 하고 당시에 골치 아픈 책만 쓰다가 머리도 식힐 겸해서 쓴 게 『책벌레들 조선을 만들다』였어요. 원래 『책과 지식의 역사』 원고 안에 있던 내용을 쉽게 고쳐 써서 냈죠. 그래서 그 부분에 대해 공부할 게 좀 남아 있고.

그리고 내가 청년 시절 공부를 시작할 때 상당한 영향을 끼친 책이 한 권 있는데 에두아르트 푹스가 쓴 『풍속의 역사』예요. 그래서 나도 옛날 조선 시대를 배경으로 한 풍속의 역사를 한번 써보겠다는 생각을 했어요. 그 뒤로 여태 한문학을 공부해오면서 실록 같은 자료를 보면서 준비는 해왔는데, 그것도 정년 할 때까지는 출간을 해야 할 것 같아요. 몇 권이 될지 모르겠지만.

원고를 쓰기 시작하신 거예요?

그건 자료만 계속 축적하고 있어요. 집필은 정년 직전부터 시작해야 할 것 같고. 지금은 학교에서도 논문 써야 할 게 많이 밀려 있어서. 요즘 집에서 쓰고 있는 것은 장지연 평전이에요. 그 사람이 일제시대에 조선총독부 기관지인 〈매일신보〉에 글을 700~800편 정도 기고를 하면서 식민 통치에 아주 적극적으로 협조했다고 처음 논문으로 써서 학계에 보고한 사람이 나거든요. 그 뒤로 장지연 평전을 쓰고 있어요. 그리고 자질구레한 원고들이 많이 남아 있어요. 전반적으로 한문학 연구에 관련된 것들인데, 내가 2002년에 쓰러지면서 답답했던 게 있었어요. 얘기를 거슬러 올라가자면, 처음에 중인문학, 역관이나 경아전서울 각 관청의 서리 들 한문학이 18세기 이후에 굉장히 발달해요. 지금 서촌 일대에 산 사람들이죠. 이들을 문헌에서 여항인이라고 부르고 이들의 한시 문학을 여항문학이라고 하죠. 그걸 연구 주제로 박사논문을 쓰고 책까지 냈는데 그 과정에서 이상한 걸 많이 발견했어요. 여항인 중에 홍신유라는 사람이 있어요. 역관 집안사람으로 시를 썼는데 시에서 독창성, 그러니까 작가의 개성이 중요하다는 얘기를 계속해요. 또 이언진이라는, 천재로 소문난 역관이 있었어요. 연암 박지원과 같은 시대 사람인데 연암한테서 천재 소리를 들었으니 굉장히 똑똑한 거죠. 신분이 다르니까 왕래는 없었지만. 이 사람이 남긴 얇은 시집이 있는데, 그 안에 「동호거실衚衕居室」이라는 시 150수 정도를 남겼는데, 지금으로 치면 이상의 시 비슷한 거예요. 머릿속에 떠오르는 대로 쓴 거요. 보통 오언시나 칠언시인데 이 친구는 육언시를 썼어요. 그 안에서 독창성을 굉장히 강조하는데, 이 사람이 이야기하는 독창성과 홍신유가 말하는 독창성이 비슷해요. 조선의 현실에 입각해서 조선의 시를 써야 한다는 이야기를 계속해요.

홍신유가 굉장히 긴 시를 써서 자신의 시론과 창작관을 이야기하는데 여기에 나오는 독특한 용어들이 있어요. 이걸 추적해봤더니 중국의 공안파公安派라는 문예비평 그룹과 연결돼 있어요. 사실은 이들 논리를 그대로 따온 거예요. 연암 박지원 같은 사람이 과거의 문학을 답습 모방하는 것을 그만두고 조선 현실에 맞는 조선 어휘를 가지고 작가의 독창성과 창조성을 발휘해야 한다고 이야기했는데, 그걸 두고 사람들은 연암 박지원의 민족문학론으로 해석했거든요. 그런데 홍신유부터 출발해서 박지원도 검토해보니 거의 비슷한 논리를 구사하는 거예요. 그래서 박지원을 다시 추적해보니 이 역시 공안파 이론을 가져온 거예요.

공안파 이론은 명나라 때 발달한 이론이에요. 그보다 앞에 의고파擬古派 어떤 문학 작품의 최고의 성취는 이미 과거에 이뤄졌기 때문에 내가 현재 문학에서 가장 높은 성취를 이루는 방법은 과거 작품을 어떻게 모방하느냐에 달려 있다고 주장라는 게 선조 말기에 우리나라에 들어와서 한동안 문단을 휩쓸었거든요. 이 의고파에 대한 반발과 비판이 생기기 시작하는데 그 논리가 마땅하지 않던 차에 중국의 공안파를 알게 된 거죠. 그 논리를 가져온 거예요. 박지원도 홍신유도. 그때부터 연구 방향이 완전히 달라졌죠. 우리가 과거 조선의 민족문학론이라고 불러온 것이 사실은 비민족에서 민족으로 간게 아니라, 의고에서 당대 개성과 창조성을 발휘하는 문학으로 간 거라고 읽게 된 거죠. 거기에 대해 연구를 시작했어요. 공안파가 조선문학에 미친 영향을 연구하려고 들자니 의고파에 대한 연구를 안 할수 없었어요. 의고파 연구를 하다 보니 명나라 때 의고파가 우리나라에 어떻게 들어왔는지도 봐야 하고, 거기에 맞선 공안파는 어떻게 발생했는지도 이해해야 하고, 그 공안파가 조선에는 어떻게 들어와서 어떻게 이해돼서 변형됐는지도 연구해야 하는 상황이 돼버렸죠. 그걸한꺼번에 다 하게 됐어요.

우리 한문학에서 출발해서 결국엔 중국 문예사까지 다 할 수밖에 없었던 거군요.

그러다 보니까 공부할 분량이 엄청나게 늘어난 거죠. 너무 늘어나서 감당을 못할 정도로. 밖으로 논문으로는 발표하지는 않은 채 혼자서 끌어안고 계속 연구를 하고 있었죠. 그러다가 쓰러진 거죠. 저기 서가에 책이 보이죠.『농암잡지평석』『공안파와 조선후기 한문학』『안쪽과 바깥쪽』『국문학과 민족 그리고 근대』 그런 책들. 이 네 권이 한꺼번에 나왔어요. 『공안파와 조선후기 한문학』, 이게 원래 목표였는데 이책을 내려다 보니 앞의 『안쪽과 바깥쪽』, 의고파 연구를 안 할 수 없었어요. 그다음 의고파에서 공안파로 넘어가는 중간의 것이 『농암잡지평석』이란 책이에요.

이걸 계속 공부하다 보니 한국문학사가 뭐냐, 이토록 폐쇄적이고 내재적인 것이란 말인가, 한국문학사의 구성 자체에 대해 반성하게 됐어요. 한국문학사가 원래부터 그렇게 존재하던 것이 아니라 근대 이후에 구성된 것이라고 보게 된 거죠. 그 이론적 틀을 마련하기 위해 쓴 게 『국문학과 민족 그리고 근대』였어요. 이걸 한꺼번에 다 썼어요. 그런다고 애를 먹었어요.

쓰시고 쓰러진 거예요?

쓰는 도중에. 원고는 80퍼센트쯤 됐는데 쓰러진 거죠. 2002년에 쓰러져서 1년 쉬고 회복해서 마무리했어요. 그러는 중에 『열녀의 탄생』『책과 지식의 역사』도 썼고.

'멀티'로 작업을 하셨군요.

그걸 하면서 장지연 쪽도 더 공부했지요. 그러다 보니 1876년 개항부터 1910년 사이, 즉 근대 계몽기에 우리나라에 어떤 지적인 변화가 있었는지 이해할 필요가 있었어요. 그래서 뭘 했느냐면, 1898년부터 우리나라에 민간 출판사가 생겼어요. 이 민간 출판사들이 중국과 일본 책을 굉장히 많이 갖고 들어와서 번역하고 역술을 했는데 그게 한

1000종 정도 돼요. 그게 어떤 책들인지 조사하기 위해 목록을 만들었어요. 〈황성신문〉〈대한매일신보〉도 보고 대학 도서관도 조사하면서 리스트 만드는 데 몇 년 걸렸죠. 그중에 앞서 말한 책들도 쓰고『조선 풍속사』라는 그림책도 쓰고. 엄청 바빴어요.(웃음)

쓰고 계신다는 장지연 평전에 대해 좀 들려주시겠습니까? 최근까지도 친일 문제를 두고 논란이 있었는데요.

장지연 평전의 제목이 '주체 없는 근대'예요. 그게 뭐냐면 근대를 하긴 하는데 장지연의 경우에는 주어가 일제란 말이죠. 원래 민족주의자들이 믿는 근대라는 것은 우리 민족이 우리 민족을 근대화했다는 거예요. 민족이란 주어가 민족이란 목적어를 근대화한 거죠. 장지연의 경우 한일합방 다음 일제의 식민 통치에 협조하게 되는데, 그건 말하자면 주체 없는 근대화죠. 민족이라는 주체를 상실해버린 근대화. 지금 국내에서 논쟁거리인 식민지 근대화론이라는 것도 기본적으로는 주체 없는 근대화론이죠.

그 관점의 또 다른 오류가 뭐냐면, 근대 자체가 절대적인 가치로 설정이 돼 있다는 점이에요. 하지만 우리가 이미 자본주의적 근대에 아주 깊숙이 진입했는데, 이것이 정말 우리 민족 혹은 한반도 사람들에게 진정한 행복으로 다가왔느냐면 그건 아니라는 거죠. 이제는 근대 자체를 학문적으로 깊이 있게 성찰하는 단계에 도달했는데 그 주체 없는 근대에 절대적인 가치를 부여한다는 것 자체가 학문적으로 낙후한 것이라고 생각해요.

그 문제는 근대화와 관련해서 조선을 어떻게 볼 것이냐의 문제와도 저는 이렇게 보고 싶어요. 민족주의자들은 조선이라는 나라가 망한 것을 민족이 망한 걸로 보는데, 제가 보기에는 그게 아니라 사족 체제가 망한 거예요. 조선이라는 나라는 사족 체제였기 때문에. 우리는 흔히 조선이라는 나라를 두고 세종·성종 때까지는 굉장히 훌륭했는데 임진왜란을 맞아 흔들렸고 영·정조 때 다시 르네상스를 맞이했다가 결국 일제 식민지가 됐다고 설명을 해요. 하지만 실질적으로 임진왜란 이후에는 조선 사족 체제는 자기완성을 이루면서 동시에 스스로 모순에 봉착하는 단계에 도달했다고 봐야 해요. 사족의 가치·지배가 관철된다는 점에서 자기완성이지만, 그 자기완성이 곧 민중에 대한 강고한 압박으로 나타나 결국 체제 자체가 붕괴할 수밖에 없는 모순을 드러내기 시작한다는 것이죠. 사족 체제가 스스로 자기모순을 갱신하지 못하는 한 붕괴할 수밖에 없지요. 만약 일본이라는 제국주의 세력이 들어오지 않았더라도 사족 체제는 오래 못 버텼을 거예요. 사족 체제 다음에 뭐가 왔겠느냐는 것은 아무도 모르는 거죠. 거기에 대해 이래저래 말할 필요도 없어요.

그러니까 민족 내지 국가 공동체와 지배계급의 질서와는 분리해서 봐야 한다는 말씀인가요?

그렇죠. 조선의 사족 체제가 붕괴했다고 봐야죠.

그 문제는 전작 『조선에 온 서양 물건들』에서도 언급하신 것 같은데요. 서양의 물건을 일찍 접하긴 했지만 기호품으로만 봤지, 깊이 원리 그렇죠. 그 점이 미묘한 부분이기도 한데, 사족 체제는 사실 안정적인 농민의 생산이 있고 사족이 그들의 생산 일부를 수탈하여 존재하는 것이지요. 사족 체제가 안정적일 때는 과거를 쳐서 여러 지방에서 동시에 사람들이 올라가서 벼슬을 하고 다시 지방으로 내려오는 식으로 순환이 되는 거죠. 그게 좋은 건데, 임진왜란과 병자호란이 끝나고 나면 사족 체제의 성격이 완전히 바뀌어버려요. 대표적인 게 뭐냐면, 사족 체제하에서 모든 양반이 과거 시험을 칠 수 있지만 관료제의 정점에 설 수 있는 사람은 한정돼 있었어요. 17세기 중반부터 서울과 경기, 충청도 사람만 벼슬하게 됐어요. 전라도는 임진왜란 직전에 정여립의 난이 일어난 이후 관직에서 배제했어요. 평안도와 함경도는 국방에 전념해야 한다고 아예 문반직에 등용하지 않았지요. 조선 초부터 차별한 것이지요. 강원도는 조선 전기에는 허균 집안 같은 집안이 있어서 관직에 등용되지만 조선 후기 되면 거의 관로에 등장하지 않지요. 인구가 희박한 것도 이유가 되겠지요. 황해도는 원래 고려가 터 잡은 곳이었기 때문에 차별했고. 조선 건국 후 벼슬 가능성이 있는 지역은 남쪽의 경기도와 충청도, 경상도, 전라도, 강원도인데 이게 17세기 중반 이후가 되면 점점 경화세족京華世族이라고 해서 서울, 경기, 충청 사람만 벼슬을 하게 돼요. 경상도가 좀 있었다가 1680년 경신대출척庚申大黜陟이 일어나면서 남인이 떨어져나가고, 17세기 말이 되면 서울, 경기, 충청만 남아요. 1728년 이인좌의 난으로 인해 다시 남았던 남인과 소론의 상당 부분이 제거됩니다. 그러다 19세기가 되면 충청도조차 향반이 되는 경향이 있지요. 과거를 통해 고급 관직을 독점할 사람들의 풀이 점점 좁아졌어요. 우리가 아는 정약용, 박지원 같은 실학자들만 해도 전부 서울 사람이에요. 서울에 집이 있고 동시에 충청이나 경기에도 있어요. 정약용은 경기도 남인이기 때문에 서울에 집이 있고 양수리, 그러니까 두물머리에도 있었고, 담원 홍대용은 서울에 집이 있고 또 청주지금은 천안에도 있었고, 추사 김정희는 서울 가회동에 집이 있고 시골집은 충청도 예산에 있었어요. 이 사람들만 북경을 왔다 갔다 할 수 있었어요. 이들이 서양 지도와 책, 새로운 물건을 갖고 왔어요.

그런데 경화세족의 범위도 갈수록 점점 줄어들어요. 1755년에 윤지의 옥사가 일어나 소론은 당파의 위세를 유지할 수 없을 정도로 궤멸당하지요. 물론 그 전에 1728년에 이인좌의 난으로 한 차례 크게 위축이 된 뒤지요. 그렇게 점점 소론 역시 기반이 줄어들어요. 그 결과 극소수 집안만이 북경을 오가며 선진 문물을 받아들이게 되지요. 그 대신 남은 가문들은 점점 덩치가 커져요. 모든 학문이 학파별로 형성이안 되고 대부분 극히 좁은 범위 내의 당파별·가문별로 이뤄져요. 이게 망할 징조죠. 옛날 같으면 퇴계가 안동 살면서 서울 가서 벼슬하고 내려오고 이런 식으로 순환이 됐을 때는 서울 문화가 지방에 퍼지고 새로운 담론을 만들어내는데, 이건 서울 시내에 앉은 사람이나 경기도 부근에 사는 사람, 자기 가문 안의 사람만 알게 되니까, 특히 당파별로 경쟁이 굉장히 심해서 서로 원수가 되니까 남인이 하는 학문과 노론이 하는 학문이 서로 공유가 안 됐어요. 이게 정말 괴이한 일이죠. 사족과 상민 사이의 불통은 말할 것도 없고, 사족들은 사족들대로 경화세족과 지방 사족이 서로 소통하지 못하고, 또 경화세족 내부에서도 당파별·가문별로 살았으니 서로 격실隔室 속에 갇혀버린 꼴이 되었지요. 이 격실화 현상으로 인해 문화의 창조적 역동성이 크게 위축되었다고 할 수 있지요. 이게 사족 체제가 망한 중요한 이유

중 하나라고 봐요. 영호남이나 다른 지방 양반들에게 권력을 나눠주지 않고 벼슬 기회도 봉쇄해버렸으니까 안 됐고, 서울 양반들은 개혁을 할 힘이 없었던 거죠. 그런 식으로 사그라들어간 게 당시 사족 체제의 참모습 같아요.

임진왜란 이후 사족 체제가 사실상 자기완성과 자기모순을 동시에 경험하고 그 모순을 해결하지 못해 붕괴했다고 하셨는데, 정조의 역할이나 업적은 어떻게 보세요?

그 부분도 중요하게 짚어야 할 게 있는데, 제가 정조에 대해서도 원고를 상당히 많이 썼어요.

평전용으로요?

학문적으로 궁금한 것도 너무 많고 또 마침 출판사의 요구도 있고 해서 정조의 평전을 쓰려 한 것이지요. 정조 때 문화가 왜 그런 식으로 이전과는 달라 보이느냐 하면 요지는 이래요. 정조 때 활동했던 사람들이 경화세족들이에요. 그 가문들이 축소되기 시작해서 유수한 가문들만 남게 됐어요. 이 사람들이 북경 정보를 나름대로 새롭게 해석해본 차원이 하나 있고, 다른 한편으로 경화세족 내부에서도 다른 움직임이 생기는데, 이런 식으로 가면 체제가 망한다, 그러니 모순을 제거하고 사족 체제의 안정을 도모해야 하는 조정 과정이 있어야 한다, 하고 생각한 부류가 있었어요. 사족 체제의 모순에 대한 자기 조정 프로그램이 우리가 말하는 실학이라는 거지요. 하지만 저는 실학이란 것을 독립적인 영역으로 인정하지 않아요. 그것은 재래의 유교적 경세론의 일종이지요. 또 실학이라고 하면 전근대를 넘어 근대로 지향하는 담론이라고 하지만, 나는 그 이른바 실학에서 근대로 향하는 그 어떤 요소도 찾아낼 수가 없어요.

구질서의 연장이라는 뜻인가요?

궁극적으로 사족 체제의 지속이죠. 그런 과정에서 일련의 개혁적 담론들이 제출되는데, 그런 것들하고 서양과 중국에서 들어온 여러 가지 새로운 학문과 사상을 소화하는 과정에서 나온 여러 담론들이 전에 비해서는 상대적으로 새롭게 보이는 거죠. 그래서 정조 대가 새롭게 보이는 것처럼 이야기들 하는데, 사실 새롭다고 할 것도 없지요. 또 정조는 절대 개혁적 인물이 아니에요. 개혁한 게 아무것도 없어요. 왜 그런가 하면, 18세기의 가장 큰 문제가 토지 문제였어요. 토지를 일부 경화세족, 지방 사족 들이 거의 다 차지했어요. 경주 최 부자라고 있어요. 어마어마한 땅을 갖고 있는데 이런 얘기를 해요. 수확량을 만 석을 절대 넘기지 말고, 흉년에 땅을 늘리지 말라고 했다지요. 흉년에 땅을 늘리지 말라는 것은 흉년에 땅을 쉽게 늘릴 수 있다는 이야기지요. 조선 후기에는 3, 4년에 한 번꼴로 흉년이 들었어요. 흉년이 들면, 박지원의 글에 잘 나오는데, 사람들이 먹고 살 게 없어서 토지 문서를 들고 부잣집을 찾아가요. 부자들은 다른 사람보다 조금 높게 쳐줘요. 땅을 차지하고 난 다음에는 계속 소작을 붙여 먹게 하면 땅이 다 그 집에 모이게 돼요. 우리가 아는 모 대학의 설립자로 알려진 사람 집안도 그렇게 해서 부자가 된 것이라고 하지요. 이런 식으로 부자가 토지를 광점하게 되니까 결국 농민이 땅으로부터 축출당하게 돼요. 남은 길은 두 갈래예요. 도둑놈이 되거나 유민이 되는 것. 둘 다 사족 체제의 입장에서는 안 좋죠. 도둑놈 되는 것 중에도 독특한 게 있어요. 박지원의 「허생전」을 보면 변산반도 도둑들이 1728년 이인좌의 난에 참여해요. 이런 일이 지배 체제로서는 골치 아픈 일이에요. 그래서 토지를 어떻게 농민들에게 되돌려줄 건가를 두고 학자들 사이에 의견이 백출해요. 성호 이익 같은 사람은 토지를 개인한테 모두 나눠주되, 요즘 이야기되는 기본 소득처럼, 영원히 팔아먹을 수 없는 토지(영업전)를 주자, 그러면 최소한 먹고살 수는 있지 않느냐, 하는 주장을 해요. 연암은 토지 소유 상한제를 제안해요. 지금 땅을 많이 가진 것은 인정하지만 세월이 가면서 땅 부자들이 자손이 늘어나 상속을 하고 또 이런저런 일로 땅을 팔아먹을 터이니, 일정한 시간이 지나면 어느 수준으로 이하로 내려가면서 균등해질 거라고 본 거죠. 다산은 마을마다 토지를 공동소유하는 안을 내요. 이런 제안들이 하나도 실현 안 됐어요.

『정조실록』이나 『일성록』 『홍재전서』를 보면 정조는 토지문제를 환히 다 알고 있어요. 그 역시 깊은 고민을 했는데 토지를 균등하게 분배하려면 현재 토지 소유자들의 강력한 반발에 부닥치지 않겠어요. 문제는 그 저항을 압도할 권력적 강제가 있어야 하는데 그것에 대한 고려가 전혀 보이지 않지요. 또 기술적인 문제도 있었지요. 토지제도에 손을 대려면 현재 토지 보유 상황을 측량해야 하잖아요. 조선 전기에는 그걸 했어요. 세종 때는 전국적으로 다 했어요. 하지만 조선 후기가 되니까 할 수가 없어요. 여러 이유가 있는데, 첫째는 비용 문제입니다. 나가서 토지를 측정하는 관리를 중앙에서 파견하려면 돈이 드는데, 재정이 부족하니까 지방에 비용을 물리자니 이것 때문에 파산이 속출한다는 거예요. 관리 말먹이며 점심값이며. 그래서 토지측량 하지 말라는 상소가 쏟아지니까 못한 거예요. 둘째는 수학을 몰랐어요. 토지제도를 바꾸려면 토지를 정확히 측량해야 하고 그걸 하려면 수학을 알아야 하는데 할 수 있는 사람이 없다는 거예요. 정조가 결국 하지 말라고 해요.

수학이 문제라면, 조선 전기에는 토지측량을 했다면서요?

그때는 수학 공부하는 사람이 많았어요. 관리들도 하고 세종대왕도 수학 공부를 했어요.

후기에는 수학 공부 자체가 쇠퇴했다는 건가요?

이야기가 더 깊이 들어가야 하는데, 그게 성리학과 관련이 있어요. 우리가 1392년 조선이 유교 국가로 건국된 것 생각하면 당시에 성리학이 아주 높은 수준에 있을 거라고 생각하는데, 그렇지 않았어요. 굉장히 낮아요. 가령 19세기 말 개신교가 처음 들어왔을 때 시골 기독교 신자와 21세기 기독교 신자의 신학 이해 수준은 상당히 차이가 나겠지요. 그것처럼 조선 초기 지식인들의 성리학 이해 수준은 그다지 높지 않았던 것이지요. 성리학이라는 극도의 추상적 학문은 이해가 만만하지 않거든요. 우리가 퇴계 선생을 왜 높이 평가하느냐면 퇴계가 처음으로 성리학, 곧 주자학의 전체적인 구성을 이해한 사람이거든요. 성리학을 이해하려면 주자가 제일 중요하잖아요. 주자가 모든 성리학을 종합했기 때문에. 주자를 이해하려면 『주자대전』을 봐야 해요. 그 문집이 1543년에 우리나라에 출판됐어요. 그걸 처음으로 전부 몇 번씩 반복해서 골똘히 읽고 연구한 최초의 사람이 퇴계였어요. 그러니 당시 학문의 종장이라 불렸죠. 그러니 적어도 16세기 중후반까지는 성리학을 제대로 이해하지 못했고, 사족들도 100퍼센트 성리학에 의식화된 사람들이 아니었어요. 성리학 이외 학문이나 학술 담론들이 존재할 수 있었다는 거죠. 다른 기술학에 대한 이해가 조선 전기 중에서도 중종 이전에는 굉장히 깊었어요. 중종반정을 일으킨 주역들이 사실 양심적인 세력은 아니었잖아요. 연산군이 워낙 자기 이익을 많이 침해하니까 반정을 일으켰던 거지. 쿠데타를 일으켰으니 사실은 기본 질서를 위반한 거죠. 그걸 희석하려고 개혁 세력을 들이는데 그게 조광조 일파였어요. 대개 조광조를 높이 평가하고 나 역시 그에 일부 동의하지만, 엄격히 말해 그 사람은 철없는 도덕주의자라고 할 수 있어요. 『소학』을 입에 달고 오직 그 책을 실천하는 것이 인간의 유일한 길처럼 말하며 도덕군자들만이 모여 사는 세상을 만들려고 한 것이지요. 어쨌든 조광조는 그렇게 '과격한' 주장을 펼치다가 반대파에 의해 기묘사화 때 축출당하죠. 그때 사신이 실록에 이렇게 썼어요. 조광조의 말이 틀린 것은 아니다, 하지만 『소학』만이 학문인 것은 아니기 때문에 조광조 이전과 후를 비교해 보면 그 전의 모든 기술학들이 후퇴했다, 라고 얘기해요. 조광조 일파가 처음으로 성리학에 깊이 의식화된 사람들이거든요. 성리학이 학문적 세계를 일관되게 지배하고 난 다음부터는 우리가 말하는 기술학에 대한 인식이 아주 희박해졌다는 뜻이에요.

유학이 사변화되면서 기술학이 위축 내지 밀려났다는 얘기군요.

네, 천시된 거죠. 그래서 18세기 말에 가면 정조 같은 사람이 이런 얘길 해요. 일본, 중국에서 신기한 물건 사들이느라 은이 다 소모된다고. 제 책에도 썼는데, 강세황 같은 사람이 이런 말을 해요. 거울 같은 것은 간단해 보이는데 이것도 못 만든다고. 다른 것도 마찬가지예요. 조선 전기에 비하면 엄청나게 후퇴한 거예요. 하지만 우리 교과서에는 그렇게 못 쓰고 있어요.

집권층의 지배 학문이 사변화되더라도 일상을 사는 사람들 사이에 전수되는 실용적 지식까지 그렇게 소멸 내지는 위축될까 싶은데요?

착취가 그만큼 심하기 때문에 그럴 수 있지요. 일본만 해도 조닌町人 에도 시대에 도시에 거주하고 있던 장인·상인의 총칭 문화가 있어서 무사들이 조닌 문화에 대해서는 간섭을 하지 않았어요. 하지만 우리는 그렇지 않았어요. 상업 자체를 아주 멸시한 데다 기술학 자체를 아주 우습게 알았죠. 그런 분위기 속에서 기술학이 제대로 양성될 수가 없었던 거죠.

그렇게 보면 조선 지배층의 지식 자체가 사회에 굉장한 영향력을 발휘한 셈이네요. 일상생활에 필요한 실용적 지식마저 자생적으로 지속되거나 성장할 여지를 제약했다면 집권 세력의 지배 학문이 굉장한 힘을 발휘한 거잖아요.

그렇죠. 마르티나 도이힐러Martina Deuchler가 그런 이야기를 해요. 유교라는 이데올로기가 이토록 국가화된 것은 조선밖에 없다고 해요. 중국이 유교의 본산지잖아요. 그럼에도 불구하고 거기에는 유교뿐만 아니라 불교도 도교도 있고, 오히려 민중을 지배하는 것은 도교란 말이죠. (중국은) 양냉학노 있고 오만 가지가 다 나오는데 우리나라는 딱하나밖에 없었다는 거니까.

삼강오륜이라고 해서 일상까지 지배했지요.

우리가 보통 임진왜란과 병자호란을 기점으로 조선 전기와 후기로 나누잖아요. 그러면서 전기에는 성리학이 지배했던 사회고, 후기가 되면 성리학에 대한 반발이 일어나고 비판되면서 실학이 나왔다는 구도로 보는데, 그게 아니에요. 조선 전기는 성리학이 전국적으로 지배도 못했고, 유교적 가부장제가 완벽하게 관철되지도 못했어요. 그래서 여자들이 결혼도 두 번 세 번 했어요. 양란 지나고 난 후에야 진짜 양반 사족들이 바라는 유교 가부장제가 100퍼센트 관철되는 사회가 도래한 거죠. 성리학이 절대 진리로 군림하는 시대가 된 겁니다. 사실상 우리가 알고 있는 역사관과 반대죠. 서유구라든지 18, 19세기 진보적인 경화세족들은 우리 기술력이 일본에 엄청나게 뒤져 있다는 이야기를 서슴없이 해요. 지금은 우리가 아무리 일본을 업신여겨도 과거 나가사키 데지마出島1636년 일본 에도막부가 쇄국정책으로 나가사키에 건설한 인공 섬에 네덜란드 상선이 계속 와서 해부학 책도 갖다 주고 해서 난학이 발전했잖아요. 그런 것들이 다 메이지유신 때 서양을 적극적으로 받아들이는 데 기초가 됐어요. 반면에 우리나라는 그렇지 않았죠. 조선 후기에 일본 통신사로 파견된 사람들이 일본 지식인과 대화를 나누는데, 한시 쓰고 글씨 쓰는 건 우리가 훨씬 더 잘해요. 일본 지식인들은 일단 우리 쪽에 굉장하다고 이야기해주고 난 다음에는 "너희는 서양을 아는가, 인도는 아는가" 물어봐요. 모른다고 답하니까 뭐랬는지 아세요? 말은 공손하지만 그 속에 깔린 뉘앙스는 '세상 어떻게 돌아가는지도 모르고' 이런 것이었단 말이죠.

최근에 홍대용을 공부하다가 본 자료가 있어요. 홍대용이 1765년 겨울 북경에 가서 1766년 1, 2월을 머무르다가 그때 중국 지식인 세 명을 사귀고 돌아와서 편지를 주고받는데 반정균이란 사람이 홍대용한테 편지를 썼어요. 거기 보면 필리핀이 식민지가 된 걸 이야기해요. 그러면서 그것이 천주교 때문이다, 조선은 어떠냐, 조선은 절대 천주교를 받아들여서 식민지 되는 꼴이 없어야 한다, 라고 했어요. 홍대용은 거기에 대해 아무런 반응이 없어요. 북경에 앉아서도 벌써 스페인 선박이 필리핀을 접수해서 가톨릭 퍼뜨리고 식민지로 만든 상황을 알고 있는데 조선은 모르는 거예요. 지금 우리 생각으로는 그런 소식을 들으면 이게 뭔가 하고 연구해볼 것 아니에요. 근데 듣고도 연구를 안 해요.

그래도 조선왕조가 500년을 지속된 데에는 나름의 저력이 있었다는 해석에 대해서는 어떻게 보세요?

그건 달리 생각해볼 수 있지요. 임진왜란을 기점으로 해서 중국 대륙에서 명 체제는 스스로 모순을 노정하다가 결국 이자성이란 민중 반란군에 의해 멸망하고, 그 권력의 빈 공간에 청이 들어서서 새로운 체제를 세웁니다. 청은 명이 노정한 모순을 일소하고 이내 거대한 제국으로 성장하지요. 일본은 임진왜란이 끝난 뒤 무로마치막부 이래 오랜 전국시대를 끝내고 도쿠가와막부가 성립하여 에도의 번영을 누리게 됩니다. 하지만 조선만은 사족 체제가 연속되지요. 전쟁으로 사족 체제가 허약해진 것은 분명한데 왜 사족 체제가 붕괴하지 않았을까요. 사족 체제를 붕괴시킬 압력조차 전쟁으로 사라졌던 것이지요. 원래 소선은 노비가 50퍼센트에 이르는 사회였습니다. 노비와 농민 들은 조선 초기부터 군도의 형태로 끊임없이 저항했지요. 홍길동과 임꺽정이 그 대표적인 예입니다. 임진왜란이 진행되는 도중에도 지방 곳곳에서 민중의 반란이 끊이지 않았습니다. 하지만 이들 모두 진압되었고, 사족들이 피해를 입은 것 이상 민중들도 피해를 입었지요. 달리 말해 사족 체제의 변혁을 강제할 민중적 에너지 역시 사라진 것입니다. 사족 체제가 나름대로의 저력이 있어서 존속한 것이 아니지요.

민중들은 계속해서 군도의 형태로 저항하다가 1728년 이인좌의 난에 참여하기도 합니다. 하지만 이 역시 진압되지요. 이인좌의 난 이후 한동안 지방의 군도가 사라졌다는 기록 자체가 시사하는 바 크지요. 곧 민중의 저항적 에너지가 위축된 것이야말로 조선 사족 체제가 길이 연장되었던 결정적인 이유겠지요. 이외에도 사족 체제의 민중에 대한 우민화정책 등 여러 이유를 들 수 있습니다만 그건 기회가 되면 따로 말씀 드리지요.

또 하나 이야기할 것은 우리가 조선을 보는 시각 자체가 상당히 한 방향으로 고정되어 있는 것 같다는 겁니다. 아까 한 이야기와 연결되는 것이기도 한데, 조선 후기에 실학이 존재했다는 이야기 말이지요. 실학은 근대를 향한 내재적 기획이라는 발상은 조선이 중세를 마치고 조선 후기라는 내재적 근대를 거쳐 스스로 근대로 나아갔다는 설정을 전제하고 있어요. 그런데 이 시대 구분은 서양사에서 가져온 거예요. 서양사에서 말하는 고대-중세-근대의 역사 발전 단계를 그대로 가져온 거란 말이죠. 하지만 어떻게 서구라는 작은 지역에서 뽑아낸 역사 발전 단계가 전혀 상관없이 독립적으로 살아온 동양, 특히 한국에 그대로 적용될 수 있느냐는 말이죠. 만약 서양의 고대-중세-근대라는 도식을 적용하려고 들면, 저기 중남미에 가서 잉카나 마야에도 갖다 대면 그런 나라는 역사도 없는 것 아니에요. 제 말은 고대-중세-근대라는 서양의 도식을 보편적 도식으로 볼 필요가 없다는 거예요. 거기에다 우리를 끼워 맞추려고 하니까 문제가 생기는 거예요. 역사는 하나씩 점진적으로 순차적으로 진행되는 것이 아니고 단층 지대 같은 것이 존재한다고 봐요. 20세기로 말씀드리자면, 조선 사족 체제가 끝났을 때 일본의 제국주의가 들어와서 우리 역사를 간섭해 뒤바꿔놓는 거대한 단층 작용이 한번 일어난 거죠. 역사라는 게 꼭 무슨 전근대-근대-내재적 근대-근대, 이런 식으로 차근차근 순서대로 전개되는 게 아니라는 말입니다. 그렇게 본다면 아까 내가 말한 방식이 우리 역사를 비판적으로 보는 것이라는 말은 맞아요. 이렇게 말하면 무슨 자학 사관인 것처럼 비난할 수도 있지만, 그건 아니지요. 달리 말해 우리의 전근대가 완전히 부정적이고 볼 게 없는가 하면 그건 아니라는 거예요. 우린 지금 자본주의사회에 살고 있기 때문에, 자본주의가 심화된 상태이기 때문에 우리의 생의 목적이 소비가 되고, 소비를 위해 돈을 버는 게 됐어요. 어떻게 하면 상품을 더 많이 구입할 수 있느냐, 그러기 위해 화폐를 얼마나 더 축적할 수 있느냐가 목적이 됐지요. 그 외에 다른 목적이 있는지는 모르겠어요. 그렇다면 이렇게 자본주의로 나아가는 게 필연적인 역사인가 하면 그건 아니라는 겁니다. 서구 사회가 자본주의로 나아갔을지언정 다른 지역의 역사라는 것 역시 반드시 자본주의로 나아갈 필연성은 없는 거죠. 그렇게 생각한다면 전前자본주의사회에서는, 칼 폴라니가 이야기한 것처럼, 경제라는 것은 인간의 여러 사회관계 속에 묻혀 있는 거란 말이죠. 그 시절의 것을 다시 끄집어내서 반추해본다면 자본주의를 넘어갈 수 있는 여러 가능성을 발견할 수 있게 될 것이고, 그런 점에서 조선이란 과거를 되돌아보면 거기에는 긍정적으로 평가해서 가져올 것도 너무나 많다는 거예요. 조선 시대에는 마을이 존재했어요. 1970년대까지만 해도 전근대적 공동체가 살아 있었죠. 내가 어릴 때만 해도 외출할 때는 대가족이나 옆집에 누구에게 맡길 수가 있었어요. 그게 친족이나 마을 공동체 사회, 전근대사회에서는 가능했어요. 그 관계들이 다 무너져버렸어요. 우리는 흔히 자본주의화, 상품화, 시장화, 이걸 지구의 진리처럼 알고 있고 그것 때문에 전근대사회를 아주 나쁘게 평가하지만, 그 속에는 정말 우리가 되찾아야 할 공동체의 가치가 아주 많아요.

한 사회의 질서가 그 시대에 그 나름으로 오래 지속된 것은 최소한의 요건을 충족했으니까 존재했겠지요. 조선이 지금도 문제적으로 논의가 되는 가장 큰 맥락은 결국 외세의 식민 통치를 초래했다는 사실 아닌가 싶어요. 그 연장선상에서 조선의 지배층에 책임을 묻는 평가가 한 축에 있다면, 다른 한 축에서는 불가항력의 외적 변수가 컸다는 반론이 맞서는 구도로 전개돼온 감이 있습니다.

네, 그렇게 양분해서 보는 것이 저로서는 못마땅한데 수용이 잘 안 되더군요. 요즘 집에서 계속하는 작업 중 하나가 뭐냐면 허생에 대한 이야기예요. 박지원이 『열하일기』에 「허생전」을 썼잖아요. 흔히 허생을 평가할 때 고리타분한 양반 행세 버리고 상업에 뛰어들어 장사를 해서 어쩌고 하면서 이런 것이 북학파 박제가의 상업주의, 통상론과 맞물려서 북학파는 상공업을 주장했다, 이렇게 말들을 하잖아요. 하지만 연암의 「허생전」을 잘 읽어보면 과일과 말총을 매점매석해서 돈을 버는데, 그 돈이 상업자본이라면 그 돈으로 다른 장사를 해야 하잖아요. 하지만 그 돈 10만 냥을 가지고 당시 제일 골짜기인 변산으로 가서 도둑놈들 데리고 무인도 들어가요. 거기서 농사를 지어요. 풍년이 드니까 곡식을 가지고 당시 흉년이 든 나가사키에 내다 팔아서 100만 냥을 받아 와요. 이걸 가지고 또 장사를 하는 게 아니라 50만 냥을 바다에 쓸어 넣어버려요. 화폐를 폐기처분해요. 섬에서는 돈이 필요 없으니까. 그다음에 섬을 떠나는데 문자, 즉 한자를 아는 사람을 다 데리고 나와요. 이게 뭐냐면, 화근인 이데올로기, 지식을 끄집어낸다는 거예요. 그리고 돈 50만 냥 중 40만 냥은 국내에 다니면서 굶주린 기민들 구제하고 10만 냥을 다시 갚아요.

이 사람이 섬에 만든 것은 아나키의 공동체였어요. 섬에서 나올 때 배도 없애버려요. 드나드는 사람이 없게. 이걸 보면 연암이 생각한 것은 우리가 생각하는 것과 전혀 다른 차원의 사회예요. 거기에는 무역이나 상업이 없어요. 나중에 변 부자가 가서 허생을 만나 물어봐요. 당신 어떻게 해서 돈 벌었느냐고. 허생이 답하기를 내가 매점매석해서 돈을 벌었는데, 하면 안 되는 짓이라고 해요. 여기서 발견할 수 있는 것은 상업 논리가 아니라 오히려 탈화폐적이고 탈상업적인, 탈무역적인, 탈국가적인 논리가 가득해요. 우리가 작품을 정확히 봐야 하는데, 「허생전」을 이제까지 상업이나 화폐, 무역을 지향하는 것처럼 봐왔단 말이죠. 우리 머릿속에 모든 사태에서 자본주의로 가는 경로를 발견하고야 말겠다는 선입견이 있어서 그렇게 보이는 거죠. 이걸 걷어내야 해요. 연암이나 박제가도 그렇게 해석하는 것은 우리가 자본주의의 역사적 정당성을 이미 전제하고 있기 때문이에요. 자본주의라는 것은 우리가 피할 수 없고 어떤 방식으로든 오는 것이라는, 역사적 필연이라고 본다는 거죠. 생각이 너무나 깊이 의식화돼 있고 중독돼 있기 때문에 다른 어떤 사회를 상상할 수 없게 돼 있어요. 역사라는 것이 사실은 과거를 지향하는 것이 아니라 과거를 통해서 어떻게 현재와 미래를 이야기하느냐, 어떤 사회를 새로 상상하느냐 하는 건데, 우리는 완전히 하나의 생각에 사로잡혀 있지요.

실제로 자본주의의 지구화가 현실이 되지 않았나요?

그렇죠. 우리도 그 속에 들어가버린 거죠. 강제로 편입됐다고 보는데, 그 논리에 젖어서 살아왔고 역사도 그런 식으로 쓰고 살아왔는데, 과연 지금 생각해볼 때 우리가 온당하게 사는 삶일까 물어보게 돼요. 첫째, 우리 커뮤니티가 다 무너졌어요. 아파트밖에 없잖아요. 옛날에 갖고 있던 지역공동체, 마을 공동체가 완전히 무너졌잖아요. 지금은 앞집 사람도 잘 몰라요. 어디 갈 때 열쇠를 맡길 수 없어요. 아기 맡길 데도 없어요. 그런 것들 보면 인간을 낱낱이 분리해서 화폐가 없으면 생존하지 못하도록 만든 것, 그것이 자본주의가 우리 속에 굉장히 깊이 들어온 마지막 형태인데, 이런 식의 삶의 형태를 계속 유지할 수 있을 것인가, 이대로 물려줄 수 있을 것인가, 그런 문제의식을 갖지 않을 수 없죠.

자본주의의 비인간성에 대한 문명 차원에서의 비판은 여전히 뜨겁고 앞으로도 계속되겠지요. 많은 문제를 노출해왔고 지금도 불평등이나 환경문제 같은 것은 더 심각해지고 있으니까요. 하지만 다른 한편으로는 근대로 오면서 점점 더 현실에서 지배적이 된 힘이었단 말이죠. 그것의 정당성에 대한 논의와는 별개로 역사의 흐름으로 닥쳤을 때 조선이 준비가 안 돼 있었다든가 제대로 대응하지 못했다는 사실은 그것대로 논의가 필요하지 않나 싶어요.

네, 그 점에 대해서는 깊이 검토해봐야 하는데, 나도 아직 거기까지는 손을 안 뻗쳤지만, 구한말 유학자들 중에 자본주의 문명 자체가 아주 몹쓸 것이고 야만의 문명이라고 하는 목소리가 상당히 많이 있었던 것으로 알고 있어요. 철학계, 사상사 쪽에서 그런 작업을 하고 있는 것으로 알고 있어요. 한 가지 문제가 뭐냐면, 그런 움직임이 유교를 사상적 기반으로 했다는 점이죠. 유교 자체에 대한 비판과 동시에 자본주의를 비판해서 새로운 담론을 만들어내야 하는데 우리 사회가 그게 쉽지 않은 것 같아요.

자본주의 질서라든가 외부로부터 닥치는 불가항력의 세력이 옳으냐 그르냐의 문제와, 그것이 어떻게든 현실로 닥칠 경우 어떻게 대처할 것인가의 문제는 다르지 않나요?

그건 굉장히 큰 문제 같아요. 사실 그 문제는 학문적으로 토론하거나 내가 말할 수 있는 범위를 넘어서는 것인지도 모르겠는데, 간디 같은 경우가 대표적이죠. 간디가 자본주의라든지 근대 기술에 대해 굉장히 비판적이었잖아요. 간디가 쓴 작은 책자에 이런 얘기가 나와요. 자신이 인도의 무수한 판차야트라는 작은 농촌 공동체를 가지고 국가를 수평적으로 구성해야 한다고 이야기를 많이 했는데 결국 인도가 독립할 때 간디 말을 안 들었다는 거예요. 네루가 지향하는 사회주의 쪽으로 갔다가 결국 뒤흔들려서 엉망이 되니까 1992년 다시 신자유주의로 넘어오는데, 그런 걸 보면 이게 인간의 운명인가 싶기도 해요.

전 지구적 차원에서 불가항력의 힘으로 닥치는 상황 앞에서 한 나라가 나 홀로 문을 닫을 수는 없지 않나 싶어요. 자족적인 오타키 autarchy의 형태로 생존할 수 있으면 모르겠지만.

그렇죠. 대책이 없는 거죠. 이걸 어떻게 할 것인가 하는 문제는 사실

인문학 하는 쪽에서 심각하게 제기해야 하는데, 우리나라의 지적 풍토라는 게 그런 것을 제기할 상황이 전혀 준비가 안 돼 있어요. 특히 고전학 하는 사람들이 이 문제에 대해 답을 줘야 해요.

다시 조선의 문제로 돌아가자면, 그동안 조선에 대한 이해 자체가 이분법적으로 대치돼온 인상을 받는데, 선생님은 그걸 넘어서 우선 진상을 잘 들여다볼 필요가 있다는 입장 같습니다. 정조나 실학에 대해서도 사실 우리의 고정관념이나 선입견이 굉장히 강한 것 같은데요.

그 고정관념이라는 게 어떤 점에서는 필연이에요. 우리가 국민국가에서 살고 있으니까. 실학이라는 게 왜 탄생하게 됐느냐면, 일본에서 식민 사학이 들어왔단 말이죠. 조선이라는 나라는 스스로 근대로 갈 수 있는 내재적 동력도 의지도 없다는 얘기잖아요. 한국 입장에서는 이미 민족주의 세례를 받은 사람들이니, 해방이 되고 나니까 그건 반드시 무조건 부정돼야 하는 것이었죠. 내재적 근대화라는 것은 우리에게 반드시 있는 것이어야 했어요.

국사학의 존재 이유랄까 출발점이 민족국가의 정당성 확보, 당시로서는 항일과 맞물려 나온 것이나 마찬가지였지요.

국사라는 것 자체가 국민국가에서 '네이션Nation. 민족 혹은 국가'을 만들기 위해 만들어진 것이기 때문에 부정적 기술이란 있을 수 없어요. 다 긍정적인 서술이지요. 내재적 근대화가 없었더라도 있었다고 해야 해요. 그것은 이미 정식화된 담론이에요. 그 위에 여러 가지 이야기를 얹는 거죠.

그 점이 국내에서 한국학을 보게 되면 꼭 부닥치는 문제인데요. 선생님도 예전에 인터뷰에서 우리 문학을 연구할 때 민족을 빼야 한다고 말씀하셨죠.

네. 거기서 나온 문제의식이죠. 그런 식으로 보게 되면 국문학사라는 게 민족이라는 주어가 문학을 빌려서 어떻게 근대로 나아갔던가의 이야기가 돼요. 한국사라는 것도 민족이라는 주어가 어떻게 살아왔느냐는 이야기가 되지요. 하지만 민족이라는 주어만 내세워 쓰게 되면 국사책이 이상해져요. 그럴 경우 종놈들은 어떻게 할 거예요? 세종 때 조선 시대 인구의 50퍼센트가 노비란 말이죠. 그 사람들이 진짜로 '한국 민족'이라고 생각했을까요? 아니잖아요. 여성들은 어떡해요? 나아가 소수자들 이야기는 전혀 할 수 없어요. 임진왜란 때 일본이 엄청나게 많은 사람을 잡아갔어요. 조정에서 사람을 일본에 보내 그 사람들 데려오려고 하니까 안 온다는 거예요. 잡혀서 몇 년 있다 보니 차별받은 조선에 다시 올 필요가 없어졌다는 거 아니겠어요. 그걸 어떻게 할 거예요? 그런 사람들의 선택은 민족사의 구조에서 뭐가 됩니까?

민족 입장에서는 배신이겠지요.

배신이죠. 그런 건 민족사에서 기술할 수 없죠. 민족이라는 것 자체가 근대에 생긴 개념이에요. 그걸 가지고 저 고구려, 삼국시대로 거슬러 올라가서 기술한다는 것 자체가 도저히 납득할 수 없는 이야기예요. 국민국가가 탄생한 후에 모든 나라가 저지르고 있는 일종의 만행이죠.

민족이나 민족주의라는 게 우리 근현대사에서는 나름의 정치적 필요에 의해서 형성됐다고 하더라도 지금은 지적으로 극복돼야 한다는 말씀인가요?

쉽게 말해서 이제는 좀 어른스러워져야 한다는 거죠.

지금 말씀하신 것과도 관련이 되는데요, 권력과 지식의 문제를 질문드릴까 합니다. 선생님이 쓰신 『책벌레들 조선을 만들다』를 보면 책이, 혹은 책을 통해 지식이 역사를 주도해왔다, 권력이 책을 통해 관철되기도 했다고 쓰셨습니다. 조선의 책 문화는 어땠나요?

지배 문화죠. 책이라는 것 자체가 전근대 어느 사회나 지배 문화입니다. 서양도 마찬가지고. 책이 워낙 비싸니까. 말하자면 활자가 발명되고 난 다음 구텐베르크 이후에야 부르주아 계급이 성장하면서 책을 구해 볼 수 있었고, 그 전에는 다 귀족계급 전유물이었어요.

언문이나 한글문화는 어떻게 해석해야죠?

한국 사회에서 금속활자가 나온 것은 고려 시대지만 상용화된 건 조선 시대로 봐야 하거든요. 활자가 대량으로 사용된 것은 세종 때부터인데, 당시에 한글을 만들었다고는 하지만 한글 활자가 없어요. 있긴 있어도 한문책을 언문으로 번역할 때만 잠깐 만들어 썼지요. 한글 활자 자체가 구한말까지도 없었으니까 민중에 대한 책의 대량 보급이라는 게 있을 수 없었죠. 한국어로 된 책이 순수하게 나온 것이 19세기 방각본 소설이에요. 그 전에는 있을 수 없었죠.

개항 이후죠. 다만 그것도 제한적이지요.

한글 성경의 확산 같은 것과 관련이 있나요?

한글 성경이 퍼지고 갑오경장 이후 신분제도가 무너지고, 그때부터 비로소 민간 출판사가 생기기 시작해요. 근대식 인쇄기가 들어오면서 납활자가 들어와요. 그때부터 책을 찍기 시작했고 대중이, 국민이 만들어지기 시작한 거죠. 그때부터 온전치는 않지만 지식이 해방되기 시작한 거죠. 목판본 만드는 데에는 돈이 어마어마하게 듭니다. 영남 지방, 안동 같은 곳에 가 보면 목판본이 많은데 이걸 만들려면 비용이 엄청나죠. 그런 건 가문에서나 만들어야 해요. 그러니 책이 값싸게 나오겠어요? 집안의 누구 문집 만드는 데도 그렇게 판각을 해서 만드는데 민가에서 활자로 백성들 볼 책을 마구 찍는다? 상상도 못하죠. 지금 남아 있는 한글 소설을 봐도 아주 조잡해요. 내용도 대부분 요즘 말하는 연속극과 똑같아요. 민중을 각성시키는 것은 아니란 말이죠.

그러면 조선 후기에도 책이란 철저하게 지배를 위한 도구였다는 건가요?

그렇죠. 글자를 익히는 것 자체가 어렵잖아요. 한자, 한문을 읽을 수 있어야 하는데, 사람들이 조선 후기가 되면 한자도 많이 알게 돼 사정이 바뀌었다고 하는데 말도 안 되는 소리입니다.

그렇게 보면 선생님 작업이 역설적인 면이 있군요. 주류 문화에서 쉽게 드러나지 않은 사람들을 조명하려는 거잖아요. 하지만 방법론적으로는 문헌을 통해서 하위 주체들을 복원하려는 건데, 정작 하위 주체들은 자신들의 기록을 남긴 것도 아니고, 지배층의 글이나 드문 변론에 등장한 것을 겨우 발굴해내는 방식인데요.

그런 것과 더불어 기존에 알려진 작품들도, 가령 「허생전」 같은 것도 새롭게 해석해서 조선 사족 체제의 지배 구조를 폭로한다는 의미가 있습니다. 나는 어떤 행복한 민족주의 이런 것들에 대해서는 별로 관심 없어요. 과거, 전근대에서 가져올 것도 우리가 지금 자본주의사회를 어떻게 넘어갈 것인가의 차원에서 바라봐야 한다는 입장이고. 그것도 최근에 와서야 그런 작업을 시작한 거죠.

지금 자본주의에 대한 불만에서 출발해서, 과거에 다른 방식의 삶이 가능했음을 보여주는 작업인가요?

그렇게 이야기하면 너무 단순화한 것이 됩니다. 과거 조선 시대를 사족 체제로 봐야 한다는 이야기는 아주 간단한 이야기인데, 민족을 투영하지 말고 사족이 지배한 사회로 봐야 하고 그 체제 안에서 사족이 어떻게 자기 권력을 관철시킬까 하고 쓴 전략들, 그걸 다 드러내야 한다는 겁니다. 그렇지만 다른 한편으로는 그때가 지금 근대사회와는 또 다른 면이 있어요. 근대사회라는 것은 국가권력이라든가 자본의 권력이 우리의 미세한 신체 영역까지 다 영향을 미치잖아요. 쉽게 말

강명관   327

해 오늘 내 행적도 추적해보면 다 알 수 있어요. 반면에 전근대사회는 지배 체제가 그런 기술이 없기 때문에 파고들지 못한 부분이 많았어요. 그런 점에서 오히려 인간의 자율적인 공간이 많았다는 거죠. 그런 것을 어떻게 끄집어내느냐가 숙제예요. 전근대가 스스로 체제를 유지하기 위해 아주 고대로부터 갖고 왔던 공동체적 삶, 자본이나 화폐가 전일하게 지배하기 전의 모습을 많이 갖고 있었는데 그게 다 묻혀버렸다는 것이고, 그런 걸 다 소환해야 한다는 입장입니다.

조선의 선비 문화 같은 것은 어떻게 보세요. 오늘날 되살려야 할 유산 중 하나로 이야기되기도 하는데. 선생님은 비판적이시겠네요?

그건 아니죠. 우리가 목사님이다 신부님이다 스님이다 하면 성직자 신분에 맞는 기대치가 있잖아요. 이태석 신부 이런 분처럼. 하지만 실제로 우리가 아는 성직자들의 행각이 좀 다르잖아요. 우리가 선비라고 했을 때는 그런 이상적인 형태, 기대치로서 선비를 이야기하는 거지 현실 속의 '레알real' 선비가 아니죠. 우리가 종교인에게 존경을 표하는 것은 이상화된 종교인 혹은 이상화된 드문 실현 사례에 대해 존경을 표하는 거잖아요. 선비도 마찬가지 같아요. 그래서 선비 정신이라는 것 자체는 하나의 이상화된 것이고, 모델로서 관념으로 존재하는 것이고, 그런 걸 실천하는 사람이 더러 있었죠. 남명 조식이라든가 아주 비타협적으로 실천하는 사람. 그런 부분은 굉장히 높이 평가할 만한 가치가 있어요.

어떤 개인의 인품 차원의 이야기가 아니라 선비를 아까 말씀하신 사족 체제에서 구현되는 인물상으로 본다면 양면적인 부분이 있잖아요. 사족 체제를 부정적으로 본다면 거기에 자리 잡고 있었던 선비도 해당되는 것 아닌가요?

그때는 선비가 아니라 사족이라고 봐야 하고.(웃음) 그럼에도 불구하고, 아까와 연결되는 부분인데, 선비나 사족이 아무리 타락해도 그래도 건질 부분이 있어요. 왜냐? 자본주의적 근대에 살지 않았던 사람이라서 그래요. 선비나 사족 들이 조선을 지배하면서 오만 짓 다 했지만 그럼에도 불구하고 안 건드리는 부분, 지키는 부분이 있어요. 선비라는 인간을 만들 때 주조한 틀이 『소학』이란 책이에요. 그 『소학』이 인간을 윤리적 인간으로 만드는 역할을 했어요. 그 사람들은 적어도 『소학』을 다 외우고 그걸 체화해야 선비 노릇을 할 수 있단 말이죠. 그러니 해서는 안 될 짓은 안 하는 거예요. 가령 돈으로 남에게 갑질하는 것, 그런 건 선비라면 안 한단 말이죠. 요즘과는 다른 거죠. 전근대사회에서 선비라든가 학문 사족들의 최종 목적은 윤리적 인간이 되는 거예요. 그러니까 학문하는 목적이 뭐냐, 선비로서 최종 지향점이 뭐냐, 라고 하면 벼슬도 있고 다 있지만 최종 목적은 성인이 되는 것, 윤리적으로 완벽한 인간이 되는 것으로 돼 있었어요. 그런데 지금 21세기 우리가 사는 사회 사람들의 최종 목적이 뭡니까? 돈 많이 모으는 거잖아요. 그러니 예전이 자본주의와는 다른 거죠. 60년대 내가 초등학교 다닐 때만 해도 어른 개념이 있었어요. 장유유서라는 질서가, 윤리 의식이 남아 있었기 때문이에요. 그래서 우리가 선비·사족·양반 사회에 대해 아무리 비판한다고 해도 전체적으로 윤리의 완성이 목적으로 설정된 사회는 돈을 많이 버는 자본축적이 목적이 된 사회와 전혀 달랐다는 겁니다. 그런 점에서 사족 체제, 선비 이런 것에서도 우리가 평가할 부분이 분명히 있죠.

〈뉴욕타임스〉 칼럼니스트인 데이비드 브룩스가 『인간의 품격』이라는 책을 썼을 때 인터뷰를 했습니다. 오늘날 미국의 성공 중심 문화를 비판한 책인데요. 대안으로 겸허와 겸양 같은 덕목을 얘기해요. 이게 동양적인 유교적 가치잖아요. 그래서 제가 우리는 옛날에 그런 것 추구했는데 근대 유럽의 힘에 눌렸다, 서구는 세상을 힘으로 평정하고 이제 와서 그런 덕목을 중요하다고 하니 아이러니라고 한 기억이 나네요.

그러니까 우리가 전근대에서 뭘 가져올 것이냐 잘 봐야 해요. 지금까지 우리 역사학이 과거를 비판할 것은 하되 과거로부터 가져올 긍정적인 게 많이 있다는 겁니다. 그런 것들에 주목할 필요가 있어요. 이렇게 이야기하면 꼭 민족주의에서 이야기를 시작하곤 해요. 우리 민족은 과거에 겸손했다든지 이런 식으로. 그런 것은 빼고 인간 보편에 대해 호소할 필요가 있다는 겁니다.

공부방 이름을 '책주산실冊酒山室'이라고 붙이셨더군요.

주로 집에 있다 보니. 옛날 2013년에 부산대에서 교수들이 데모를 했어요. 총장실 점거까지 했어요. 총장이 직선제를 고수하기로 했는데 되자마자 교과부에서 강요해서 폐기처분해버렸어요. 그래서 다른 교수 몇 분이랑 총장실에 가서 7개월 점거 농성을 했어요. 그때 총장실 들락거리는 교수들 이면과 학내 민주주의 반대하는 사람들 진면목을 워낙 많이 보고는 덧정이 없어져서 농성 마친 후에는 학교를 거의 안 나왔어요. 집에서 책 읽고 원고 쓰고, 오후 4, 5시쯤 산에 갔다가 내려와서는 막걸리 사 와서 냉면 그릇에 부어 마시고 그랬어요. 그래서 내

방을 '책주산실'이라고 했어요.

술을 좋아해요. 보통 아침 4시 반에 일어나서 일과를 시작하는데 오후 4시 반이나 5시쯤 되면 아무것도 안 돼요. 그때 아내와 산에 올라갔다가 내려오면 두 시간쯤 걸려요. 내려올 때 막걸리 두 병 사 와서 냉면 사발에 부어 마시고 얘기하다가 자는 게 일과인데. 한동안 건강이 안 좋아서 못하다가 최근에 다시 마시기 시작했지만.

　　　4시 반이면 꼭두새벽인데 일어나서 뭐 하세요?

학교에 아주 일찍 나와요. 6시나 6시 10분이면 연구실에 와요. 여기서 책도 읽고 원고 쓰고 점심 먹고 강의하고 집에 가는 거죠. 6시쯤 밥먹고 그때부터는 아무것도 안 해요. 건강 때문에 쓰러진 후부터는 집에 와서는 그냥 TV 보거나 아내와 이야기하거나, 산에 가거나 산보하는 정도. 저녁때 왔다 가다 하다 보면 9시 반쯤 자요.

　　　독서량이 엄청나신데, 전공 책이나 자료 말고 따로 보시는 다른 분야 책은요?

책방이 세 군데에 있는데, 내 방 안에는 한문학 하는 책이 좀 있고 다른 방에는 이런저런 다른 분야의 책들이 대부분예요. 조금씩 조금씩 사들여서 짬나는 대로 읽고 하지요.

　　　정해놓고 일괄 구매하시나요?

신문 서평도 보고 하다가 관심이 가면 검색해서 사들이기도 하고.

2015년에 인도를 한 달 갔다 왔는데 돌아와 인도에 관련된 책 40~50권 구해 두어 달 내내 그거 읽었어요. 재미있어요. 『마하바라타』 같은 책은 이름만 들었는데 이번에 읽게 되었지요.

> 부산에서 줄곧 강의하고 공부하셨는데, 지방에서 학문하는 데 불리함이나 어려움은 없나요?

그런 건 별로 안 느껴요. 어떤 때는 부산이 더 좋은 면이 있어요. 한때는 몇 번 기회가 있어서 서울에 가려고도 했는데 외적인 이유로 좌절됐지요. 아마 젊은 시절 서울 있었으면 학문 외적인 일로 바빴을 거예요. 부산 오니까 그런 것 없이 공부에 전념할 수 있어 좋았죠. 중간에는 정보도 개방되고 인터넷하고 자료가 디지털화하면서 경향 간에 정보 격차가 거의 줄었어요. 물론 고서점에서 나오는 개인 자료 수집이야 접근이 좀 어렵지만 그런 거야 서울 있어도 돈 없으면 구입하지 못했을 테고. 학문하는 데 있어서는 거의 지장이 없어요. 책을 내는 데도 별로 어려움도 없고. 대한민국이 큰 나라인 줄 아는데 중국이나 인도에 가 보면 우리는 지방 규모도 안 되잖아요. 다만 대학원 진학생이나 학생, 제자 들이 잘 안 오니까 그런 게 어렵죠. 서울은 요즘은 모르겠어요. 마찬가지라고들 하더군요.

> 왜 그런 질문을 드리느냐면 학문도 주변에 동료나 동학이 있으면 자극도 되고 하니까.

나는 원래 시작할 때부터 아웃사이더 비슷하게 시작했고 또 내가 스스로 선택한 공부 방법이 다른 사람과는 또 다른 것 같아서 별로 자극을 받을 것도 없었지요. 그런 점에서 서울에서 누가 뭘 많이 하더라, 어떤 주제가 유행하더라, 하는 그런 것에 영향을 받아본 적이 없어요. 다른 사람이야 그렇게 하든지 말든지, 내가 학문을 해나가는 과정에서 계속 문제의식이 이어져 나왔기 때문에 다른 사람 신경을 별로 쓰지 않았지요. 의고파, 공안파도 내가 처음 문제 제기를 했어요. 당시 한문학계에서는 내재적 연구를 많이 할 때였는데 밖의 중국과의 관계에서 엄청난 게 생겼다는 것은 내가 주장하는 바가 많았어요. 그러니 오히려 신나죠. 아무도 생각 못한 걸 내가 하는 거야, 이러면서.(웃음)

우리 문학 공부를 시작할 때 한문학은 거의 배제된 상태였다고 했잖아요. 윗세대에는 한 분이 없었다는 얘긴데.

제가 대학 진학할 때 부산대에는 국문학과와 국어교육과가 있었어요. 후자는 졸업하면 국어 선생님이 되는 건데 나는 그게 싫었어요. 사범대에 오게 된 것은 집안의 어려운 경제적 형편과 관련이 있는데 사범대 국어교육과는 원래 꿈에도 생각 안 했어요. 고교 시절 원서 쓸 때 내가 상과대를 가려고 하니까, 담임선생님이 아마 부산대 진학률을 높이려고 그랬던 것 같은데, 너는 집안도 어려운 데다가 사범대는 등록금도 3분의 1밖에 안 되니 그리로 가라고 했어요. 그때 부모님 병세도 깊어서 학교에 모시고 갈 수도 없고 해서 어쩔 수 없이 한참 있다가 선생님 시키는 대로 하겠다 했지요. 그게 사범대 간 이유지요. 입학 후에는 교사 될 생각은 없고 하니까 막걸리 마시고 이리저리 시간을 허비하면서 허랑하게 살다가(웃음) 한문학을 해야겠다는 생각을 스스로 했어요. 79년, 80년, 이때는 부마항쟁, 광주민주화항쟁 나고 할 땐데 학교가 계속 휴교였어요. 그때 나 혼자 한문을 공부했어요. 『논어』도 보고 『맹자』도 보고, 홍인표 선생이 쓴 『한문문법』 책도 보고. 그때 학교에는 한문 가르치는 선생님이 딱 한 분 계셨는데, 김종우 교수님이라고 한문을 잘하시는 분이었지요. 광주민주화항쟁으로 1학기 내내 휴학했다가 2학기 되어 개학하니까 한 달인가 수업하시다가 그만두시더군요. 그때는 원래 4학년 2학기 되면 수업도 거의 안 했어요. 서울에 가서 한국학중앙연구원의 한국학대학원에서 한문학과정을 들어가서 배웠어요. 그때 최신호 선생님이 석사 논문 지도교수님이셨는데 학문적으로는 훌륭한 논문도 많이 쓰셨지요. 하지만 전통적인 지식은 별로 전수해주지 않았지요. 한문학이 뭔지에 대해 연구자로서 좀 알게 된 것은 박사과정에 가서 경인 선생님(지도교수이신 임형택 선생님)께 배운 뒤지요. 나는 다른 능력은 없고, 선생님이 하시는 것 따라 하는 건 잘했어요. 경인 선생님 공부하시는 것 보고 공부는 저렇게 하는 거구나, 생각하고 그저 따라 했지요.

서울에 가실 때 방향을 정하신 셈이네요.

왜냐하면 1979년 3학년 2학기 때 부마항쟁이 크게 났어요. 나는 처음부터 데모 조직하고 이런 것과는 상관없는 사람이고, 그냥 젊으니까 의분에 차서 돌아다녔어요. 엄청난 사건이 일어났는데, 그래서 원고지에 그 이틀 동안의 일을 기록하기까지 했지만, 그 이면의 역사적 의미를 알 리가 없었지요. 학교 휴교령이 났는데 탱크가 들어와 있어요. 대학생처럼 보이면 나 잡아간다고 해서 마산으로 달아나 골방에 숨어 있었어요. 어느 날 라디오에서 장송곡 같은 게 흘러나오는데 박정희가 죽었다고 하더라고요. 이듬해 5월에 광주민주화항쟁이 터지고

4학년 2학기가 됐어요. 역시 도저히 뭐가 뭔지 모르겠더라고요. 그래서 조금 전에 말한 것처럼 대학원에 갔죠. 석사과정 들어가면서 연구자의 길을 택한 셈인데 한 번도 후회해본 적은 없어요. 공부하는 것은 힘들지만 늘 즐거웠어요. 지금도 공부하는 게 제일 좋아요. 책 읽고 글 쓰고 새로 구상하고, 그게 제일 즐거워요. 할 줄 아는 게 그것밖에 없어요. 운전도 못해요. 옛날 학교 동창들 모임이 있는데 모두 골프를 칠 줄 알아서 모임이 있으면 으레 골프를 치는데 나는 그것도 못해서 좀 쓸쓸하지요. 지금도 일상이 굉장히 단조로워요.

그러니까 그만큼 성과가 나오는 거겠죠?

모르겠어요. 나는 학교 보직도 안 해봤어요. 학과장은 이십 몇 년 동안 두 번 했는데 두 번 다 다하지 못하고 그만두었지요. 학부제 도입할 때 반대 투쟁 위원회 들어가서 학장 탄핵해서 쫓아낸 적이 있어요. 그러니 학과장을 못하겠더라고요. 두 번째는 BK21 사업 반대 투쟁 하다가 그만두고. 그래서 보직도 안 해봤고 하기도 싫었어요. 생활을 간소하게 가지는 게 제일이다 싶어서 그렇게 살았어요. 요즘은 다른 사람들도 저 사람은 저러려니 하고 말죠.(웃음)

필생의 역작이랄까 도전해보고 싶은 목표 같은 게 있나요?

딱 하나 있어요. 어느 출판사하고 이야기했는데, 사람들 죽음 있죠? 저번에 상가에 갔는데, 요즘은 오늘 상이 나면 모레 출상하잖아요. 문상 온 사람은 '나 왔다' 하는 도장 찍는 것 같고, 상 치르는 사람은 빨리 이 귀찮은 일을 처리했으면 좋겠다는 생각을 하는 것 같아요.

죽음을 이런 식으로 해도 되겠는가 하는 의문이 들어요. 과거 조선 시대 보면 사람이 죽으면 제문도 쓰고 행장도 쓰고 유사도 쓰고, 죽음을 굉장히 품위 있고 장중하게 처리했어요. 그래서 죽음과 관련된 제의와 문학이 가지고 있는 긍정적 기능에 대해 한번 써보고 싶어요. 진짜 진심을 갖고 정중하게. 그래서 우리가 지금 인간의 죽음을 이렇게 허술하게 취급하고 사람을 마치 귀찮은 시체 치우듯이 치우는 것, 이런 식으로 죽음을 보내는 것은 인간의 생 자체에 대한 모독 같다는 생각이 들어요.

그것도 옛 문헌으로 이야기하는 식인가요?

그렇죠. 앞으로 시간이 나면 자료를 모아서 한번 써보려고요.

강명관/한문학자. 부산대학교 한문학과 교수. 공부방 '책주산실'에서 읽고 쓰는 일에 매진하고 있다. 공정하고 엄밀한 자료 분석과 날카로운 해석으로 유명하다. 쓴 책으로『신태영의 이혼 소송 1704~1713』『조선에 온 서양 물건』『조선 풍속사』『열녀의 탄생』『책벌레들 조선을 만들다』등이 있다.

다시 태어나면

유종호 문학평론가

그는 언젠가부터 호호백발이 트레이드마크였다. 까무잡잡한 얼굴과 선명한 대조를 이뤘다. 국내 지성계가 계간지 〈창작과비평〉에 이어 〈문학과지성〉으로 '실천적 이론'과 '이론적 실천'으로 양분됐을 때 김우창 교수와 더불어 〈세계의 문학〉을 이끌며 '제3의 길'을 주도했던 영문학자이자 박식한 인문학자. 지금은 석좌교수를 끝으로 캠퍼스도 떠났고, 대한민국예술원 회장직도 물려줬다. 그런 그가 새로운 산문집 『회상기』를 출간했다. 믿을 만한 원로의 회고록에는 편년체의 통사가 놓친 역사의 파편적 진실들이 담겨 있다. 그의 『회상기』도 그런 기대에 값한다. 1950년 6월 26일 충북 충주읍 시골 용산리에 전쟁이 터졌다는 소식이 전해지면서부터 일어난 갖가지 일들이 세밀하게 묘사된다. "도둑처럼 닥친" 전쟁은 어떤 얼굴이었던가. 저자는 사진기 같은 기억력으로 정치하게 복기한다. 일거에 맥고모자와 고무신으로 하향 평준화하던 거리 풍경, 머리 위 제트기의 공포와 그 실체, 한밤의 적기가 노래와 행진, 전쟁이 종결 단계라는 소문에 고개를 젓는 인민군 군관, 국군 수복 후의 사회상과 비명에 간 사람들……. 그날 그때 일을 겪은 사람만이 전할 수 있는 장면들이 소설처럼 그려진다. 아픔과 희생을 기억하는 달 6월을 맞아 인터뷰를 청했다. 이메일로 보낸 질문에 무척이나 꼼꼼히 적은 긴 답을 보내왔다.

요즘 건강은 어떠신지요? 근황을 간략히 소개해주실 수 있습니까?

본시 고령자의 건강이란 대중할 수 없고 믿을 수 없는 것이라는 말이 있습니다. 시력이 약해서 독서 속도가 더딥니다. 또 군데군데 부실한 부위도 있지요. 그러나 젊은 날에는 생각도 못했던 팔십 고개를 넘고

유종호

보니 모든 게 장수에 따르는 세금이라 생각하게 돼요. 부친은 50대 중반에 돌아갔고, 모친은 아흔을 넘겼는데 허리는 굽었지만 정신은 정정했어요. 모친만큼은 돼야 효도하는 거라 생각하고 있습니다. 네이버문화재단의 〈열린 연단: 문화의 안과 밖〉에서 하는 토요 강연을 매주 청강하고 토론에 참여하는 것이 정규적인 일입니다. 광범위한 주제를 다루는 강연이라서 지적인 자극을 많이 받습니다. 2014년과 2015년 이태 동안 대한민국예술원 회장직을 맡은 것이 마지막 공직이었지요.

> 최근에 일련의 회고록을 내셨습니다. 『그 겨울 그리고 가을』, 이번에 『회상기』까지 세 권으로 '완결'하고 싶다고 하셨습니다. 처음부터 전체적인 계획을 염두에 두고 써오신 건지요? 다른 시기에 대해 더 쓰실 계획은 없으신지요?

평생을 교단에서 월급쟁이로 살았습니다. 그러다 보니 1개월 정도의 계획은 모르지만 장기간을 내다보는 계획은 잘되지 않았어요. 따라서 이 책도 전체적인 계획하에 시작한 것은 아닙니다. 사람은 스토리텔링을 통해 자기 경험을 정리하고 자기 정의를 도모하려는 잠재적 충동을 가지고 있습니다. 누구나 자기가 살아온 삶을 엮으면 소설 몇 권이 나온다고 생각하고 있지요. 그러한 자기표현에 대한 욕구가 없었던 것은 아니겠지요. 그러나 직접적인 계기는 학생들이 해방 이전의 일제시대에 대해서 너무나 모르고 있다는 생각이 들면서 그것을 알려줄 세대적 책무가 있는 것이 아닌가 해서 시작한 것입니다. 『나의 해방 전후』의 첫머리에서도 말한 바 있지만 대학원 학생이 "저항 시인 윤동주가 왜 창씨개명을 했습니까"라는 질문을 해요. 일제시대 말기에 관부 연락선을 타려면 창씨를 해야 된다는 것은 일본인 책에도 나오지요. 그보다 창씨는 선택이 아니라 일종의 필수였어요. 창씨와 친일을 동일시할 수는 없지요. 최남선, 유진오, 한상룡 같은 이는 세상에 친일 인사로 알려져 있지만 창씨 하지 않았어요.

또 일제시대 하면 일본 헌병이 한국인을 마구 발길질하는 영화 장면의 연장으로 생각들을 하더라고요. 3·1운동 이후 조선총독부는 문화정치를 표방하면서 헌병이나 헌병 보조원은 치안 전면에 내세우지 않았어요. 내가 일본 헌병을 본 것은 해방 후의 일입니다. 해방 이전의 한국이 어디까지나 조선총독부가 관장하는 일본 영토의 일부라는 사실을 간과하기 때문에 그 시대에 대한 몰이해가 생기는 것이지요. 그 분위기를 알리고 싶었습니다.(지금 공식 용어는 '일제강점기'로 되어 있지만 우리는 해방 이후 줄곧 '일정시대' '일제시대'라 해왔어요. 공식 용어의 경직성을 피하기 위해 일제시대라 했습니다.) 우리 유소년기의 가장 충격적인 사건은 해방과 6·25였어요. 그래서『나의 해방 전후』와 이번의『회상기』와 그 전의『그 겨울 그리고 가을』을 쓴 것이지요. 그다음 시대는 경험자가 많고 또 비교적 자세히 기록되어 있기 때문에 젊은 사람들이 담당해야 할 것 같아요. 현재로서는 정해진 계획은 없습니다.

옛날의 일들을 굳이 세세하게 떠올리고, 제3자의 거명이나 관련 사실 거론으로 인한 위험을 무릅쓰고까지 책에 쓰신 것은 어떤 생각에서인지요?

내가 경험해서 알고 있는 과거를 될수록 충실하게 복기해서 후속 세대에게 알리자는 취지에서 출발한 이상 제3자의 거명은 불가피하지요. 안 그러면 그건 기억이 아니라 창작이겠지요. 단언할 수 있는 것은 객관적 충실성을 지향했고 의도적인 왜곡이나 변개는 없다는 사실입니다. 그 점에 관한 한 장담할 수 있습니다. 과오나 착오가 아주 없다고는 할 수 없지요. 50년 전, 60년 전 일에 어찌 착오가 없겠어요. 인간의 한계에서 오는 불가피한 오류 이외의 의도적인 것은 없다는 것입니다. 이번 『회상기』를 낸 직후에 어떤 독자의 전화를 받았어요. 6·25 때 유행성 결막염 때문에 오래 고생했고 그 때문에 충주읍내에 있는 동인同仁병원엘 갔으나 의사가 부재중이어서 헛걸음을 친 얘기가 나옵니다. 그 병원의 의사가 정씨 성을 가졌고 안경을 쓴 깔끔한 얼굴이었다고 적었어요. 그런데 그것을 읽은 옛 동인병원 의사의 따님이 아버지가 안경을 쓴 것은 맞지만 성은 정씨가 아니고 서씨라며 전화한 것이에요. 그 정도의 착오가 있다고 해도 내용에 큰 차이는 안 생기지요. 그 따님은 당시 여덟 살이었는데 아버지는 인민군이 후퇴할 때 군의관으로 데리고 가서 영이별을 하게 되었다고 해요. 아버지 서형수徐炯洙 씨는 나주가 고향이었고 그쪽의 외가에서 컸다는데 당연히 고생이 많았지요. 아버지와 함께 살았던 충주를 늘 그리워했는데 한번 가 보니 옛날 집이 찾아지지 않았다고 해요. 우리 사회가 그 동안 얼마나 변했습니까? 늘 그리던 충주가 무대임을 신문 기사를 통해 알고 『회상기』를 사 보았다는 것이지요. 두 살 위의 오빠는 미국으로 이민 갔는데 9월에 고국 방문을 한다니 그때 둘이서 한번 찾아오겠다고 합니다. 6·25가 남긴 이산의 슬픔이나 상처는 이렇게 도처에 널려 퍼져 있어요.

멀뇌의 일기나 기록 없이 기억에만 의존해서 쓰셨다고 하셨습니다. 어떻게 대화 내용까지 다 기억하실 수 있는지 신기했습니다. 기억력이 각별하신 건가요?

초등학교 5학년, 우리 나이 열한 살 때 해방이 되었어요. 그 나이에 일기나 메모를 썼을 리 없고 써두었다 한들 남아 있겠어요? 6·25는 중학 4학년 때 맞았습니다. 그때도 마찬가지지요. 다만 내가 수시로 기억의 필름을 돌린 것은 사실이지요. 해방이나 6·25나 너무나 강렬한 경험을 강요했기 때문에 되풀이 그 기억을 반추한 것이 사실입니다. 다만 21세기가 되고 60대 후반이 되어 『나의 해방 전후』를 쓰고 나서는 잊지 않도록 메모를 하였습니다. 우선 나는 내가 칠십까지 살 줄 몰랐어요. 기대를 못한 것이지요. 대화체는 서술에 속도를 부여하기 위하여 도입한 것입니다. 그러지 않고 모든 것을 서술체로 하면 답답하고 따분하지 않겠어요? 사건과 경험 내용을 기억하고 있기 때문에 읽기 쉽게 대화체로 한 것입니다. 대화체도 가령 인민군 진주 후에 부친에게 출근을 독촉하러 온 전문학교 졸업생 동료 교사가 "자고로 역사에서 남북이 싸워 북이 진 적이 없다"라고 한 것 등은 사실 그대로입니다. 그 얘기를 여러 계제에 친구나 지인에게 했기 때문에 분명히 기억하게 된 것이지요. 우리 속담에 굼벵이도 기는 재주가 있다고 했습니다. 사람은 누구나 재주 한 가지는 타고난다는 것이지요. 나는 달리기도 더디고 운동을 못했어요. 또 친화력도 사교성도 없었어요. 그런 처지에 설사 기억력이 조금 낫다고 해서 별난 일은 아니지 않을까요? 스스로 노력해서 개발한 국면도 있습니다. 또 조그만 소읍에서 자랐고 작은 학교를 다녀서 교사나 동기생 이름을 많이 기억하는 것도 사실입니다.

『나의 해방 전후』에 이어 『그 겨울 그리고 가을』은 1951년을 다뤘고 이번 책 『회상기』는 1950년 6·25 발발 직후 여름 두 달과 가을의 일을 적었습니다. 특별히 이 시점을 집중해서 쓰신 이유는 무엇인지요?

아까도 말했듯이 내 어릴 적의 가장 큰 사건이었기 때문이지요. 그것을 알리고 싶었고 또 "역사를 기억하지 않는 자는 그 역사를 다시 살게 마련이다"란 조지 산타야나George Santayana. 스페인 태생 미국 철학자의 말에 공감하기 때문입니다. 이 말은 아우슈비츠의 어느 건물에 허술한 현관처럼 붙어 있고 『그 겨울 그리고 가을』 서두에도 적어놓고 있지요.

『회상기』 본문 중에 "해방 전후 좌파 지식인에 대해 일부 과대평가하는 경향이 있다"라고 쓰셨습니다. 민주화 과정에서는 물론 지금도 지식인 사회의 좌우 대립 문제는 뿌리 깊은 것 같습니다. 오랫동안 겪고 지켜봐오신 원로로서 작금의 상황에 대해서는 어떤 생각이 드시는지요?

소방관이 순직하면 주변 인물들이 그를 천사표 모범 시민으로 묘사합니다. 그것이 망자에 대한 예의이고 인지상정입니다. 해방 전후의 좌파가 결과적으로 불행한 길을 갔기 때문에 일종의 추모의 정도 가담해서 얼마쯤 미화되고 과대평가된 면이 있다는 것입니다. 『나의 해방 전후』에서도 구체적인 사례를 통해 얘기한 것이지 추상론으로 얘기한 것은 아닙니다. 또 이번 책에서도 "좌우를 막론하고 당시 지식인의 지적 수준이 민망한 것이었다는 게 경험을 통해서 체득한 나의 귀납적 결론"이라고 했습니다. 어린 초중등학교 학생이 어떻게 아느냐고 할지 모릅니다. 그러나 어린이들도 교사를 정확하게 파악합니다. 실력없는 교사를 잘 알아보지요. 지방에서 초중등학교 교사라면 대표적인 지식인이었습니다.

그동안 우리 사회는 초고속으로 발전했습니다. 교육 수준의 향상이 대표적이지요. 그러나 지식인 사회가 진영 논리로 갈라져 있고 그것으로 사람을 판단합니다. 젊은 세대일수록 더욱 그렇다고 생각합니다.

일종의 '소아병'입니다. 사회인류학도로서 조선조를 연구하여 『한국의 유교화 과정』이란 노작을 낸 마르티나 도이힐러 교수는 "조선조가 성리학적 이념의 토대 위에 세워진 송나라보다 더욱 철저한 성리학적 사회가 되었다"라고 지적하고 있습니다. 성리학의 원리주의적 수용 결과라고 할 수 있는데, 우리 사이엔 원리주의적 사고가 지배적이 아닌가 생각합니다. 관용의 정신과 유연성이 사고나 세계 이해에서도 필요하다고 생각합니다.

우리 근현대사는 여전히 뜨거운 갈등의 소재가 되고 있습니다. 그 한가운데를 살아온 세대이자 지식인으로서 증언하려는 데에는 작금의 상황에 대한 (긍정적이든 부정적이든) 소회가 깔려 있을 것 같습니다. 『회상기』 머리말에는 "근자에 우리 역사를 다시 생각하게 되었다. 부정 일변도의 역사관에 대해 회의적이 되었다"라고 쓰셨습니다. 어떤 계기가 있었나요? 아니면 노년에 이르니 삶을 좀 더 너그럽게 보게 됐다는 건가요?

가령 '20세기 한국의 역사는 치욕의 역사'란 관점이 널리 퍼져 있습니다. 20세기 한국 역사는 그 이전의 한국사의 연장선상에 있습니다. 따로 떼어 생각할 수 없어요. 또 평가란 비교 없이 의미 있는 것이 될 수 없어요. 고려조는 몽고의 침략에 맞서서 완강하고 눈물겨운 저항을 했지만 결국 굴복하고 말았고 그 후 왕위 계승이나 관제 등 매사에 간섭을 받았습니다. 충렬왕忠烈王 이후엔 고종, 원종 같은 칭호를 할 수 없어서 전부 왕이 되었습니다. 몽고 조정에 바치는 공녀貢女를 비롯해서 그쪽의 요구나 수요에 맞추어 젊은 여성을 구하기 위해 결혼도 감結婚都監이나 과부처녀추고별감寡婦處女推考別監과 같은 관아를 두기까지 했어요. 일본 원정 시에 쿠빌라이가 고려조에 명한 선박 제조와 병사 요청은 거의 살인적으로 무리한 요구였어요. 한창때 원나라 서울에 가서 산 고려인이 3만을 넘었다고 되어 있습니다. 모두 엽관 행위와 밀고와 같은 매국적 행태를 위해서였지요. 그 말로를 우리는 잘 알고 있습니다. 조선조에 와서도 세종·세조 때까지는 반짝 잘나갔으나 임진왜란, 병자호란을 겪으면서 그야말로 치욕의 역사였어요. 두 번 모두 한 번에 그치지 않고 두 번씩 당했어요. 그 후의 당쟁과 민란은 분통 터지는 일이었지요. 한말 직전의 망국적 행태는 말할 것도 없고요. 20세기 한국사도 이런 과거와의 연관 속에서 보아야 할 것입니다. 그런 과거에 비하면 20세기 후반의 역사는 자랑스러운 역사입니다. 피폐한 국토의 상징이던 붉은 산을 한 세대 안에 푸른 산림으로 만들었고 산업화를 통해 우리의 생활수준을 획기적으로 향상시켰습니다. 20세기 말 30년은 역사상 유례없이 우리가 중국 본토보다도 높은 생활수준을 유지했던 시기입니다. 그걸 부정할 수 있겠어요? 그 과정에 야기된 억압과 부자유와 막심한 희생을 부정하지 않습니다. 그러기에 "문명의 기록치고 야만의 기록 아닌 것이 없다"라는 베냐민의 말이 절실하게 다가오는 것입니다.

역사를 정치만으로 판단할 수 없습니다. 우리가 민주정치를 도입하여 실험한 것은 얼마 되지 않습니다. 그것을 도외시할 수 없어요. 그렇다고 특정 정치 세력을 배타적으로 칭송하자는 것은 아닙니다. 하지만 가령 전 세계가 칭송하는 산림 재생 하나만 보더라도 박정희는 국민에게 일방적으로 매도당해서는 안 될 인물입니다. 이것은 이 땅에서 고단하게 살아온 생활인으로서의 실감입니다. 젊은 날 경부선을 타보면 좌우 양변이 붉은 산의 연속이었습니다. 절망감을 안겨주었지요. 50년대에 내한한 미국의 산림학자는 이대로 가면 한반도는 30년

내에 사막으로 변할 것이라고 경고했어요. 당시의 신문을 찾아보면 나올 것입니다. 내 땅이라곤 단 한 평도 없는 처지이나 전국 어디서나 볼 수 있는 우거진 수풀을 보면 가슴 뿌듯해지면서 나 자신이 부자가 된 것 같은 기분입니다. 산림 재생이 단순히 온 국민이 나무 심기에 참여해서 된 것이 아닙니다. 1961년 12월 산림법이 공포되면서 1965년부터 본격적으로 녹화 사업이 시작되었고 그 일환으로 화전민 이전 사업이 전개되었습니다. 당시 42만 명에 달하는 화전민을 산림 밖으로 이주시키는 사업인데 그것은 1979년까지 계속되었습니다. 화전민들이 설득과 호소에 순순히 살림터를 떠나겠어요? 화전민을 그대로 두고 산림 녹화가 가능하겠어요? 이러한 과정에 대해서 알아보려는 노력을 하지도 않고 할 의향이 없으면서 독재라고 매도만 하는 경향이 있습니다. 미국의 자유주의적 학자나 저널리스트의 눈에는 영미의 지도자 아닌 모든 외국 지도자는 독재자였습니다. 심지어 샤를 드골도 독재자라 했습니다. 그들의 매도를 앵무새처럼 따르는 것은 희극적이기까지 합니다.

내가 이전의 생각을 고쳐먹은 것은 여러 이유가 있겠습니다. 사람은 나이 먹을수록 보수화되니 그런 면도 있을 것입니다. 세상이란 쉽게 바뀌지는 게 아니지요. 동구권에 이어 소연방이 무너지면서 사회주의 국가의 실상이 낱낱이 드러나고 이에 따라 조금은 변화된 눈으로 역사와 세계를 보게 된 탓도 있고요. 시야를 넓히고 러시아나 중앙아시아의 구소련 국가를 다녀보면서 선전과 실상이 얼마나 다른 것인가도 실감하게 되었고요. 세계가 복합적이고 단순화할 수 없는 복잡한 구조를 가지고 있다는 생각을 다시 했는데 이것이야말로 문학적 상상력의 핵심이라 생각됩니다. 또 부정 일변도나 편향된 비판 일변도의 지식인의 행태에 동조하지 못하는 것도 부분적 이유가 되겠지요.

유종호   347

선생님이 『그 겨울 그리고 가을』 머리말에서 젊은 날의 "사적 울분과 사회적 공분의 감정"을 언급하셨습니다. 구체적으로 어떤 데서 연유한 울분이고 공분인지 설명해주실 수 있습니까?

이번 책을 보면 분명해질 것입니다. 부친의 소위 부역으로 1년간 수입이 없었고 그 와중에 1·4 후퇴를 맞아 미군 부대 재니터 janitor. 잡역부 노릇을 하면서 신산을 겪었습니다. 그 후 내가 대학 졸업하던 해 1월에 부친이 뇌출혈로 쓰러졌습니다. 심화心火와 스트레스로 인한 것이라 자가 진단을 하고 정부를 원망했지요. 대학원에 첫 학기 등록만 하고 중퇴했는데 그 때문에 뒷날 받게 되는 수모와 불편은 이루 말할 수 없었습니다. 집안 생계를 장남인 내가 맡을 수밖에 없었거든요. 사적 울분이란 그러한 국면을 말하는 것이고, 사회적 공분은 이번 책에도 나와 있듯이 이승만 정부의 6·25 전후의 무능과 무책임한 행태를 염두에 둔 소리입니다. '갑작스러운 남침'에 모든 책임을 돌릴 수는 없지 않아요? 물론 나이 어린 공화국의 취약한 행정 능력이나 무경험 탓에 많은 비능률과 민원이 야기된 것은 참작해야 하겠지요.

『회상기』를 보면 '보도연맹 처단'에 대한 언급이 조금씩 스치듯 나옵니다. 그동안 남북 대치 상황을 이유로 전쟁 당시 남한 정부(군경)에 의한 부당한 폭력의 진상이 제대로 밝혀지지 않았다는 지적이 있어 왔습니다. 이 부분은 더 아시거나 기억나는 부분이 없는지요?

6·25 내 후퇴하면서 보도연맹원을 처리했고 전시의 혼란 속에서 정확한 인원 등을 기록해두었을 리 없지요. 진보계 학자들은 20만에서 50만이라 하는 경우도 있는데 조금 과장된 것이 아닌가 개인적으로

생각합니다. 노무현 정부 때 만든 '진실화해를 위한 과거사정리위원회'는 2006년 10월부터 조사 활동을 한 후 2009년 최종 보고서를 제출했습니다. 거기 따르면 1950년 6월에서 9월까지 정부 주도로 희생된 희생자 수는 4934명이라 되어 있으나 이것은 너무 적은 숫자가 아닌가 생각됩니다. 이 숫자는 희생자 연고자의 신고를 받고 확정한 것인데 시간도 많이 지나고 또 신고한다고 살아 돌아올 리 없으니 신고를 기피한 데서 온 결과라고 추정됩니다. 당시의 인구수, 추정 연맹원 숫자, 지역적 차이 등을 고려하면서 엄밀히 산정하면 좀 더 근사치에 가까운 숫자가 나오리라 생각합니다. 연세대 박명림 교수의 말을 따르면 오제도와 같은 보도연맹 관계자들은 연맹원이 대략 33만 명이라고 추산했다고 합니다. 서울 지역 같은 데서는 보도연맹 관련 희생자가 없었고 시간이 갈수록 소문이 나서 남부 지방에선 삼십육계로 불행을 면한 이들도 있었지요. 희생자 숫자와 관계없이 매우 불행한 사건임에는 틀림이 없습니다. 그러나 그럴수록 냉정하고 객관적으로 대할 필요가 있습니다. 정부 주도하의 희생자는 자주 얘기하지만 인민군 치하의 희생자에 대한 얘기는 별로 없어요. 가령 대전 지방에서는 인민군 후퇴 시 많은 지방 유지들이 희생을 당했다는 것이고, 지방마다 그러한 사례는 많을 것입니다. 대전의 참혹한 현장은 21세기 들어서서 매몰해버렸다고 합니다.

『회상기』를 보면 전쟁 발발 후 벌어진 국군의 후퇴와 수복 과정에서 '부역'의 문제가 나옵니다.(압권은 마흔다섯 나이의 교사인 부친과 열여덟 중학생 제자 군인—이승주—이 재회해서 나눈 대화 장면, 그리고 영어 담당 백준기 선생의 "그까짓 석 달을 못 참아" 발언 아닌가 합니다.) 이승만 정부의 전후 획일적인 부역자 처리 문제가 민심 이반의 한 원인이었다

는 지적도 했습니다. '부역'과 '청산'의 문제는 일제강점기와 관련해서
도 우리 사회의 뜨거운 쟁점입니다. 어떻게 접근해야 한다고 보시는
지요?

이 부분은 유병진 판사의 『재판관의 고민』이 가장 설득력 있는 해답
을 보여주고 있다고 생각됩니다. 따라서 그 점을 분명히 하면서 이번
책에서 한 대목을 인용해둠으로써 중언부언을 피하도록 하겠습니다.
그 요지는 다음과 같습니다.

> 수복 직후의 백 선생 발언은 당시 남하했다 돌아온 사람들이 대체
> 로 느꼈던 감정을 여과 없이 드러낸 것이라 생각된다. 남행길에 오
> 른 이들은 그들대로 고생이 이만저만이 아니었을 터이고 전황의 진
> 행도 극도의 불안감을 안겨주었을 것이다. 거기서 유래하고 축적된
> 울분을 부역 동료들에게 발산한 것일 터이다. 그러나 중학생의 눈에
> 도 그것은 헌병이나 경찰관은 모르지만 교사가 동료에게 할 소리는
> 절대 아니었다. 표피적 현실 파악의 천박성보다도 역지사지하는 심
> 성의 전면적 결여가 문제다.
> 백 선생의 반응은 또 부역자를 바라보는 이승만 정부의 공식 태도
> 와도 동일한 것이다. 자기반성 없는 당시의 기계적 획일적인 부역자
> 처리는 이승만 정부의 중요 실정失政의 하나이며 공적에 비해 응분
> 의 평가를 받지 못하는 이유의 하나가 되어 있다고 생각한다.
> 국민을 지켜주지 못하고 적절한 초기 대응을 하지 못한 데 대해 국
> 민에게 사과와 위로의 말을 건네고 소수 극렬파極烈派를 제외한 부
> 역자에게 사면령을 내렸어야 한다고 생각한다. 그랬다면 억울한 사
> 람과 불만 세력의 수효도 현격하게 줄고 국민의 지지도도 현저하게

높아졌을 것이다. 그릇 큰 선각자이고 먼 앞날을 내다보는 현실적 통찰력을 갖춘 인물임을 인정하는 것과 심정적으로 공감·지지하는 것은 별개의 문제라 생각한다.

이른바 친일 문제도 그 연장선상에서 고려할 수 있다고 생각합니다. 친일 문제에 관해서도 우선 일제시대에 대한 연구와 상황 검토가 선행되어야 한다고 생각합니다. 8·15 해방이 도둑처럼 왔다는 것은 인구에 회자되는 명언입니다. 희망적 관측의 형태로 언젠가는 해방의 날이 오리라고 막연히 기대한 사람은 있었을 것입니다. 오늘날 언젠가는 통일이 될 것이라고 많은 사람들이 막연히 전망하고 기대하듯이 말이지요. 그러나 그러한 희망적 관측은 우리가 말하는 미래 예측과는 거리가 먼 것입니다. 통일의 구체적 형태와 그것을 가능케 하는 상황에 대한 개괄적인 그림과 또 어느 정도의 시기적 판단을 갖추지 않은 미래 예측은 허황되고 몽상적인 희망적 관측에 지나지 못할 것입니다. 그런 의미에서 해방이 도둑처럼 왔다는 것은 국내 거주자라면 그 누구도 이의를 제기할 수 없는 실감일 것입니다. 대부분 국내 거주자의 독립에 대한 기대와 소망이 점진적으로 꺼져버린 시기에 8·15가 왔을 뿐 아니라 그 해방은 연합군의 군사적 승리라는 타력에 의해서 초래되었습니다. 이러한 사실은 해방을 위해 이렇다 할 기여를 한 바 없는 국내 거주자들에게 당연한 자괴감과 죄책감을 안겨준 게 사실입니다. 이러한 자괴감과 죄책감은 완강한 자격지심으로 굳어지고 그것은 흔히 그렇듯이 몇몇 과잉 반응으로 분출되고는 하였지요. 이렇다 할 행동적 기여가 없었던 터라 반일적 혹은 민족주의적 정치 실천에 대한 과도한 중요성 부여와 소위 친일 행위자에 대한 광범위한 규탄이 그것입니다. 정치 실천에 대한 중요성 부여는 그것 자체로서는 크게 문제성이 있는 것은 아니지만 그로 말미암은 문화 실천의 중요성에 대한 상대적 평가절하가 형평성을 잃고 있다는 사실은 중요하다고 생각합니다.

친일 행위자에 대한 규탄은 당연한 것으로 거기에 원론적인 이의를 제기할 여지는 없습니다. 그러나 문자 그대로 매국 행위로 작위와 거액의 상여금을 수령한 적극적 원조자와 일제 말기의 피동적 생계형 행위자를 일괄 처리하고 규탄하는 것은 형평성을 잃고 있다고 할 수밖에 없습니다. 또 거의 반세기 가까운 식민지 체제에서 초기의 반일 실천자가 친일로 돌아설 수밖에 없었던 사정이나, 엄격히 말해서 국내 잔류 인구치고 완전히 친일 행위에서 자유로울 수가 없었다는 상황에 대한 이해 부족도 문제입니다. 고명한 민족 지도자가 해방 직전에 수통스러운 기록을 남겼다는, 최근에 공개되어 널리 알려진 사실은 치지도외할 개인적 사안이 아니라 당대 이해를 위해서 누구나 유념해야 할 사안일 것입니다.

우리는 항시 구체적 사안과 증거를 두고 얘기를 시작해야 한다고 생각합니다. 가령 중일전쟁에 대처하기 위해 조선총독부에서 지원병을 모집하여 훈련시켰습니다. 신구문화사에서 나온 『한국현대사 5』에는 지원자 수와 입소자의 수가 적혀 있습니다.오른쪽 표 참조. 6년간에 80만 2047명이 지원하고 1만 7594명이 입소하였습니다. 경쟁률이 45.6 대 1입니다. 지원 자격은 연령 17세, 신장 160센티미터 이상인 소학교 졸업 또는 동등 이상의 학력자 중 결격사유가 없는 자로 한정되어 있었습니다. 이들은 6개월간 훈련을 받고 침략 전쟁에 동원되었습니다. 일본군을 지원해서 상당한 경쟁률을 뚫고 대일본제국의 군인이 된 이들을 우리는 어떻게 이해해야 할까요?

그중에는 일찌감치 전사하여 선전 자료가 된 리진샤쿠李仁錫 상등병

연도	지원자(명)	입소자(명)
1938	2,946	406
1939	12,348	613
1940	84,443	3,060
1941	144,743	3,208
1942	254,273	4,007
1943	303,294	6,300
합계	802,047	17,594

도 있었습니다. 충북 출신의 이 불행한 청년은 하도 많이 홍보되어 초
등학교 때 들은 그의 이름을 지금까지 기억합니다. 그가 지원병에 간
것은 물론 식민지 당국의 감언이설에 넘어간 것이지만 이렇다 할 일
자리가 없는 농촌에서 하나의 일자리를 찾아 나선 것입니다. 많이 배
우지 못한 그에게 민족의식이나 식민지 상황에 대한 투철한 인식을
기대하기는 어렵습니다. 1939년에 지원자가 급증한 것은 한발로 흉년
이 든 것과 연관이 있습니다. 경쟁률이 심했기 때문에 혈서 지원자도
많이 나왔습니다. 지원병으로 가는 것은 일종의 취직이었지요. 식민
지에서도 사람은 먹고살아야 하고 혼인도 해야 하고 효도도 해야 했
습니다. 이러한 구체적 상황에 대한 고려와 고민 없이 획일적으로 분
류하고 규탄하는 것은 최근 화제가 된 어떤 세도가의 칼춤 비슷한 것
이라 생각합니다. 지원병도 성격상 친일 행위자라 하겠지만, 사실상의
희생자입니다. 과거의 생계형 친일 행위자에 대해서도 비슷한 말을
할 수 있을 것입니다. 유르스나르의 『하드리아누스 황제의 회상록』에

보이는 말은 곰곰이 음미할 가치가 있습니다. "나는 내세를 믿지 않는다. 판단함의 어려움을 잘 알고 있으므로."

이전에 쓰신 에세이집 『과거라는 이름의 외국』에서 "축약된 역사 서술 속에 숨어 있는 추상의 폭력에 반대하면서 구체적 세목으로 한 시대를 보여주는 것이 문학의 본령"이라고 하셨습니다. "추상의 폭력"이라고 말씀하실 때 염두에 두고 계신 어떤 것이 있는지요?

구체적으로 말씀을 드리지요. 근자에 문경수란 재일 교포가 일본의 유명 출판사에서 낸 『한국현대사』란 책을 본 적이 있어요. 2005년에 나왔으니 꽤 된 셈이지요. 외국 환경 운동 사상가가 세계적 모범 사례라고 말하는 산림 재조성 얘기는 한마디도 없어요. 또 산업화만 하더라도 250페이지에 이르는 책에서 '중화학공업화—한강의 기적'이란 소제목 아래 불과 1.5페이지를 할애했을 뿐이에요. 기술 내용도 인색하기 짝이 없습니다. 나머지는 대체로 그때그때 신문을 장식한 불행하고 불편한 사실만을 열거하고 있습니다. 공동체의 다대수 구성원이 어떻게 삶을 영위했는가 하는 중요한 사항은 소거消去하고 대소 사건만을 다룬 정치사가 무슨 의미가 있는 것인가 하는 회의감을 금할 수 없습니다. 이 책은 '생략의 거짓'으로 가득 차 있습니다. 추상의 폭력이란 것은 이런 것을 두고 한 말입니다. 그러한 사례는 정도의 차이는 있지만 많이 볼 수 있습니다.

일찍이 평론가 김현은 "1960년 이후 내 나이는 한 살도 더 먹지 않았다"라고 쓴 적이 있습니다. 선생님께서는 젊은 시절의 생각에 비춰 볼 때 지금 인생 후반에 와서 차이나 연속성을 느낍니까? 가장 크게 바

가령 젊을 때 담배를 피웠지만 지금 안 피웁니다. 달라진 것이죠. 그러
나 술은 그제나 이제나 멀리했으니 연속성을 말할 수 있겠지요. 이렇
게 변한 면도 있고 안 변한 면도 있어요. 진취성이 없어서인지 젊은 시
절에 좋아했던 문학이나 음악을 여전히 좋아하고 취향이 크게 바뀌
지는 않은 것 같습니다. 바뀐 것은 세계와 현실의 복잡성에 대한 감각
이나 의식이 더 민감해졌다는 것입니다. 젊은 시절에는 공감하지 못
했던 가령 알렉산드르 게르첸Aleksandr Gertsen. 러시아 작가의 "나는 역사의
오페라 대사를 믿지 않는다"라든가 "비뚤어진 결의 인간 본성에서 무
엇 하나 반듯한 것이 나올 수 없다"라는 칸트의 말에 끌린다고나 할
까요? 세상이나 사람을 보는 눈은 경험에 의해서 계몽된 바가 많으니
크게 변했다고 할 수 있습니다.

10년 전 「문학의 전략: 무라카미 현상에 부쳐」(단행본 『과거라는 이름
의 외국』에 재수록)라는 글에서 "하루키의 책은 약삭빠른 글장수의 책
이지 예술가의 책은 아니라고 생각한다"라고 쓰셨습니다. 하루키는
그때에 비해 인기는 더 높아진 듯하고 해외에서도 노벨문학상 수상
후보로 거론될 정도입니다. 이 질문을 드리는 이유는 오늘날 이른바
'만인 작가의 시대'를 맞아 문학이란 무엇인가라는 물음을 묻고 싶어
서입니다. 선생님의 문학관이 비교적 이른바 '전통적 엘리트주의 문
학'의 입장에 속하는 것으로 보이고 오늘날 도전받고 있는 듯 보입니
다. 지금 생각하시는 좋은 문학이란 어떤 것이라고 생각하시는지요?
거기에 값하는 국내 현대 작가로는 누구를 꼽을 만한지요?

노벨상 후보로 거론되는 정도가 아니라 미구에 수상자가 되리라 예상됩니다. 무라카미의 노벨문학상 수상자의 탄생은 트럼프 미 대통령의 탄생만큼이나 개연성이 있고, 그럴 경우 21세기 세계의 한 징표가될지도 모릅니다. 무無교육보다 더 곤혹스러운 반半교육된 다수가 세계의 주류가 되었으니까요. 지금 우리 청년들 사이에서는 독자가 거의 없어 보이는 토마스 만 세대의 독자는 중산층 특유의 안온한 독방에서 사유하며 읽는 교육받은 독자였어요. 파스칼은 '가만히 방 안에머물러 있지 못하는 데서 인간의 불행이 시작된다'라는 뜻의 말을 했지요. 이런 불행한 사람들이 다수가 되고 21세기 문학의 독자가 되어광장과 거리를 누비며 황금마차를 타고 가는 부호 작가를 환호하고있습니다. 일본의 어느 노벨상 수상 작가가 몇몇 후배 작가들을 전혀평가하지 않다가 작품이 세계 도처에서 베스트셀러가 되자 "수많은독자를 당기는 작가는 분명 독자적인 가치를 가지고 있을 것"이란 말로 슬며시 꼬리를 내렸다는 보도를 접하고 맥이 빠진 적이 있어요. 세월 앞에 장사가 없다는 말이 있지만, 돈과 군중 앞에 장사가 없는 것같아요. 광장의 군중을 보고 슬며시 겁이 난 것이지요. 그만큼 세계가 변하고 문학 독자의 층위도 늘어나서 판단 기준도 다양해진 것이겠지요. 현재 세계에서도 비슷한 현상이 전개되고 있다고 추정됩니다.(이런 나를) 전통적 엘리트주의라 해도 할 수 없어요. 어릴 적에『좁은문』을 읽다가 "보들레르의 14행시 한 편을 위해서는 빅토르 위고의 전부를 주어도 좋다"라는 말을 접하고 그 대담성에 공감한 바 있습니다. 일본 문학에 한하더라도 가령 오에 겐자부로의 단편 「인간의 양」이나엔도 슈사쿠의 『침묵』 한 편을 위해서는 현재 일본에서 판매를 올리는 젊은 작가들의 전부를 주어도 좋다고 생각합니다. 인생은 짧고 고전은 너무나 많으니까요.

우리 쪽에서는 노벨상을 과대평가하는 경향이 있습니다. 물론 노벨문학상이 훌륭한 시인 작가의 작품을 일반 독자에게 접근 가능하게 한 공이 크고 그 점은 아무리 높이 평가해도 지나치지 않습니다. 그러나 노벨상 수상위원회의 상업적 변태성과 노벨상의 민낯도 우리는 알아야 합니다. 톨스토이, 릴케, 조이스 같은 최상급의 시인 작가를 거부하고 펄 벅, 처칠, 엘리네크에게 영예를 안겨주는 게 저들의 점잖은 상업주의입니다. 무라카미가 위안부 문제에 대해 정당한 발언을 했다고 반가워하는 젊은 독자를 만난 적이 있어요. 그는 평소 사회정의나 인권 문제에 별 관심이 없는 작가예요. 그게 나쁘다는 것은 아닙니다. 평소의 관심에서 조금 벗어난 위안부 발언을 하는 것은 수백만에 이르는 잠재 독자를 가진 한국 시장을 겨냥한 발언이란 측면이 강하지요. 한때 우리나라에서도 어떤 인사가 노벨상을 염두에 두고 북한 인권 문제를 거론해야 한다고 말했다가 어디서 레이저광선이 날아왔는지 슬며시 꼬리를 내린 적이 있는데, 그런 전략적 발언의 일환이라 생각합니다. "만인 작가의 시대" 이전에도 수천만 부가 나간 조르주 심농 같은 작가가 있고 수많은 서양 역사소설 작가가 있었어요. 추리소설가도 있고요. 그런 한편으로 릴케나 발레리 같은 고독한 시인도 있었습니다. 그게 다양성을 특징으로 하는 문학의 세계예요. 우리 문학에서도 가령 박계주, 한인택, 정비석 같은 베스트셀러 작가가 있었어요. 요즘 그들의 이름을 아는 이는 드물 겁니다. 고작 100부나 200부 한정판을 낸 백석을 위시해서 김소월, 정지용, 박목월, 김수영은 지금도 읽혀요. 군중으로서의 독자에게 이들은 완전한 이방인이지요.

영문학자시지만 한국문학에 대해서도 관심과 애정을 갖고 발언해 오셨습니다. 지금 한국문학에 대한 소회는 어떠신지요? 마침 한강의

『채식주의자』가 맨부커 인터내셔널 부문 상을 받아 들떠 있습니다. 많은 분석과 진단이 쏟아지고 있습니다. 선생님께서 특별히 추가하실 말씀이 있으신가요?

최근엔 신체적 조건도 있고 해서 우리 문학을 읽지 못하고 있습니다. 또 문학 일반으로부터 관심이 벗어난 면도 있습니다. 그러나 유능한 젊은 시인 작가들이 많아서 앞으로의 발전에 많은 기대를 걸고 있습니다. 한강의 수상은 우리 문학의 쾌거이며 본인은 물론 젊은 문인들에게 많은 격려와 자극이 되리라 생각합니다. 축하의 말을 보내고 싶습니다. 새로 대두한 한강의 독자층이 다른 국내 작가에게도 많은 관심을 갖게 되길 바랍니다. 한강은 우수한 젊은 작가인데 또 많이 있으니까요.

지금 디지털 시대를 맞아 문명의 일대 전환기 같다는 생각도 듭니다. 문학의 위기를 넘어 인간의 위기를 이야기하기도 합니다. 예전에도 그런 이야기는 있었지만 최근에는 기술(인공지능이니 알고리즘이니 유전자 편집이니)의 발달이 위협의 실감도를 한층 높이는 것 같습니다. 다가올 미래는 과거의 문법으로는 감당하기 어렵다는 말도 합니다. 선생님은 어떤 조언을 하고 싶습니까?

조언을 할 입장이 못 됩니다. 석유등잔 불 밑에서 자라다가 이제 원자력발전소에서 나온 전력을 활용한 전등 아래서 살고 있습니다. 현기증 나는 변화 속에서 살아온 것이지요. 그러니 정신 차릴 수가 없어요. 유튜브의 등장으로 해방 전 학교에서 단체 관람한 일본의 전쟁 홍보 영화를 방 안에서 그대로 볼 수 있었어요. 착잡한 감회가 일었습니다. 이런 세상이 오리라는 것은 상상도 못했지요. 1960년대에 미국의 문명비평가인 루이스 멈퍼드가 인공위성 발사를 두고 부질없는 20세기의 피라미드라고 혹독한 비판을 했습니다. 인공위성 발사에 드는 비용을 제3세계의 빈곤 타파를 위해 쓴다면 당면한 많은 문제가 해결될 것이라고 했어요. 깊이 공감했습니다. 그러나 그는 위성 발사를 위한 기술 개발이 결국 오늘의 전자 민주주의 시대를 촉진하게 되리라는 것을 예상 못했지요. 그런 맥락에서 일개 인문학도가 무슨 유용한 조언을 할 수 있겠습니까? 다만 인간 기술의 초고속 발전에 일말의 불안을 느끼는 게 사실입니다. 벌써 인간이 컨트롤하지 못할 인공지능의 위험성을 우려하는 목소리가 나오고 있어요. 문명의 기록치고 야만의 기록 아닌 것이 없듯이 인간의 기술 발전에는 자기 파멸 잠재성이 항시 따른다는 것을 유념해야 한다고 생각합니다. 핵폭탄을 생각해보면 쉬 해답이 나옵니다.

최근에 읽으신 책 중에 추천해주실 책이 있으신지요? 평소에 가까이 두고 탐독하시는 책이 있습니까?

틈이 나면 고전을 읽고 있습니다. 최근에야 플라톤의 『고르기아스』를 읽었고 이에 따라 그의 다른 저작도 읽고 있습니다. 그리고 동서의 고전 시를 읽는 정도지요. 그리스 비극 읽기를 계기로 해서 그리스의 정치와 사회에 대한 역사책을 취미 삼아 읽기도 하고요. 최근 네이버문화재단에서 관장하는 〈열린 연단: 문화의 안과 밖〉에 도편추방에 관한 에세이를 쓴 게 있습니다. 혹 참고해주시면 나의 지적 방랑을 엿보실 수 있을 것이란 말로 대신하겠습니다.

임기 마지막 해를 맞은 오바마는 며칠 전 인터뷰에서 자신은 대통령이 아니었으면 기업인entrepreneur이 되었을 것이라고 하더군요. 만일 선생님께서는 지금 20대를 다시 시작하신다면 여전히 문학평론가의 길을 걸으시겠습니까? 아니면 다른 어떤 삶을 살아보시고 싶습니까?

인간이란 막강한 우연의 횡포에 속절없이 노출된 가련한 갈대라는 것이 나의 솔직한 심정입니다. 우연의 논리에 따라서 문학비평을 하게 되었지요. 다시 20대가 된다면 그때 또 어떤 우연에 노출될지 모릅니다. 그러나 다시 출발한다면, 그리고 문학을 하게 된다면 고전학자가 되고 싶습니다. 가령 중국의 시나 그리스의 고전 비극을 연구하는 고전학자 말입니다. 그러나 그것 가지고도 먹고살 수 있다는 조건을 달아서요.

임의로 추가하실 말씀이 있으신가요?

일장춘몽이란 말이 있고 장자의 나비 우화도 있습니다. 학생 시절 콘래드의 책을 읽다가 "삶은 하나의 꿈"이란 말을 그가 되풀이했다는 말을 접하고 무슨 그런 흔해빠진 얘기를 큰 작가란 사람이 하는가 하고 의아해한 적이 있습니다. 요즘 들어서 역시 삶은 하나의 꿈이란 느낌이 듭니다. 흙수저는 아니지만 그렇다고 금수저도 은수저도 아닌 우리 같은 목木수저에게 젊은 시절은 악몽이었습니다. 가난하고 빈주먹뿐이었으니까요. 그런 의미에서 경제결정론은 전면적으로 거부할 수 없어요. 우리가 이만큼이라도 살게 된 것에 대해 지금은 대견하게 생각하며 감사하는 마음으로 살고 있습니다. 젊은이들도 우리보다 못한 나라 사람을 생각하며 보람을 느껴야 한다고 생각합니다. 위쪽만 올려다보고 사는 것이나 거기서 오는 비관론은 금물이라 생각합니다.

"예술이나 문학이 가지고 있는 힘은 우리에게 즐거움을 주는 동시에 인간을 고양시키는 것이라고 생각됩니다. 인간을 고양시킨다는 것은 우리를 우리의 현재 상태보다 더 올려놓는 것입니다. 그런 힘이 있기 때문에 좋아하는 것입니다. 제가 좋아하는 말은 예술이란 것이 행복의 약속이라는 스탕달의 말, 그리고 예감이라는 말을 좋아합니다. 우리가 아직 행복을 가지고 있지는 못한데, 행복이라는 것은 이러이러한 것이라면서 행복을 예감시키고 약속해주는 것이 바로 예술이고 문학이라는 거지요. 그런 말을 좋아합니다."

—2007년 〈현대문학〉 제작 동영상 인터뷰 중에서

유종호 / 문학평론가, 영문학자. 공주사범대학교, 이화여자대학교, 연세대학교 교수를 거쳐 대한민국예술원 회장을 지냈다. 1935년생, 일제강점기와 한국전쟁을 모두 겪은 세대로 〈세계의 문학〉을 이끌며 국내 지성계의 원로에 이르렀다. 쓴 책으로 『회상기』『과거라는 이름의 외국』『시와 말과 사회사』 등이 있고 여러 외국 시·소설을 우리말로 옮겼다.

나는 왜 뇌에 빠져들었나

이대열 신경과학자

요즘 지식계의 두드러진 동향은 자연과학 분야의 비약적인 발전이다. 이것은 근대 과학혁명으로 점화된 경험적 방법의 연구 성과가 기술로 누적되면서 생긴 선순환과도 관계가 있는데, 점점 정교하고 강력해진 연구 방법과 물적 지원 덕분에 이전에는 엄두도 못 냈던 세계의 비밀이 하나둘 밝혀지고 있다. 관찰과 실험 장비가 좋아지고 슈퍼컴퓨터와 빅데이터를 통한 분석력이 급상승하면서 아득한 우주나 인류의 진화 과정, 깊은 뇌와 의식의 작동 원리 같은 것도 가늠할 수 있게된 것이다. 급기야 마지막 블랙박스로 여겨져온 인간 두뇌에 대한 연구까지 속도가 붙으면서 과거 인문학의 고유 영역으로 간주됐던 마음이나 심리, 생각까지 생물학적으로 해명할 수 있게 됐다. 이 분야의 주요 해외 저작들이 줄줄이 번역된 데 이어 최근 들어서는 국내 학자들도 우리말로 저서를 내놓기 시작했다. 이대열 교수도 그런 토종 저자군에 속한 한 명이다. 그중에서도 뇌 전문가다. 학부 때는 경제학을 전공했다는 점이 눈길을 끈다. 지금은 의사 결정 과정에 대한 뇌의 메커니즘을 연구하고 있다. 시의적절한 등장이 아닐 수 없다. 국내에서도 뇌에 대한 일반 독자들의 관심이 부쩍 높아진 상태이기 때문이다. 이교수와는 이메일로 두 차례 문답을 주고받았다.

대학 때 경제학을 공부하고 지금은 신경과학(뇌의 의사 결정)을 연구하신다고 들었습니다. 지적 편력이 궁금합니다.

경제학을 전공하는 도중에 경제학을 포함한 모든 사회과학의 밑받침이 되는 것은 인간의 행동과 인지 과정을 과학적으로 이해하는 것을 목표로 하는 심리학이라는 생각이 들었습니다. 그래서 학부에서 경제학과 함께 심리학을 부전공으로 공부했습니다. 그리고 그와 같은 목표를 달성하기 위해서는 궁극적으로 인간의 뇌를 이해해야만 한다고 판단했습니다.

뇌나 지능을 연구하는 분야는 여러 가지가 있고 접근법도 다른 것으로 압니다. 이 교수님의 분야나 접근법을 설명해주시겠어요?

저희 실험실에서는 인간의 지능을 이해하기 위해 주로 원숭이를 모델로 사용하고 있습니다. 인간과 유사한 뇌를 갖고 있는 원숭이를 사용하면, 실험실에서 잘 통제된 조건에서 그들의 행동과 함께 인간에게서는 관찰하기 어려운 신경세포들의 활동을 정확하게 측정할 수가 있습니다. 따라서 비록 원숭이의 뇌가 인간의 뇌보다는 단순하지만 인간의 뇌를 이해하는 데 필요한 정보들을 많이 제공합니다. 또한 원숭이는 인간들이 다루는 다양한 의사 결정 과제들을 수행할 수 있는 능력을 보유하고 있기 때문에 인간의 뇌가 어떻게 선택을 하는지 이해하는 데도 큰 도움이 됩니다.

지능과 지능지수IQ를 혼동해서는 안 된다고 쓰셨지요. 최근에는 감성지수EQ라든가 사회성지수SQ라는 말도 들립니다. IQ는 이제 무용한가요? 지능을 종합적으로 평가할 수 있는 다른 방법은 연구된 것이 없나요?

지능과 지능지수가 별개의 것이라고 해서 지능지수가 완전히 무용지물이 되는 것을 뜻하는 것은 아닙니다. 비록 지능은 지능지수가 다 잡아내지 못하는 복잡한 기능들을 많이 포함하고 있지만, 여전히 사람들이 복잡한 사회생활을 얼마나 성공적으로 해나갈 수 있을지 어느 정도는 예측할 수 있기 때문입니다. 하지만 앞으로는 지능의 근원이 되는 뇌의 구조와 기능을 더 잘 이해하게 되어, 지능지수보다 더 인간의 지능을 정확히 이해하고 예측할 수 있는 보다 과학적인 방법들을 사용하게 될 것입니다.

> 뇌도 결국 신경계에서 발전해온 것이라고 설명하셨습니다. 하지만 동물의 신경계 전체를 회로도로 그린 '커넥톰connectome'은 현실적으로 극히 어려울 것이라고 하셨습니다. 국내에도 소개가 된 승현준 박사의 브레인 커넥톰 프로젝트에 대해서는 어떻게 보시나요?

특정한 뇌 전체의 회로도를 파악하는 것은 어렵지만 불가능한 일은 아닙니다. 하지만 중요한 것은 그것만으로 뇌의 작동 방식을 완전히 이해할 수 있는 것은 아니라는 것입니다. 신경세포들 간의 연결 상태뿐만 아니라 그것들을 서로 연결하는 수많은 시냅스가 어떤 작용을 하는지도 자세히 파악해야 하기 때문입니다.

> 진정한 지능은 생명체만 가능하다고 하시면서 인공지능은 자신이 아니라 인간이 부여한 목적을 수행한다는 점에서 한계가 있다고 하셨습니다. 하지만 로봇에 부여하는 목적에 따른 자율성의 범위를 확장해 가다 보면 수행 과정에서 경계선을 넘거나 충돌하는 부분이 생기지 않을까요?

자율 주행 자동차처럼 지금보다 훨씬 성능이 좋은 인공지능을 장착한 로봇들이 보편화되면 당연히 인간과 로봇들이 서로 충돌하는 일이 많이 발생하게 될 것입니다. 하지만 그렇다고 해서 그것이 인공지능이 인간을 지배하거나 완전히 대체하는 특이점에 도달했다는 것을 뜻하지는 않습니다.

> 책에서 레이 커즈와일이 말한 특이점은 불가능하다고 쓰시면서 인공지능은 동물의 신경계처럼 다양한 문제를 해결하지 못하기 때문이라고 하셨습니다. 설령 다양한 환경에 대처할 수 있는 인공지능이 개발되고 있다 해도 조만간 등장할 것 같지는 않다고 하셨지요. 원리적으로 불가능하다는 이야기인가요? 시간이 오래 걸린다는 뜻인가요?

원리적으로 불가능하다고 했을 때는 수학적으로나 물리적으로나 아니면 기술적으로 그런 일이 불가능함을 보여줬다는 뜻이니까, 특이점이 원리적으로 불가능하다고 볼 수는 없습니다. 또한 언젠가는 진정한 지능을 위해 필요한 인공 생명 개발도 가능해질지도 모릅니다. 하지만 인공지능의 발달 속도에 비해 인공 생명에 대한 연구는 훨씬 더 복잡하고 아주 드물게 이뤄지고 있기 때문에, 생명체의 지능과 같은 인공지능이 등장하는 시기는 먼 훗날이 될 것입니다.

> 최근에는 생명체/인체의 신경계와 결합한 인공지능 개발 움직임도 있습니다. 여기에 대해서는 어떻게 보시나요?

최근 일론 머스크Elon Musk가 뉴럴링크Neuralink라는 회사를 설립하는 등 곳곳에서 그와 같은 노력을 기울이고 있습니다. 만일 눈부시게 발전하고 있는 인공지능 분야에서 인간의 뇌가 근육을 통하지 않고도 완전히 통제할 수 있는 기술이 개발된다면 미래 사회에 놀라운 일들이 많이 일어날 것입니다. 하지만 그러기 위해서는 지금보다 인간의 뇌를 아주 많이 더 자세히 이해해야만 합니다. 그와 같은 미래 산업이 가능하려면 지금보다 신경과학 연구에 더 많은 투자가 우선 이뤄져야 합니다.

> 인공지능에 자율성을 부여한 좋은 사례로 화성 탐사 로봇을 드셨습니다. 여기에 재미있는 부분이 나오더군요. 상호작용하는 로봇의 수가 많아지면 '무리 지능swarm intelligence'이 등장할 가능성이 있다고 하셨지요. 지능이 사회적 상황에서 진화할 가능성 말입니다. 인공지능도 그럴 수 있다는 이야기인가요?

인공지능도 사회적 지능을 가질 수 있습니다. 예를 들어 알파고가 이세돌 9단의 다음 수를 예측했을 때 그것도 일종의 사회적 지능의 결과였다고 할 수 있습니다.

> 뇌를 유전자가 자기 복제를 실행하기 위한 대리인의 관계로 설명하신 부분이 인상적이었습니다. 하지만 인간이 그보다 나중에 사회를 조직하면서 만든 계약관계의 규칙을 생물이 진화하게 된 과정을 설명하는 데 거슬러 적용하는 것이 타당한지 의문이 들더군요.

대리인 모델이 뇌와 유전자의 관계를 이해하는 데 도움이 되는 것은 인간들이 만들어낸 특정한 계약들의 구체적인 내용이 아니라, 본인과 대리인 사이에 체결되는 계약과, 뇌와 유전자 사이에 존재하는 갈등관계에 공통으로 존재하는 추상적인 성질들입니다. 그와 같은 이론적인 틀이 적절한지 여부는 독자들이 판단할 문제입니다.

법률에서는 대리인이 계약에 반해 주인에게 손해를 끼친 경우 책임을 묻는 방식으로 배임을 막습니다. 생명의 진화 과정에서는 대리인인 뇌가 주인인 유전자의 이익에 반한 행동을 할 것을 대비한 제어장치라고 볼 수 있는 것이 있나요?

자기 복제에 도움이 되지 않는 뇌를 설계한 유전자가 점차적으로 도태되는 과정이 그와 같은 경우라고 할 수 있습니다.

지능도 유전자의 대리인으로 파악한다면 인공지능도 인간의 대리인으로 볼 수 있지 않을까요? 인공지능도 기계 학습을 통해 스스로 문제 해결책을 찾는 능력을 키워가다 보면 인간 지능과 같은 경로를 걷게 되지 않을까요?

지능의 본질은 다양한 환경에서 부닥치는 문제를 스스로 해결하는 능력인 데 반해 인공지능은 오로지 인간이 맡긴 특정한 문제만 해결할 수 있기 때문에 진정한 지능이라고 볼 수 없다는 것입니다. 딥러닝과 같은 기계 학습을 하는 능력을 가진 인공지능은 물론 인간의 뇌와 유사한 방식으로 작동하도록 설계된 만큼 인간의 지능과 유사한 면을 갖게 될 것입니다. 그런 면에서 인공지능도 생물학적인 지능과 유사한 방식으로 발전하고 있다고 볼 수도 있습니다. 하지만 인공지능이 적용되는 대상을 인간이 지정하고 그 성과를 인간이 판단하는 이상 인공지능은 인간의 지능보다 제한된 영역에서 활동할 수밖에 없습니다.

환경 변화에서 살아남기 위한 학습이야말로 지능의 본질이라고 하셨습니다. 그 결과 경험과 학습이 뇌를 변화시키기 때문에 유전자도 그런 뇌를 완벽하게 제어할 수 없다고도 하셨습니다. 기계 학습을 통해 능력을 키워가는 인공지능에도 똑같이 유추한다면 인간이 인공지능을 완벽히 제어하지 못할 수 있다는 결론이 나오지 않나요?

인공지능이 점차 복잡해짐에 따라 인공지능이 어떻게 행동할지를 예측하거나 그것을 완전히 제어하는 것이 어려워지는 것은 당연한 결과입니다.

인간의 지능이 유전자 복제의 목적에 반하는 방향으로 진화할 수도 있듯이, 인공지능도 주어진 과제에 대해 인간의 의도나 예상과는 다르게 해결하려 들고 그것이 위험을 초래할 수도 있지 않을까요? 최근 자율 주행 차량이 후진 주차하는 과정에서 사람들이 경로를 예상 못해 놀란 적이 있습니다.

뇌의 지능이 유전자 복제의 목적에 반하는 방향으로 '진화'하는 것은 불가능합니다. 물론 돌연변이나 발달 과정의 사고로 유전자의 복제 목적에 반하는 선택을 하는 뇌는 자주 등장합니다. 하지만 그와 같은 뇌는 자기 복제를 효과적으로 수행할 수 없기 때문에 성공적으로 '진화'할 수가 없습니다. 이것은 자율 주행 차량 또한 가끔 사고를 낼 수도 있겠지만, 너무나 많은 사고를 내면 사라질 수밖에 없는 것과 마찬가지입니다.

인공지능의 학습 능력으로 아무리 진보하더라도 자기 목표가 없는 한 인류에 위협이 되지 않는다고 쓰셨지요. 인간 지능의 자율성도 유전자에서 멀리까지 진화해온 결과 생겨난 것 아닌가요? 지금은 인류가 스스로 파괴적인 문명으로 멸종 위기를 초래했다는 경고까지 나오는 상황인데요?

인간의 두뇌는 유전자의 진화 과정에서 멀리 떨어질 수가 없습니다. 유전자의 자기 복제에 도움이 되지 않는 뇌는 여러 세대를 거치면서 점차 사라져갈 수밖에 없기 때문입니다.

인공지능의 위협을 자기 복제 가능성에 두고, 인간이 허락하지 않는 한 그럴 가능성은 없다고 하셨지요. 누구라도 허락을 하면 가능하다는 이야기인가요? 그렇다면 누구의 좋고 나쁜 이유나 동기에서 혹은 우발적이거나 부수적으로 허용되는 결과가 나올 수도 있지 않나요?

개인적인 생각으로는, 현재나 가까운 미래의 인공지능이 인간의 조직적이고 장기적인 도움 없이 인공 생명을 갖게 되기는 어려울 것입니다.

닉 보스트롬Nick Bostrom이 『슈퍼인텔리전스』에서 이야기한 초지능의 출현에 대한 경고나 빌 게이츠, 스티븐 호킹, 일론 머스크 같은 사람들의 AI 우려에 대해서는 회의적인 입장이신가요?

인공지능의 발전이 인간 사회에 부정적인 영향을 미칠 가능성이 많다고 생각합니다. 다만 슈퍼인텔리전스나 특이점이 의미하는 방식으로 인공지능이 인간을 완전히 지배하거나 대체하는 일은 당분간 일어나지 않을 거라고 생각합니다.

뇌에서 마음이 등장하는 과정을 사회관계에서 찾았습니다. 타인(다른 마음) 이해는 철학적 주제이기도 합니다. 왜 똑같이 무리를 이뤄 사는 다른 영장류보다 인간만이 유독 강한 사회성을 형성하고 영향을 받게 됐을까요?

다른 영장류에 비해 인간이 이루고 사는 사회가 더욱 복잡하기 때문일 것입니다. 하지만 다른 한편으로, 더욱 복잡한 사회를 유지하기 위해서는 고도의 사회적 지능이 필요하니 이것이 완전한 설명은 아닐 것입니다. 학자들 중에는 인간이 음식을 익혀 먹는 식생활을 하면서 영양분을 많이 필요로 하는 뇌를 비대하게 하고, 그 결과 인간들이 더욱 복잡한 사회생활을 하게 되었다고 주장하는 사람들도 있습니다.

사회적 지능과 메타 인지(인지 과정에 대한 생각)의 중요성을 강조하시면서 그것이 중요성에 비해 사람들에게 잘 알려져 있지 않다고 하셨습니다. 그것이 왜 중요하지요?

메타 인지가 올바르게 작용하지 않으면 자기의 생각과 행동의 옳고 그름을 제대로 판단할 수 없기 때문입니다. 여러 가지 정신 질환이 인간에게만 존재하는 이유도 대부분의 동물은 인간처럼 고도로 발달한 메타인지 기능이 없기 때문입니다.

인간은 '유식한 강화 학습model-based reinforcement learning'을 평생 이어간다고 설명하시면서 그것이 후회와 안도의 감정으로 나타난다고 하셨지요. 부연 설명해주시겠습니까?

'유식한 강화 학습'이란, 어떤 행동이 바람직한 결과를 가져올 것인지를 판단하기 위해, 다양한 경험을 통해서 취득한 지식과 상상력을 동원할 수 있는 능력을 일컫는 것입니다. 그와 같은 학습 과정이 일어나는 동안에는 늘 실제로 얻어진 결과와 상상했던 결과를 비교하게 되고, 그 결과 우리는 후회와 안도를 반복하게 됩니다.

> 지능의 최고 경지로 자기 인식을 드셨습니다. 유전자가 지능을 통해 환경 변화에 적응하는 방법을 찾아내는 데 굳이 자기 인식의 단계까지 이를 필요가 있었을까요? 리처드 도킨스가 유전자를 넘어 밈으로 문화 현상을 설명한 것처럼 정신은 물질적 필요를 넘어서 독자적인 논리로 진화하는 걸까요? 책에서는 자기 인식이 사회생활 중에서 뇌가 진화하는 과정에서 생긴 부수적인 결과라고 하셨습니다. 그렇다면 그 역시 일종의 돌연변이 같은 것인가요?

살다 보면 자기 인식이 오히려 걸림돌이 될 때가 많이 있습니다. 그럼에도 불구하고 인간이 자기 인식의 능력을 갖게 된 것은 인간의 삶에서 사회적 지능이 절대적으로 필요하기 때문입니다. 그렇게 생겨난 사회적 지능이 재귀적으로 반복되어 결국 자신에게까지 적용되게 되면 불가피하게 자아의 개념이 등장하게 됩니다.

> 이해하려는 대상이 이해의 주체일 때 필연적으로 '자기 지시self-reference'가 발생한다고 하셨습니다. 이런 경우에 생기는 논리적 모순이나 사유의시의 이율배반 개념을 물완전한 자기 인식의 결과라고 하셨지요. 이런 모순은 '자기'라는 주체를 별도의 실체로 여기지 않으면 해결된다고 하셨습니다. 하지만 이것은 개인의 윤리적·법적 책임을

누구에게 귀속시킬 것인가의 문제와도 관련이 됩니다. 신경과학자로서 이 문제는 어떻게 보시는지요?

인간의 사회는 언제나 모종의 윤리적 규범을 필요로 하지만 과연 어떤 규범이 가장 바람직한가에 대해서는 사람마다 생각이 다릅니다. 저는 지능의 본질을 제대로 이해할 수 있을 때 비로소 윤리적인 문제와 법적 책임과 관련된 문제들도 보다 근본적으로 해결할 수 있다고 생각합니다.

인간의 정신이 극도로 발달할 때 생기는 부작용이 정신 질환이라면 인공지능도 발달 과정에서 그런 질환성 장애가 생길 우려는 없나요? 통제 불능이나 폭력성으로 나타날 수도 있지 않을까요?

앞서 말한 것처럼 인공지능이 점차 복잡해질수록 인간이 예측하지 못한 문제를 야기하게 될 것입니다. 하지만 인간이 인공지능의 발달을 통제하는 것을 포기하지 않고, 인공지능이 인공 생명을 갖지 않는 한 그와 같은 인공지능은 쉽게 제거할 수 있습니다.

인간의 지적 호기심은 유별납니다. 때로는 자기 목숨을 무릅쓰기도 합니다. 장기 이익을 위해서라고 설명할 수도 있겠지만, 인생의 의미를 찾을 수 없다면서 비관해 자살도 합니다. 이런 의식 과잉에 따른 자멸은 생물학적으로 어떻게 설명할 수 있나요?

의사 결정을 포함한 모든 생명현상에는 절충trade-off이 존재합니다. 어느 한쪽에 치중하게 되면 다른 곳에서 문제가 발생하게 되는 거지요.

사회적 지능이 극도로 발달한 인간의 지능도 그와 같은 여러 가지 문제를 야기하게 되는데, 우울증과 같은 정신 질환도 그와 같은 부작용이라고 생각합니다.

> 뇌는 생물마다 다양하다고 하셨지요. 인간의 뇌가 다른 생물의 뇌보다 고등하다는 말은 할 수 없는 건가요?

초음파를 사용해서 어둠 속에서도 장애물을 피해 가며 비행할 수 있는 능력을 가진 박쥐나 극도로 발달된 후각을 소유한 개처럼 동물 중에는 인간이 갖지 못한 능력을 가진 동물이 많습니다. 이처럼 서로 다른 생명체들은 저마다 자신이 처한 환경에 가장 적합한 의사 결정 과정을 개발해왔습니다. 따라서 그중 누구의 뇌나 지능이 더 우월한가는 특정한 환경을 전제로 하지 않고 판단할 수는 없기 때문에 결론을 내리기 전에 신중을 기해야 합니다. 우리가 인간의 지능이 가장 뛰어나다고 생각하는 것도 인간과 동물의 지능을 비교할 때 항상 인간의 기준을 적용하기 때문일지도 모릅니다.

> 생명이 왜 생겨났는지는 여전히 미스터리라고 하셨습니다. 다만 생명은 열역학 제2법칙에 맞서 살아남기 위해 자기 복제의 방식을 택했다고 설명하셨지요. 그렇다면 왜 살아남으려 하는 걸까요? 생존의 욕망 혹은 성향은 그냥 근원적인 것으로 전제해야 하나요?

생존의 욕망을 근원적인 것으로 전제해야 할 필요는 없습니다. 단지 생명의 욕망이 존재하는 것처럼 생각하는 것이 여러 가지 복잡한 현상을 쉽게 설명하기 위해서 편리할 뿐입니다. 대부분의 생물학자들은

'왜'라는 질문을 과학적인 질문이라고 생각하지 않습니다. 그보다는 '어떻게'를 이해하려고 노력하는 것이 더 중요합니다.

이대열 / 신경과학자. 예일대학교 신경과학과 석좌교수로 '의사 결정과 뇌' 분야를 이끄는 세계적 뇌과학자. 서울대학교 경제학과를 졸업하고 인간의 마음과 행동을 이해하고 싶어 미국 일리노이대학교 대학원에서 신경과학을 공부했다. 〈신경과학저널〉 편집자로도 활동 중이며 스타트업 '뉴로게이저 Neurogazer'의 공동 창업자이기도 하다. 쓴 책으로 『지능의 탄생』이 있다.